U0716789

圖説史記

（西汉）司马迁 著

强尚龙 冯增录 郭枫义 编译

国家新闻出版广电总局向全国推荐优秀出版物

西安交通大学出版社
XIAN JIAOTONG UNIVERSITY PRESS

三十世家 上

图书在版编目(CIP)数据

图说史记·三十世家(上)/强尚龙,冯增录,郭枫义编译. —西安:西安交通大学出版社,2015.8(2016.12重印)

ISBN 978 - 7 - 5605 - 7706 - 7

Ⅰ.①图… Ⅱ.①强… ②冯… ③郭… Ⅲ.①中国历史-古代史-纪传体-通俗读物 Ⅳ. ①K204.2 - 49

中国版本图书馆 CIP 数据核字(2015)第 181091 号

书　　名	图说史记·三十世家(上)
编　　译	强尚龙　冯增录　郭枫义
责任编辑	郭　　剑

出版发行	西安交通大学出版社
	(西安市兴庆南路 10 号　邮政编码 710049)
网　　址	http://www.xjtupress.com
电　　话	(029)82668357　82667874(发行中心)
	(029)82668315(总编办)
传　　真	(029)82668280
印　　刷	西安明瑞印务有限公司

开　　本	700mm×1000mm　1/16　　**印张** 18.5　　**字数** 239 千字
版次印次	2015 年 8 月第 1 版　　2016 年 12 月第 3 次印刷
书　　号	ISBN 978 - 7 - 5605 - 7706 - 7/K · 122
定　　价	38.00 元

读者购书、书店添货,如发现印装质量问题,请与本社发行中心联系、调换。

订购热线:(029)82665248　(029)82665249

投稿热线:(029)82668133

读者信箱:xj_rwjg@126.com

版权所有　侵权必究

序言

　　史苑奇葩——《图说史记》丛书含苞欲放。在该书付梓前夕,歌民、歌文先生约我为该书作序。细细品读,我悟出八个字:功莫大焉,可喜可贺!

　　西汉王朝是继秦王朝之后在中华大地上建立的又一个中央集权的大一统国家。"汉承秦制",却吸取了秦王朝"仁义不施"的教训,采取无为而治和与民生息的政策,从而出现了中国封建社会少有的"文景之治"和"汉武盛世"。经济的发展、国力的雄厚、疆域的开拓、社会的稳定,以及各民族文化的交流融合,为东方巨人的崛起创造了条件。中华民族第一次文化高潮以空前磅礴的气势奔腾而至。历史要求对黄帝以来的数千年文化进行总结,而适时肩负起这一伟大历史使命的就是世界文化巨人司马迁;对黄帝以来三千年历史文化作出全面总结的,便是太史公倾毕生之心血凝成的鸿篇巨制《史记》。

　　《史记》是我国第一部纪传体通史,为"二十四史"之首,它囊括了政治、经济、军事、法律、教育、宗教、学术、科技、民族、历史、文学、美学、天文、地理、人才、伦理、道德、社会、民俗和医学等各个方面的内容。《史记》在中华传统文化国学精品中是无以伦比的百科全书。中国人,不能不读《史记》。

　　《史记》中的本纪、世家、列传都以人物为中心展开历史画卷,从而塑造了许许多多既具有时代特征,又具有鲜明个性的人物形象,开创了我国纪传体史书的先河,其选材、剪裁和人物形象塑造、心理描写、性格表现等手法、技巧,对后世历史、传记、小说、戏剧乃至叙事诗歌的创作都具有深远的影响。

　　《十二本纪》仿效《春秋》按年月记大事的体制,以历代帝王为历史事件的中心人物,当然也包括司马迁心目中扭转乾坤的盖世英雄。它记述历代帝王的兴替及其重大的政治事件,并以其前后继承关系显示历史的发展,作为全书的总纲,用以统帅整个历史的论述,形成了华夏民族统一的思想观念和基本意识,对华夏一统思想的形成奠定了基石。

《三十世家》记述了西周和春秋战国以来主要诸侯国以及西汉所封诸侯、勋贵的历史，可以认为是纪、传结合的国别史。当然其中也记载了司马迁认为应该与公侯相提并论的特别重要的人物史迹。司马迁以公侯为中心编年纪事，既是对《十二本纪》内容的承接，又是对历史社会更深入的剖析，展示出了一幅更为宏阔、更为生动、更为深入的历史画面。

　　《七十列传》除《匈奴列传》、《大宛列传》、《西南夷列传》、《南越列传》、《东越列传》、《朝鲜列传》等记叙当时中国境内非汉族君长和外国君长统治的历史外，其他人物记述得非常广泛，包括贵族、官吏、学者、政治家、军事家、文学家、刺客、游侠、商人等不同阶层、不同职业的各种人物。在记述中，他偏重于个体人物人生得失的探究，表现出不同层面、不同性格的人物以及各自不同的命运，道理发人深省，令人感叹不已。《七十列传》的文笔挥洒自如，写法不拘一格，语言辩而不华，质而不俚，成为后世文学的典范。

　　《史记》的语言生动传神，简洁流畅，甚至有许多陕西省关中地区方言口语化的特点。历史上每当繁缛、怪癖、艰涩的文风出现时，杰出的文学家便以《史记》为典范提倡新文风，韩愈、柳宗元以复古为革新的古文运动，便是有名的例证。然而，时隔两千多年，祖国语言已经发生了很大的变化，不仅中等文化程度的广大读者通读《史记》原文会感到困难，即使是古代史专业和古代文学、古汉语专业以外的各种专业学者要研究《史记》，也难免遇到文字障碍。有鉴于此，姚歌民、冯巧丽、姚歌文、冯晓薇诸君组织强尚龙、冯增录、郭枫义等先生会同西安交通大学城市学院艺术系多位老师合作编著了这套《图说史记》丛书，陕西盛星皓月文化传播有限公司董事长雷建强先生为本书的编辑出版提供了全方位的帮助。丛书将文言文全部翻译成白话文，并精心搭配了 4000 多幅生动的手绘插图，对难认、难解的字词作了注音，为一般读者扫除了阅读障碍。丛书以创新的形式，全方位、新视角、多层面地向读者呈现了这部中华历史经典，全景式再现了华夏三千年恢弘的历史画卷。这为帮助广大读者，尤其是青少年朋友更好地理解原著提供了便利条件，尤其是"图说"给读者带来了身临其境的阅读体验和感同身受的时空遨游。

　　我郑重地把《图说史记》丛书推荐给大家，它确实值得一读。还是我前边的话，歌民诸君的辛勤劳作功莫大焉、可喜可贺！

薛引生

（中国史记研究会常务理事）

专家推荐

在中国传统文化国学精品中,惟有《史记》是无以伦比的"百科全书",它有取之不尽的思想源泉,养育着一代又一代人。这一特殊的历史价值与地位,使《史记》成为中国学人的根柢书。司马迁的思想、精神、人格对中国知识阶层,对中华民族产生了不可估量的影响,以至于不研究司马迁和《史记》,就有中国文化从何谈起之感。《史记》又融文、史、哲、经于一炉,成为各个学科的研究对象。中国自 20 世纪 80 年代改革开放以来,学术界发表《史记》论文 2000 余篇,出版《史记》论著约 150 余部,作者达 1200 余人,可以说是《史记》研究的黄金时代。余平生致力于《史记》研究,积渐已达 50 余年,躬逢盛世,其乐无比,其中甘苦,每体味三生。研读《史记》看似容易,深入实难。司马迁早有警言:"非好学深思,心知其意,固难为浅见寡闻道也。"(《史记·五帝本纪》)余观《史记》研习者中,涉猎者多,专精者少,有突破性建树者更鲜也。总之,非好学深思,并持之以恒者,是难以有成的。

——张大可(中国史记研究会会长、教授)

伟大的历史学家司马迁的《史记》是一部以五十二万字高度浓缩的三千多年中国历史的史卷,同时也是一部大数据史书。这部书里不仅浓缩了中国人的历史和文化,同时也是一部启发全人类智慧、培养无尽的洞察力的一部好书,是一本历史文化经典史书。

——金瑛洙(韩国灵山圆佛教大学校教授、韩国司马迁学会创立人)

《史记》是文、史、哲合一的著作,其中蕴藏先民和司马迁极为丰富的智慧结晶。各人尽可以有个别不同的领会,各自受用无穷。

——李伟泰(台湾大学教授、文学博士)

古人说"以史为鉴",现代人说"读史使人聪明"。《史记》是中国史学的宝典,司马迁透过人物的塑造,呈现历史的真实,呈现多元的政治、社会图像,更呈现人物的典型性与历史的普遍性,有助于后人从历史中汲取智慧。

《图说史记》丛书深入浅出,生动地传达了司马迁的历史书写与历史智慧,文不甚深,言不甚浅,读之益人神智,值得推荐给所有人,引领读者进入司马迁由睿智的历史观察呈现的博大深刻的历史世界。

——林聪舜(台湾师范大学博士、台湾清华大学中国
文学系教授兼系主任、美国普林斯顿大学访问学者)

本书在编写上既严肃认真,又不失生动活泼,企图引领读者于轻松惬意的阅读中获取历史知识,在笔法上力求短小精悍、生动幽默。本书以浅显易懂的文字,活泼、灵妙的图画相配合,使《史记》的人物事迹跃然纸上,为广大读者提供了一种新的阅读《史记》的方式,更为学术的普及化注入一股源头活水。

——刘锦源(台湾清华大学博士、马偕学校
财团法人、马偕医护管理专科学校教授)

目录

三十世家（上）

吴太伯世家第一
人物像

寿梦

晏子

季札

越王勾践

吴太伯世家第一

吴太伯和他的弟弟仲雍,都是周太王的儿子,他们同时还是周王季历的哥哥。季历十分贤能,又有一个具有道德和智慧极高的儿子姬昌,太王想立季历为王,将来好传位给姬昌,太伯、仲雍于是逃往荆蛮之地,身上刺青,头蓄短发,以示不当国君,把皇位让给季历。

季历继位,史称王季,他的儿子姬昌就是后来的周文王。太伯逃至荆蛮后自称"句吴",荆蛮人认为他很有节义,追随和归附他的人有一千余户,大家拥立他为吴太伯。

太伯没有儿子,死后由弟弟仲雍继位。仲雍去世之后又先后传了季简、叔达、周章三代。周武王灭商后,找到了他们的后人周章,顺势将他封在吴地,并封他的弟弟

虞仲在周室北边的夏都故址。从这时候起,太伯的后代分成了吴、虞两个诸侯国。

周章之后,吴国又传了十二代,分别是熊遂、柯相、彊鸠夷、余桥疑吾、柯卢、周繇、屈羽、夷吾、子禽、转、颇高、句卑。句卑时,晋献公假道伐虢,灭掉了虞国以开辟晋国讨伐虢国的通道。

句卑死后,吴国又经历了去齐、寿梦两代。寿梦于前584年继位,卒于前561,在位25年,地处夷蛮之地的吴国最终在他手里兴盛起来。从太伯至寿梦,共传了十九代人。

寿梦二年(前584年),楚国流亡在外的大夫申公巫臣,由于怨恨楚国大将子反而投奔晋国。他代表晋出使吴国,教给吴国用兵之术和车战之法,并让他儿子出任吴国的行人之官。吴国从此开始与中原各国交往。

二十五年(前561年),吴王寿梦去世了。寿梦有诸樊、馀祭、馀昧、季札四个儿子,其中季札最贤。寿梦死前想将王位传给季札,季札谦让不受,于是就由长子诸樊代理执行国政。

吴王诸樊元年，诸樊服丧期满，想把君位让给季札。季札以曹人子臧让国之事劝诸樊说："你作为长子是理所当然的继承人，谁敢冒犯你呢！做国君不是我的志节。我虽不才，也愿效法子臧严守节操。"

吴国人坚持要立季札，季札无奈，只好放弃了王室生活去种田，吴人这才便不再勉强他。秋天，吴国兴师讨伐楚国，楚军打败了吴军。诸樊四年（前557年），晋平公继位。

诸樊十三年（前548年），诸樊去世。留下遗嘱要把君位传给弟弟馀祭，想依次往下传，一直传给季札为止，来完成先父寿梦的遗愿。兄弟们也都很赞赏季札让国的高风亮节，愿意依次相传。季札被封在延陵，号称延陵季子。

馀祭三年（前545年），齐相庆封获罪，从齐国逃出来投奔吴国。吴王把朱方县赏赐给他作为奉邑，并把宗室之女嫁给他，庆封结果比原先在齐国还富有。

徐祭四年（前 544 年），吴王派季札访问鲁国，季札请求观赏鲁国保存的周乐，鲁国乐工为他演唱了《周南》和《召南》，季札听后说："美啊，从音乐中能听出周王朝的基业已经打好，但还未达到尽善尽美的地步，但是曲中洋溢着百姓辛勤耕作毫无怨言的情绪。"

乐工又演唱《邶风》《鄘风》《卫风》。季札说："优美啊，深沉哪，饱含忧患意识且并不困惑。我听说卫康叔、卫武公的德行就是如此，这大概是《卫风》的歌曲吧？"演唱《王风》，季札又说："美啊，深思而不恐惧，这大概是周王室东迁后的歌曲吧？"

乐工又接连演唱了《郑风》《齐风》《豳（bīn）风》《秦风》等。季札说，从歌曲反映的内容来看，郑国政令苛细，有亡国之兆；《齐风》气势恢宏，它的国家前途不可限量；《豳风》气派坦荡，欢乐适度，乃周公东征的歌曲；《秦风》极其弘大，它的国家必然会日益强大；《魏风》宛转抑扬，博大宽和，它的国君定能成为明主；《唐风》忧思深沉，有陶唐氏遗风，应当是先王之后；《陈风》则鞭挞了国无良君，这个国家还能够长久吗？

乐工演唱《小雅》。季札说："美啊，满怀忧思，又无叛离之意，怨悱之情忍而不发，这大概是周德衰微的象征吧？但还是有先王遗民的余留风俗在啊。"又演唱《大雅》。季札说："乐曲宽缓和谐，旋律曲折优美，基调刚劲有力，应是周文王盛德的象征吧。"

演唱《颂》。季札说："美到极致了！曲调刚劲而不倨傲，婉转而不卑屈，紧密而不迫促，舒缓而不散漫，变化丰富而不淫靡，回环反复而不令人厌倦，哀伤而不过于忧愁，欢乐而不流于放纵，使用而不缺乏，宽广而不自显，施惠而不浪费，求取而不贪婪，宁静而不停滞，活跃而不流荡。节拍整齐，音韵和谐，旋律有度，这和先王的圣德是一致的啊。"

接着，季札观赏了《象箾》《南籥》之舞，说："太美了，只是还有些美中不足。"又观赏了《大武》与《大夏》舞，当看到《招箾》舞时，他说："登峰造极，太伟大了，如上天覆盖万物，大地无所不载，盛德达到极点，实在是无以复加。看到这些我已知足，就是还有别的乐舞，我也不敢再观看了。"

季札从鲁国又来到了齐国，劝晏平仲说："赶快把封邑和权力交出来吧，没有这两样东西，你才能免于祸患。齐国的政权就要易手了，易手之前，国家祸乱是不会平息的。"晏子听从了季札的建议，因而在栾、高二氏的相互攻杀中得以保全。

季札离开齐国，出使郑国。见到子产，如见故人。季札对子产说："郑国的执政者荒淫奢侈，政权必归于你。一旦你掌握了政权，要以礼治国，否则郑国将会衰败灭亡！"

离开郑国后，季札到了卫国。他非常欣赏蘧瑗、史狗、史鳅、公子荆、公叔发、公子朝的德行，对他们说："卫国多君子，不会有祸患的。"

季札又从卫国前往晋国。季札下榻时，听到鼓钟之声，很奇怪，说："我听说有辩才而没有德行，必将遭到杀戮。这个孙文子被国君治了罪，小心谨慎尚嫌不够呢，怎么还有心思沉溺于靡靡之音？他已经像燕子在帷幕上筑巢那样危险了，更何况国君停殡未葬！"孙文子听说后，一辈子不再听音乐。

季札到达晋国，告诉赵文子、韩宣子、魏献子，晋国的政权将要落入三家之手。临离开晋国时，他对叔向说："你要勉力而行啊！晋君淫奢而良臣众多，大夫们都很富有，政权将归于三家。你为人刚直，一定要想办法使自己免遭祸难。"

季札在北上途中，曾经拜访过徐国国君。徐君喜欢季札的宝剑，但没有明说，季札心里明白，但因为有使命在身，没有将宝剑给他。回来后经过徐国，徐君已去世了，季札解下宝剑，挂在他墓旁的树上后才离去。随从的人员说："徐君已经去世了，谁能将宝剑送给他呢？"季子说："不然，当初我内心已答应了他，怎能因为他死了就违背自己的心意呢！"

前541年，楚国公子围杀死了楚王夹敖自立为王，史称楚灵王。前538年，灵王会合诸侯，攻打吴国朱方县，杀死了被吴王馀祭封在此地的齐相庆封。吴国也派兵攻打楚国，占领楚国三个城邑后离开。前537年，楚国讨伐吴国，一直打到了雩娄。次年，再次伐吴，驻军在乾豀(xī)，楚军战败后撤走。

前 531 年，吴王馀祭去世，他的弟弟馀昧继位。前 529 年，楚公子弃疾杀死楚灵王，代立为君。前 527 年，吴王馀昧去世，死前想传位给季札。季札推辞逃离吴国。吴人说："季子走了，那么吴王馀昧就成为兄弟中最后一个当国君的人。现在他死了，他的儿子理应继承王位。"于是，立馀昧的儿子僚为吴王。

吴王僚二年（前 525 年），吴王僚派公子光率兵征伐楚国。公子光打了败仗，将先王乘坐过的船也丢掉了。公子光很害怕，冒死偷袭楚军，又夺回了先王的船才回军。

前 522 年，楚国流亡之臣伍子胥前来投奔吴国，公子光待以客礼。公子光是吴王诸樊的儿子，他认为，父亲在四个兄弟中最先继位当然是季子，季子既然不愿执掌国政，就应当由我父亲来继承王位。他暗中招纳贤士，伺机袭杀王僚。

前519年，王僚派公子光征伐楚国，大败楚军，把原楚太子建之母从居巢迎接回吴国。又乘胜北伐，打败陈、蔡的军队。前518年，公子光再次伐楚，攻克楚国居巢、钟离二城。

当初，楚国边城卑梁氏之女与吴国边城妇女因为采摘桑叶发生争执，引发两家人仇杀。两国边邑的官长听说后，相互攻打，吴国边邑被吞并。吴王大怒，因而兴师讨伐楚国，攻取居巢、钟离二城而还。

伍子胥刚到吴国时，向吴王僚陈说伐楚的好处。公子光说："伍子胥的父、兄均被楚王杀害，他是想借机报私仇罢了，对吴国并无好处。"伍子胥看出公子光别有企图，于是找到一位名叫专诸的勇士，介绍给公子光。公子光十分高兴，这才把伍子胥当做宾客对待。

前515年冬，楚平王去世。次年春，吴王僚借楚国治理国丧之机，派公子盖馀、烛庸带兵包围了楚国的六、灊（qián）二邑。又派季札出使盟主晋国，以观诸侯动静。谁知楚军出奇兵切断了吴军退路，吴军被阻不能回国。

公子光觉得时机成熟了，他告诉专诸："此时不动手还等何时？我是真正的王储，我要趁这个机会夺取王位，即使季子回来，也不能把我怎么样。"专诸也认为吴国内忧外患，杀死王僚的条件已经具备。公子光说："我的命运与你的命运紧密相连。"

公子光事先埋好伏兵，然后请吴王僚前来宴饮。王僚派兵陈列于沿途，从王宫到公子光家里，直至大门、台阶、屋门、坐席旁，皆布满了王僚的亲兵，人人手执利剑。

王僚来到后，公子光佯称脚疼躲进窟室，派专诸将匕首藏于烤全鱼的腹中，假装去上菜。专诸将鱼送至王僚前，从鱼腹中取出匕首刺杀了王僚，他自己也被左右卫士用剑刺入胸膛而死。公子光终于继立为吴王，他就是吴王阖庐。阖庐提升专诸的儿子为国卿。

季札回到吴国，说："只要对先君的祭祀不废止，社稷之神能得到奉祀，那就是我的国君。我还敢怨恨谁呢？我只有哀悼死者，事奉生者，以听从天命的安排。祸乱并不是我自己挑起的，君王已经即位，我就应该顺从，这是前人的规则啊。"

吴王阖庐元年（前514年），吴王任命伍子胥为行人，参与谋划国家大事。伯州犁在楚国遭到迫害，他的孙子伯嚭（pǐ）逃亡到吴国，吴王任命他为大夫。

行，还是等待时机吧。"

前511年，吴伐楚，攻下六邑与灊邑。前510年，伐越，打败越军。第二年，楚国派子常囊瓦征伐吴国。吴国派军迎头痛击，在豫章大败楚军，一直攻下居巢后才班师回吴。

季札来到王僚的墓前，报告了自己出使晋国的情况，哭祭一番，然后回到宫中等待新君之命。被楚军围困的吴公子烛庸、盖馀听说公子光杀死了王僚自立为王，于是带领军队投降了楚国，楚王把他们封在舒地。

前512年，吴王阖庐与伍子胥、伯嚭领兵征伐楚国，攻占舒邑，杀了逃亡在楚的公子盖馀、烛庸。阖庐计划乘胜进攻楚国首都郢，将军孙武说："百姓太疲劳，现在不

前506年，吴王阖庐询问伍子胥和孙武说："当初你们说不能进攻郢，现在如何？"二人回答说："楚国大将子常贪婪，唐国、蔡国都怨恨他。大王你一定要大举进攻楚的话，必须得到唐、蔡二国的援助才能成功。"

吴王阖庐听从二人建议，出动全部军队，与唐、蔡两国的军队一道西进伐楚，到达汉水边上。楚国发兵抵拒，两军隔水列阵。阖庐的弟弟夫概（gài）想率先发动进攻，阖庐不许。夫概说："大王已经把军队委托于我，用兵以利于取胜为上，还等什么呢？"

夫概率领手下五千人突袭楚军，楚军大败而走。吴王纵兵追击，一直追至郢都，和楚军交战五次，楚军五次被打败。楚昭王逃到郧县。郧公的弟弟想杀死昭王，昭王又与郧公奔逃到随国。吴兵进入郢都。伍子胥、伯嚭从墓中挖出楚平王尸体，用鞭子抽打，以报杀父之仇。

阖庐十年（前505年）春，越王听说吴王驻兵在郢都，国内空虚，就趁机举兵伐吴。吴国另派军队抗击越兵。楚国向秦国告急，秦国派兵救楚击吴，吴军败北。阖庐之弟夫概看到秦、越接连打败吴军，吴王仍滞留在楚国不走，就跑回吴国自立为王。

吴太伯世家第一

013

阖庐得知后才领兵回吴，攻打夫槩，夫槩兵败逃到楚国。楚昭王这才得以在九月返回郢都，把夫槩封在堂谿，称为堂谿氏。阖庐十一年，吴王命太子夫差攻打楚国，攻取番邑。楚王害怕，把国都从郢迁到都。

前 496 年夏，吴国讨伐越，越王勾践带兵在檇（zuì）李抗击。越兵派遣敢死队挑战，敢死队列成三行冲向吴阵，高呼口号，自杀于阵前。吴军只顾观看这种奇怪的进攻方式，越兵趁机发动攻击，在姑苏大败吴兵。吴王阖庐脚趾被越军击伤，军队后退了七里。

吴王阖庐因创伤而死，临终前遣使立太子夫差为王，对夫差说"你能忘记勾践杀死了你的父亲吗？"夫差回答说："不敢忘！"过了三年，夫差终于报了越人杀父之仇。

夫差元年（前 495 年），吴王任命大夫伯嚭为太宰，训练军队，念念不忘向越国报仇。二年，出动全部精兵讨伐越国，在夫椒大败越军，终于报了姑苏兵败之仇。

越王勾践带领五千甲兵躲进会稽山,派大夫文种通过吴国太宰伯嚭请求媾和。吴王想答应,伍子胥劝谏说:"从前有过氏杀了斟灌氏去征伐斟寻国,灭掉夏后帝相。帝相的妻子后缗(mín)怀有身孕,逃到有仍国后生下少康。少康终以方圆十里的土地,五百部下,灭了有过氏,恢复了夏禹的业绩,祭祀时以夏的祖先配享上天,恢复了原有的统治权力。"

伍子胥说:"现在吴国不如当年有过氏那样强大,而勾践的实力又强过当年的少康。若不趁机灭掉越国,而去宽恕他们,不是养虎为患吗?更何况勾践这个人很能吃苦,现在不消灭他,将来后悔不及。"

吴王夫差不听伍子胥劝谏,最终听从了奸臣太宰嚭的话,与越国停战讲和,两国订立盟约,以越国为吴国的奴仆之国。吴国撤军回国。

前489年,吴王夫差趁齐景公去世而大臣争权、新君幼小之际兴兵北伐齐国。伍子胥劝谏说:"越王勾践吃饭不设两样以上的菜肴,穿衣不穿两种以上的颜色,吊唁死者,慰问病者,这是想利用民众来伐吴报仇啊。勾践不死,必将成为吴国的祸患。你作为君王,不先除掉越国这个心腹大患,反而把精力用在对付齐国上,这不是很荒谬吗?"

前487年，吴国为了驺国去讨伐鲁国，吴军攻入鲁国，与鲁订立盟约后离开。在回军时，吴军顺势讨伐了齐国才回国。前485年，吴国又一次兴师北伐齐国。

越王勾践率领群臣朝拜吴王，向吴王献上丰厚贡礼，吴王大喜。只有伍子胥心怀忧惧，说："这是要丢掉吴国啊。"于是劝谏吴王说："越国

伍子胥把自己的儿子托付给齐国大夫鲍氏，回报吴王。吴王听说后大怒，赐给伍子胥属镂之剑令其自杀。伍子胥临死时说："请你们在我坟上种上梓树，它可以用来作棺材。把我的眼睛挖出来放在吴都东门上，让我观看越国是怎样灭掉吴国的。"

吴王不听，北伐齐国，在艾陵大破齐兵。兵至缯邑，召见鲁哀公，向他索要一百份牢（古代祭祀或宴享时用的牲畜）。季康子派子贡列举周礼来劝说太宰嚭，吴王这才作罢。吴王留下来略取了齐、鲁两国南疆土地。

近在腹心之地，现在我国虽然战胜了齐国，好像得到了石田，但就像得到了一块石头铺成的田地，没有丝毫用处。《盘庚之诰》里说，只有将乱妄之人消灭干净，商王朝才能兴旺。"

吴王不听，派伍子胥出使齐国，

齐国大夫鲍氏杀死齐悼公。吴王得到消息，按照诸侯间的礼仪，在军门外为齐王设祭，哭吊三日，然后取海道攻打齐国。齐军打败吴军，吴王只好领兵回国。

夫差十四年（前 482 年）春，吴王北上在黄池与诸侯会盟，想称霸中原保全周室。六月丙子日，越王勾践伐吴。乙酉日，越兵五千人与吴兵交战。丙戌日，俘获吴国太子友。丁亥日，越军进入吴国。

吴王不想让诸侯们知道此事，偏偏有人走露消息，吴王怒斩七人于帐前。七月辛丑日，吴王与晋定公争夺盟主之位。吴王说："在周室宗族中我的祖先排行最大。"晋定公说："在姬姓诸国中只有我晋国当过霸主。"晋国大夫赵鞅怒不可遏，要发兵攻打吴国，吴王让步，晋定公这才当了盟主。吴王在会盟完后与越国媾和。

前 481 年，齐大夫田常杀死齐简公。前 478 年，越国更加强大。越王勾践率兵伐吴，大败吴军于笠泽。前 476 年，越王勾践再次伐吴。前 475 年，越兵围困吴国。

夫差二十三年(前473年)十一月,越国打败吴国。越王勾践想把吴王夫差流放到甬东,分给他百户人家。吴王说:"我老了,不能再侍奉越王。我后悔当初不听子胥之言,让自己落到这步田地。"于是自杀而死。越王灭掉吴国,杀死了太宰嚭,然后引兵归国。

太史公说:"孔子说过,'太伯可以称得上是德的典范,三次以天下相让,百姓对他的赞美已经到了无以复加的地步!'我读了《春秋》,才知道中原的虞国和荆蛮的句吴原来是兄弟之邦。延陵季子怀着一颗仁爱之心,一生向慕道义,且能够从细微处辨知事物的清浊。哎,他是一位多么见多识广、博学多识的君子啊!"

齐太公世家第二
人物像

齐太公

纣王

齐胡公

襄公

齐太公世家第二

被尊称为太公望的吕尚，是东海一带人。他的先祖曾做过四岳(传说尧舜时四方部落的首领)，辅佐夏禹治理水土立有大功。虞舜、夏禹时被封在吕，还有的被封在申，姓姜。

夏、商两代，申、吕两地有的封给旁支子孙，也有的后代沦为平民，吕尚就是他们的远代苗裔。吕尚本姓姜，以封地之名为氏，因而叫吕尚。

吕尚家境穷困，年老时，借钓鱼的机会结识了周文王。文王在出外狩猎前，卜了一卦，卦辞说："所得猎物非龙非螭，非虎非熊，乃成就霸王之业的辅臣。"

如卦所说，文王在渭水北岸果然遇到了姜太公，与他交谈后大喜，说："先君曾经预言，'定有圣人来周，周会因此兴旺。'您就是这个人吧？我太公盼望您很久了！"因而称吕尚为"太公望"，二人同乘而归，封他为太师(古三公之最尊者。周

置，为辅弼国君之官）。

传说吕尚见闻广博，曾事商纣，因见纣王残暴无道，便辞官离去。他周游列国诸侯，未得知遇之君，最终西行归依了周文王。也有人说，吕尚乃处士，隐居在海滨。

文王周西伯被囚禁在羑（yǒu）里时，他的臣子散宜生、闳夭久闻吕尚大名请他出山。吕尚也说："听说西伯贤而有德，又很关爱老年人，我为何不不听从召唤，到他们那里去呢？"

散宜生、闳夭、吕尚三人合谋，替文王搜寻美女奇宝，献给纣王，文王因此得以返回周国。虽然吕尚归周的传说各异，但都说他是文王和武王的军师。

文王由羑（yǒu）里脱身归国后，与吕尚暗中修行德政，谋划推翻商朝，其中有很多是用兵的权谋和奇计，所以后代谈论用兵之道和周的阴谋权术，均推吕尚为本谋。

文王为政清平，明断虞、芮二国的争讼，被诗人称道为膺受了天命。他讨伐崇国、密须和犬夷，大规模地兴建丰邑，天下大部分的诸侯都归顺周。以上这些也多半归功于吕尚的计谋。

文王去世武王即位后，九年，武王想完成文王的大业，遂出兵东伐，借以试探诸侯的响

齐太公世家第二

应。出师之际，吕尚左手持黄钺，右手持白旄誓师曰："苍兕呀苍兕，统领众兵，集结船只，迟者斩首。"兵至盟津，诸侯不召自来的有八百之多，均说："可以讨伐商纣了。"武王说："还不行。"班师而还，与吕尚作《太誓》。

又过了两年，纣王杀死王子比干，囚禁了箕子。武王将伐纣，龟兆（殷商时期，人们灼龟甲以卜吉凶，龟甲因灼而坼裂之纹理名为"龟兆"）显示不吉利，暴风雨将至。暴风雨在卦象中可作疾、烈讲，往往象征着剧变和灾祸，群臣恐惧，只有吕尚强劝武王进军伐纣，武王于是出兵。

十一年(前1046年)正月甲子日，武王在牧野誓师，讨伐商纣王。商军溃败，纣王逃回朝歌，登上鹿台，被追兵斩杀。次日，武王在社坛向神祇禀告纣王的罪恶。散发纣王积聚的钱、粮，赈济贫民。加高比干之墓，释放被囚禁的箕子，把九鼎迁往周国，推行周政。

武王平定商纣后封吕尚于营丘。吕尚东去封国，在路上住宿，行进速度很慢。同一客舍中的人劝他说："我听说时机难得而易失，客人睡得这样安稳，不大像是前去封国就任的吧？"吕尚听了，连夜穿衣上路，黎明就到达封国。恰巧莱侯带兵来攻。营丘毗邻莱国，莱人是夷族，趁周朝刚刚安定，无力平定远方之际来和姜太公争夺国土。

吕尚到齐国后，修明政教，顺其风俗，简化礼仪，开放工商，发展渔盐，人民多归附于齐，齐成了大国。成王即位之初，管、蔡作乱，淮夷也背叛周，成王派召康公策命吕尚说："东至大海，西至黄河，南至穆陵，北至无棣，五侯九伯（公、侯、伯、子、男五等诸侯和九州之长，泛指天下诸侯），

你都可以征讨。"齐因此可以征讨各国,成为大国,定都营丘。

吕尚死时有一百多岁,他的儿子丁公吕伋继位。丁公死,其子乙公继位。乙公死,其子癸公慈母继位。癸公死,其子哀公不辰继位。纪侯向周夷王诬陷哀公,夷王烹杀了哀公,立他的异母弟静为齐君,史称齐胡公。胡公将都城迁到了薄姑。

哀公同母最小的弟弟山怨恨胡公,和自己的死党率领营丘人袭杀胡公,自立为齐君,史称齐献公。献公元年,齐献公将胡公诸子驱逐出境,又把首都从薄姑迁回到营丘,称为临淄。

前851年,齐献公死了,他的儿子武公寿继位。武公九年(前842年),周厉王逃亡到边关的彘(zhì,今山西霍县)。十年,周王室大乱,大臣们主持国政,号称"共和"。二十四年(前827年),周宣王即位。

前825年,武公死了,他的儿子厉公无忌继位。厉公暴虐专横,所以胡公的儿子又返回齐国。齐人想立胡公之子为君,就跟他一同攻杀厉公。胡公之子也在战斗中阵亡了,齐人于是立厉公之子赤为齐君,史称齐文公。文公即位后,立即处死了参与诛杀厉公的七十人。

文公在位十二年去世,他的儿子成公脱继位。成公在位九年,前795年死去,他的儿子庄公购继位。庄公二十四年(前771年),犬戎攻杀周幽王,周室东迁到洛邑。秦国被封为诸侯。五十六年(前739年),晋人杀死他们的国君晋昭侯。

六十四年（前 731 年），庄公死了，他的儿子釐（xī）公禄甫继位。釐公九年（前 722 年），鲁隐公登位。十九年（前 712 年），鲁桓公杀其兄隐公自立为鲁君。在此期间，齐国无大事发生。

二十五年（前 656 年），北戎攻伐齐国。郑国派太子忽来援救齐国，齐侯看到太子忽生得英武非凡，想把女儿许配给他为妻。忽婉言谢绝齐君说："郑国小而齐国大，这样做不合礼仪，恕我不能答应。"

三十二年（前 699 年），釐公的同母弟夷仲年死了。釐公很宠爱他的儿子公孙无知，遂给予他和太子一样级别的爵禄与车服待遇。三十三年（前 698 年），釐公死了，太子诸儿继位，史称齐襄公。

襄公还是太子时，曾与无知争斗，继位以后，他降低了无知的礼秩服饰等级，无知心怀怨恨。四年（前 694 年），鲁桓公和夫人来到齐国。鲁夫人是襄公的妹妹，在齐釐公时嫁给鲁桓公做夫人。齐襄公过去曾与鲁夫人私通，此次桓公来齐，襄公又与鲁夫人通奸。

鲁桓公知道后非常生气，怒叱夫人，鲁夫人又告诉了齐襄公。齐襄公宴请鲁桓公，借机将桓公灌醉，派大力士彭生把鲁桓公抱上车，用杖击杀了桓公。鲁国人迎桓公下车时，发现他已经死掉了，为此责备齐国。齐襄公杀死彭生向鲁国谢罪。

齐襄公八年(前 690 年),齐国征伐纪国,纪国一败涂地,被迫迁都。

当初,襄公派连称、管至父驻守葵丘,约定瓜熟时前往,到第二年瓜熟时节派人接替。但他们驻守够了一年,瓜熟期早就过了,襄公却出尔反尔,仍不派人替换。有人替他们求情,襄公不答应。二人生气,通过公孙无知策划叛乱。

连称有个堂妹是襄公宫内的妃妾,怨恨襄公不宠幸自己,二人遂让她侦伺襄公,许诺事成后让她做无知的夫人。十二月,襄公来到姑棼(fén)游玩,到沛丘去打猎。见到一野猪,仆从说是"彭生",襄公大怒,拔箭射去,野猪突然像人一样站立起来啼叫。襄公害怕了,由车上摔下来,跌伤了脚腕,连鞋子也跑丢了。襄公不自责,反而责怪鞋子不合脚,回去后痛打了主管制鞋的茀三百鞭。茀逃出宫。

无知、连称、管至父等人闻知襄公受伤,带领徒众来攻袭襄公。正好遇到茀从王宫中出来,茀说:"先不要进去,以免惊动宫中,一旦惊动了宫中就不容易进去了。"无知不信,茀让他查看自己的鞭伤,无知这才相信了他。

无知命众人在宫外等候,让茀先进去刺探消息。茀进宫后把襄公藏在屋门后面。无知等不见消息,害怕有变,就带人攻入宫中。茀反而和宫中卫士及襄公的亲信之臣攻打无知,不能取胜,被全部杀死。无知进宫,找不到襄公。有人看到屋门下有脚露出来,拉开门一看,正是襄公,就将他杀了。

无知自立为齐君。时值桓公元年春天，无知到雍林去游玩。雍林人曾经和无知有宿怨，等到无知去游玩时，袭杀了他，并向齐国大夫通告说："无知杀死襄公自立为君，我们已将他处死，希望大夫们改立公子中应当继承王位的人，我们唯命是听。"

当初，襄公醉杀鲁桓公，与鲁夫人通奸，屡屡杀罚不当，沉湎女色，多次欺侮大臣，诸弟均害怕受灾祸的牵连，他的大弟纠逃亡到鲁国。纠的母亲是鲁国人。管仲、召忽辅佐他。二弟小白逃亡莒国，鲍叔辅佐他。小白的母亲是卫国人，深受齐釐公宠幸。小白从小与大夫高傒交好。

雍林人杀死无知后，商议立君之事，高氏、国氏暗中召小白回国。鲁国听到无知已死，也发兵护送公子纠回国，并命管仲率军把守莒国通向齐国的要道。管仲射中小白带钩，小白假装死了，管仲派人飞报鲁国，鲁国护送公子纠的部队行动就更加迟缓了，六天后才到达齐国。这时小白已捷足先登被立为齐君，史称齐桓公。

桓公被射中衣带钩之后，佯死迷惑管仲，随即乘坐温车（古代的一种卧车）飞速行进，又因为有高氏和国氏作为内应，故能先入齐国登位。他派兵抵御护送公子纠的鲁军。秋天，齐军与鲁军在乾时作战，鲁军败走，齐兵切断鲁军的退路。

齐君写信给鲁君说："子纠是我的兄弟，我不忍心亲手杀他，请鲁国

将他杀了吧。召忽、管仲是我的
仇敌，请将他们交给我，让我将
他们剁成肉酱，以解心头之恨。
不然，齐国就要派兵围剿鲁国。"
鲁国人害怕，就在笙渎杀死了公
子纠。召忽自杀，管仲则请求将
他囚送于齐。

　　桓公本想杀死管仲，鲍叔牙
劝谏说："我有幸跟从你，你成为国君，已经很尊贵了，我无力助你再增加
尊贵。如果你只想治理齐国，有高傒和我就足够了。但如果你想成就霸
业的话，非管夷吾不行。管夷吾在哪个国家，哪个国家就强盛，我们不能
失去这个人才啊！"

　　桓公听从鲍叔牙的劝告，假
装召管仲报仇雪恨，实则是想重
用他。管仲心里明白，所以要求
入齐。鲍叔牙前去迎接管仲，一
到齐国境内的堂阜就给管仲除
去桎梏，让他斋戒沐浴，去见桓
公。桓公用隆重的礼仪接待了
管仲，任命他为大夫，主持国家
政务。

　　桓公得到管仲后，与鲍叔、
隰（xī）朋、高傒一起，共同修治
齐国政事，推行以五家为单位的
军事管理制度，合理运用轻重
（我国历史上关于调节商品、货
币流通和控制物价的理论。清
末曾有人将政治经济学称为"轻

重学")理论,发展渔盐生产,给赡穷人,任用贤能,齐国上下一派欢欣。

桓公二年(前684年),齐国灭掉郯(tán)国,郯国国君的儿子逃亡到了莒国。早先,齐桓公逃亡国外时,曾经到过郯国,郯君对他很无礼,所以讨伐它。

桓公五年(前681年),齐国讨伐鲁国,鲁军眼看就要失败。鲁庄公请求割让遂邑来媾和,桓公允诺,与鲁国在柯地会盟。将要盟誓之际,鲁国曹沫手拿匕首,冲上祭坛劫持了齐桓公,威胁他说:"归还鲁国被侵占的土地!"桓公被迫答应。

曹沫扔掉匕首,面北坐到臣子之位。桓公后悔,想杀掉曹沫,不归还鲁土。管仲说:"被劫持时答应了人家的要求,而现在又背弃诺言杀死人家,是满足于微小的快意而失信于诸侯,因一邑之地而失去天下人的支持,不能这样做。"

桓公听从管仲劝谏,把曹沫三次战败所丢的土地全部归还鲁国。诸侯们听说了这件事,都信服齐国,愿意归附于齐。桓公七年(前679年),诸侯与齐桓公在甄地会盟,齐桓公从此成为天下霸主。

桓公十四年(前672年),陈国公子陈完前来投奔齐国。陈完号敬仲,是陈厉公的儿子。齐桓公想任命他为卿,他谦让不就。于是,桓公让他担任掌管百工的工正之官。他就是田成子田常的祖先。

桓公二十三年（前 663 年），山戎（又称北戎，匈奴的一支，活动地区在今河北省北部）攻打燕国，燕向齐告急。齐桓公带兵救燕，讨伐山戎，一直打达孤竹（今河北卢龙县）才回来。燕庄王将桓公一直送入齐国境内。

桓公说："除了天子，诸侯之间相送不出国境，我不可以对燕王无礼。"于是挖沟为界，把燕君所到之地送给燕国，让燕君重修召公之政，向周室纳贡，就像成康时代一样。诸侯听说后，都服从齐国。

鲁湣公的母亲名叫哀姜，是齐桓公的妹妹，违反人伦，与公子庆父私通。桓公二十七年（前 659 年），庆父弑杀湣公，哀姜想立庆父为国君，鲁人却另立釐公。桓公遂把哀姜召回齐国，将她处死。

桓公二十八年（前 658 年），于乱中即位的卫文公遭到狄人侵袭，向齐国告急。齐国率领诸侯之兵打败狄人，修筑楚丘城（今河南滑县东），将卫君安置在那里。卫国这才得以复国。

桓公二十九年（前 657 年），桓公与夫人蔡姬在水上游玩。蔡姬熟悉水性，故意摇晃船只。桓公害怕，命她停止，蔡姬不听。桓公恼怒，下船后，把蔡姬送回娘家，但并未休她。蔡侯也很生气，把蔡姬另嫁他人。桓公听说后更加生气，兴兵讨伐蔡国。

桓公三十年（前 656 年）春，齐桓公大败蔡国，乘势伐楚。楚成王责问："为什么进入我国？"管仲回答说："从前召康公命令我国先君太公，'五侯九伯，均可以征伐。'东至大海，西至黄河，南至穆陵，北至无棣，均

在征伐之列。如今楚国该进献包茅却不进献，天子祭祀用品不全，所以前来问责！早先周昭王南征不归死在南方，因此前来问罪！"

楚王说："贡品没有进献，确实如此，这是我的罪过，今后不敢不奉上。至于昭王一去不归，却与楚国无关，你应该到汉水边上去问罪。"齐军自觉理屈，进驻陉地。夏天，楚王命屈完领兵抵抗齐军，齐军退驻召陵。

桓公向屈完炫耀齐军兵多将广。屈完说："只有合于正义才能胜利；如若不然，楚国就以方城山为城墙，以长江、汉江为护城河，你岂能前进一步？"于是，齐桓公与屈完订立协约而去。途经陈国，陈园大夫袁涛涂欺骗桓公，让齐军走东线难行之路，被齐察觉。秋天，齐国讨伐陈国。

三十五年（前651年）夏，桓公与诸侯在葵丘会盟。周襄王派宰孔赐给桓公祭祀时供的肉、彩饰的弓箭、天子乘用之车，并命他在朝见天子时不必再行跪拜之礼。桓公本想答应，管仲说："不可"。桓公于是下拜受赐。

秋天，桓公又和诸侯在葵丘会盟，愈发显出骄傲之色。周王派宰孔参加盟会。诸侯见桓公如此，开始有了背离之心。晋君因病来晚了，在路上遇见宰孔。宰孔说："齐桓公骄傲得很，你不必去了。"晋君听了半道返回。

这年，晋献公去世，里克杀死献公少子奚齐和卓子，秦穆公派兵护送

夫人之弟夷吾回国即位为君。桓公因为晋国内乱前去讨伐，大军到达高梁，晋国趋势有所缓解，遂派隰朋去扶立晋君，自己回国。

此时周室衰微，天下只有齐、楚、晋、秦四国强盛。晋国才加入会盟，晋献公便死去，国内大乱。

秦穆公处地偏远，没有参加中原诸侯的会盟。楚成王刚刚征服荆蛮之地，自认为是夷狄之邦。因此，只有齐国能够召集中原诸侯盟会，而齐桓公又充分显示出其盛德，所以各国诸侯无不宾服而会。

齐桓公公开宣称说："寡人南征到达召陵，望见了熊山；北伐山戎、离枝、孤竹等夷狄之国；西征大夏，远涉流沙；包裹马蹄，钩挂牢车子，登上太行险道，一直到达卑耳山而还。诸侯中没有人敢违抗我。我主持军事盟会三次，乘车盟会六次，数次会合诸侯，匡正天下于一统。过去三代的开国天子，与此有何不同！我想要封祭泰山，禅祭梁父（泰山下的一座小山）。"

管仲极力劝阻，桓公不听。管仲于是向桓公介绍封禅的礼法，告诉他须要得到远方的奇珍异宝，方才可以举行封禅，桓公听了这才作罢。

桓公三十八年（前648年），周襄王的弟弟带与戎人、翟人合谋伐周，齐国派管仲平息了祸乱。周天子想用上卿之礼接见管仲，管仲叩头而拜说："我是诸侯之臣，怎么敢受此重礼！"谦让再三，方以下卿之礼参见天子。

次年，带逃亡到齐国。齐国派仲孙请求周襄王，替带谢罪。周襄王很生气，不答应。桓公四十一年（前645年），秦穆公俘获了晋惠公，又释放他回国。管仲、隰朋也在这年去世了。

在管仲病重时，齐桓公曾经问他："你死后群臣之中谁人可做相国？"管仲说："知臣莫如君。"桓公说："易牙怎么样？"管仲回答说："易牙杀死亲生儿子来迎合国君，不合人情，不可以出任相职。"

桓公又问："开方怎么样？"管仲说："开方抛弃双亲来迎合国君，不合人情，不可以亲近。"桓公说："竖才怎么样？"管仲说："这个人阉割自己来迎合国君，不合人情，不可以亲信。"管仲死后，桓公置管仲之言于不顾，最终还是亲近任用了这三个人，这三人控制了齐国的政权。

桓公四十二年（前644年），戎人伐周，周向齐告急，齐命诸侯发兵保卫周室。这年，晋公子重耳来到齐国，齐桓公把宗室之女嫁给重耳为妻。

齐桓公有三位夫人——王姬、徐姬、蔡姬,三个人都没有儿子。桓公好色,有很多宠爱的姬妾,地位和夫人相当的就有六个。其中长卫姬生有无诡,少卫姬生有惠公元,郑姬生有孝公昭,葛嬴生有昭公潘,密姬生有懿公商人,宋华子生有公子雍。

齐桓公和管仲曾把孝公昭托付给宋襄公,立为太子。易牙受到长卫姬的宠幸,通过竖刁送给桓公厚礼,所以他也受到桓公的宠爱。桓公答应他立无诡为太子。管仲死后,五位公子都要求立为太子。前643年冬十月乙亥日,齐桓公去世。易牙入宫,与竖刁借助姬妾的支持诛杀群臣,立公子无诡为齐君。太子昭逃亡到宋国。桓公病时,五位公子拉帮结派争夺君位。

桓公死后,五位公子互相攻打,以致宫中无人,更没人敢进宫去装殓桓公。桓公的尸体丢在床上六十七天无人问津,尸体的蛆虫都由屋子里爬到了门外。十二月乙亥日,无诡即位,这才向外发布讣告。辛巳日夜间,将桓公入殓。

桓公有十多个儿子,前后立为国君的有五人:无诡即位三月死去,没有谥号;下来是孝公;再下来是昭公;再下来是懿公;最后是惠公。孝公元年(前642年)三月,宋襄公率诸侯军队送齐太子昭归国并伐齐。齐人害怕,杀死无诡。

齐人将立昭为君，四公子的追随者又来攻打太子，太子逃回宋国，宋国于是就与齐国四公子的军队作战。五月，宋军打败四公子立太子昭为君，他就是齐孝公。宋君因为曾受桓公与管仲之托，故来讨伐。因为战乱的缘故，到八月才安葬了齐桓公。

孝公六年（前637年）春，齐国伐宋，因为宋国没有参加在齐国的盟会。夏，宋襄公去世。七年，晋文公登位。十年孝公去世，他的弟弟潘在卫公子开方的帮助下，杀死侄子夺取君位，史称齐昭公。昭公是桓公的儿子，他的母亲名叫葛嬴。

昭公元年（前632年），晋文公在城濮大败楚军，召集诸侯在践土盟会，朝见周天子，天子封晋文公为霸主。六年，狄人入侵齐国。晋文公去世。秦军兵败殽山。十二年，秦穆公去世。

十九年（前614年）五月，齐昭公死了，儿子舍继位。舍的母亲不受昭公宠爱，齐国人都不惧怕他。在桓公死后争位中失败的昭公之弟商人，暗中结交贤士，抚爱百姓，深得百姓拥戴。昭公死后，继位的舍势独力薄。十月，商人和他的党徒借祭坟之机在昭公墓前杀死了舍，自立为君，史称齐懿公。懿公，是桓公的儿子，他的母亲名叫密姬。

懿公还是公子的时候，与丙戎的父亲一同打猎，争夺猎物没有争到，即位后，他依然怀恨在心，砍断了丙戎父亲的双脚。丙戎这个人花言巧语，善于溜须拍马，懿公因而让他做自己的仆从。懿公看到臣子庸职的妻子长得很漂亮，就将她收入内宫，反让庸职做他的陪乘。这是懿公四年（前609年）春的事情。

五月，懿公到申池去游玩。丙戎和庸职一块儿洗澡，互相开玩笑戏耍对方。庸职说丙戎是"砍脚人的儿子"，丙戎说庸职是"被人夺妻的丈夫"。两人都被戳到了痛处，集怨恨于懿公。懿公在竹林中游玩，两人谋划杀死他，最终在车上将懿公杀死，把他的尸体抛在竹林中逃走了。

懿公在即位后很是骄横，百姓不归附他。齐国人撇开他的儿子，从卫国迎接公子元回齐，立为国君，史称齐惠公。惠公也是桓公的儿子，母亲是卫国人，名叫少卫姬，因躲避内乱逃往卫国。

惠公二年（前607年），长翟（春秋时狄族的一支，传说其人身材较高，故称）入侵，王子城父打败狄人，杀死了他们的首领，照规定把他埋在北门。晋国大夫赵穿弑杀了晋灵公。十年，齐惠公死了，他的儿子顷公无野继位。当初，崔杼深受惠公宠幸，惠公死后，高氏、国氏害怕受到他的迫害，抢先驱逐了他，崔杼逃到了卫国。

顷公元年（前598年），楚
庄王强盛起来，征伐陈国。
二年，围困郑国三个月，郑伯
投降。之后，楚军退兵，楚国
与郑国讲和，让郑伯复国。

六年（前593年）春，晋国
派郤克出使齐国。郤克是个
残疾人，齐顷公让母亲坐在
帷幕后偷看。郤克上来进
见，夫人大笑。郤克觉得受
到了羞辱，发恨说："此辱不
报，我发誓不再渡过黄河！"
回国后，请求晋君伐齐，晋君
不答应。齐国的使者来晋，
郤克在河内将四个使者捉
住，全部杀死。

八年（前591年），晋国伐齐，齐国送公子强到晋国做人质，晋军这才
离去。十年春，齐国征伐鲁国和卫国。鲁、卫两国大夫到晋国请兵，都是
通过郤克。晋国派郤克率领战车八百乘，做中军之将，士燮（xiè）率领上
军，栾书率领下军，来救鲁国、卫国，讨伐齐国。

六月壬申日，晋军与齐军在靡笄山下交兵。癸酉日，两军在鞍对阵。
逢丑父是齐顷公车右的卫士。顷公说："冲上去，击破晋军后聚餐。"齐军
射伤郤克，血一直流到了脚上。郤克想退回营垒，他的驭手说："我刚进
阵地，就身负两伤，尚不敢言疼，怕的是引起士卒恐慌，希望你能忍住疼
痛坚持战斗。"郤克又投入战斗。

战斗中,齐军危急,逢丑父害怕齐顷公被活捉,就和他交换了位置,让顷公在车右充当卫士,战车绊在树上不能前进。晋国小将韩厥伏在齐顷公战车前,嘲笑说:"晋君派我来救援鲁国、卫国。"丑父故意派顷公下车取水喝,顷公这才得以逃脱,回到齐军阵中。

郤克想杀丑父,丑父说:"替国君死而被杀,以后为人臣子的就不会有忠于君主的人了。"郤克放了他,丑父逃回齐军。晋军一直追到马陵。齐顷公请求用宝器谢罪,郤克不答应,一定要得到耻笑郤克的萧桐叔子,并要求齐国把田间道路全部改成东西走向,以方便晋国随时进入。

齐人回答说:"叔子是齐顷公的母亲,齐候的母亲就犹如晋候的母亲,将军要怎么处置她呢?而且将军是以正义之师伐齐,却以暴虐无礼来结束,这怎么可以呢?"于是郤克答应了他们,让齐国归还先前侵占鲁国、卫国二国的土地。

十一年(前588年),晋国开始设置六卿,用以封赏鞍地战役中的有功人员。齐顷公朝见晋君,想尊晋景公为王,晋景公不敢承受,齐君只好回国。

顷公回国后开放自己的园林,减轻赋税,赈济孤寡,吊问残疾,拿出国家的积蓄来救济百姓,人民十分高兴。顷公对诸侯更是厚礼相待,一直到他去世,百姓归附,诸侯没有侵犯齐国的。十七年(前582年),顷公死了,儿子灵公环继位。

灵公九年（前573年），晋国大夫栾书杀死国君厉公。十年，晋悼公伐齐，齐侯送公子光到晋国去做人质。十九年，立公子光为太子，让高厚辅佐他，派他到钟离去参加诸侯盟会。二十七年，晋国派中行献子伐齐。齐军战败，灵公逃到临淄。晏婴劝阻灵公，灵公不听。晋兵包围临淄，齐人据守内城不敢出击，晋军焚烧外城而去。

当初，灵公娶鲁国公主为妻，生下儿子光，立为太子。后来又娶了仲姬、戎姬。戎姬得宠，仲姬生了个儿子叫牙，托付给戎姬抚养。戎姬请求立牙为太子，灵公答应了。仲姬说："不可！光已被立为太子，名列诸侯，现在无故废黜他，君王必定会后悔的。"

灵公说："废立全在于我！"于是把太子光迁往东部，仍让高厚辅佐，牙为太子。不久，灵公患病，崔杼迎回前任太子光立为国君，这就是齐庄公。庄公杀死戎姬。五月壬辰日，灵公去世，庄公继位，在句窦丘捉住太子牙，杀了他。八月，崔杼杀掉高厚。晋国闻知齐国内乱，伐齐，一直攻达高唐。

庄公三年（前551年），晋国大夫栾盈投奔齐国，庄公以隆重的客礼待他。晏婴、田文子劝谏，庄公不听。四年，齐庄公派栾盈秘密潜回曲沃作为内应，齐国大兵随后，上太行山，进入孟门关口。栾盈战败，齐军在还师途中攻取了朝歌。

当初,棠公之妻很漂亮,棠公死后,崔杼娶了她。庄公与她通奸,多次去崔杼家,还把崔杼的帽子赏给别人。连侍从都劝告他说:"不可以这样做。"崔杼十分恼怒。

庄公六年(前548年),崔杼借庄公伐晋之机,与晋国合谋袭击庄公,未能得逞。庄公曾经鞭打过宦官贾举,后来又让他服侍自己,贾举遂暗中替崔杼监视庄公。五月,莒君朝觐齐君,齐庄公在甲戌日宴请莒君。崔杼谎称有病不能上朝。

乙亥日,庄公假意前去探望崔杼的病情,实则想借机找崔杼妻私会。崔妻入室,与崔杼关上屋不出来,庄公在前堂抱柱而歌。宦官贾举会意,将庄公的侍从拦在外面,而自己则进入院子,关上院门。崔杼的徒众手执兵器一拥而上,捉拿庄公。

庄公爬上高台请求和解,众人不答应;庄公又请求订立盟约,也不答应;请求到自己的祖庙里去自杀,众人还是不答应。众人说:"您的臣子崔杼病重,不能亲自听你吩咐。这里离宫廷很近,我们只管捉拿淫乱之徒,没有接到其他的命令。"庄公越墙想逃,被射中大腿,摔下墙来被杀。

站立在崔杼家门外的晏婴得知庄公已死,说:"若国君为社稷而死,那么臣子应追随他去死,国君为社稷逃亡,则臣子应跟随他流亡。如果国君是为一己私利而死或是逃亡,除了他的宠幸私臣,谁敢追随他呢!"院门打开,晏子等进入院内,抚尸而哭,三次顿足。有人对崔杼说:"一定要想办法杀死晏婴！"崔杼说："晏婴深得众望，放过他，我们会争取到民心。"

丁丑日，崔杼立庄公异母弟杵臼为君，史称齐景公。景公的母亲是鲁国大夫叔孙宣伯之女。景公即位后，任命崔杼为右相，庆封为左相。二位国相害怕引起内乱，就与国人盟誓说："不服从崔、庆者死！"

晏子仰天长叹说："晏婴做不到，我只跟从忠君利国的人！"不肯参加盟誓。庆封想杀晏子，崔杼说："他是忠臣，放了他吧。"齐太史因为照实记载了句："崔杼弑庄公！"也被崔杼杀了。太史之弟又记载上，崔杼又杀了他。太史的小弟再记载上，崔杼没法，只好放过了他。

当初，崔杼生有成、强两个儿子，二人的母亲死后，崔杼又娶了东郭氏之女，生下明。东郭氏女让她前夫的儿子无咎和她的弟弟东郭偃辅佐崔氏。景公元年（前547年），成犯了罪过，无咎和东郭偃两位家相迅即惩治成，立崔明为太子。

成请求将来能够老死在崔邑，崔杼答应，二相却不肯，说："崔邑是崔氏宗庙所在之地，不可以让他去。"成、强怒，告知庆封。庆封与崔杼素有矛盾，早就希望崔氏败落，趁机挑拨离间。成、强带人杀死无咎与偃，家人见状竞相拼命奔逃。崔杼大怒，但家人都已逃走。崔杼没法，只得找来一个宦官驾车，前去见庆封。

庆封说："让我来替你杀掉这两个逆子吧！"于是派崔杼的仇人卢蒲嫳攻打崔氏，杀死成、强，将崔氏一族尽行诛灭。崔杼的妻子自杀了，崔杼走投无路，也自杀了。庆封如愿当上相国，独揽大权。

庆封杀死崔杼以后，愈发骄横，整日酗酒游猎，不理政事。他的儿子庆舍代行政务，父子间也产生了矛盾。田文子对田桓子说："动乱将起。"田、鲍、高、栾四家合谋消灭庆氏。恰巧，景公三年（前545年）十月，庆封外出打猎。庆舍派甲兵围攻庆封官邸，四家族趁机打败庆氏。

庆封无家可归，逃亡到鲁国。齐人责备鲁国，庆封又逃到吴国。吴国把朱方之地赏给庆封，聚集他的族人居住在那里，他比在齐国时还富有。这年秋，齐人移葬庄公，同时把崔杼的尸体示于市以泄民愤。

景公九年（前539年），景公派晏婴出使晋国，私下对叔向说："齐国政权终将归于田氏。田氏虽然对天下无大的功德，但能借公事施私恩，有恩德于百姓，颇受人民拥戴。"

景公十二年（前536年），景公到晋国会见晋平公，想共同伐燕。十八年，景公又到晋国，谒见晋昭公。二十六年，景公到鲁国郊外打猎，顺便进入鲁国都，同晏婴一起咨询鲁国的礼制。三十一年，鲁昭公躲避季氏叛乱,逃亡到齐国。齐景公想封给昭公千社(二万五千家),子家劝阻昭公不要接受,昭公于是请求齐国伐鲁,齐军攻取郓邑,让给昭公居住。

景公大造宫室,多养狗马,奢侈无度,税重刑酷。三十二年(前516年),有彗星出现。坐在柏寝台上的景公叹息说:"富丽堂皇的亭台啊,谁能永远拥有它呢?"群臣潸然泪下,晏子却反而笑了,景公动怒。晏子说:"我笑群臣皆是阿谀奉承之人。"景公说:"彗星出现在东北天空,正对着齐国的地域,寡人正为此而担忧呢!"

晏子说:"你筑高台凿深池,赋税唯恐收得少,刑罚唯恐不严厉,照此下去,最凶的茀星(孛星,即彗星)将会出现,还怕什么彗星呢?"景公问:"可以禳灾吗?"晏子说:"如果祈祷可以使神明降临,那么就可以用祈禳之法。但是有怨言的百姓成千上万,而你让一个人去禳灾,怎么能胜过众口的诅咒呢?"

四十二年(前506年),吴王阖闾攻入楚都郢。四十七年,鲁国大夫阳虎攻打鲁君,战败后逃亡到齐国,请求齐国出兵伐鲁。鲍子劝谏,景公于是囚禁阳虎。后来,阳虎逃了出来,又投奔晋国。

四十八年(前500年),景公与鲁定公在夹谷会盟。犁鉏说:"孔丘虽深通礼仪,但为人怯弱,可以让莱人表演歌舞,借机捉住鲁君,让鲁满足我们的要求。"景公也担心孔子出任鲁相后,鲁国会成就霸业,因此听从了犁鉏之计。盟会时,齐国献上莱人乐舞，孔子下令将莱人斩首。景公自觉惭愧，就归还了侵占的鲁国领土以谢罪，结束会盟离去。这年，婴晏死了。

景公五十五年（前493年），范氏、中行氏反叛晋君，晋君猛烈反击，二氏吃紧，来向齐国借粮。田乞意图叛乱，图谋结交叛臣，树立私党，便劝景公说："范氏、中行氏多次对齐国有恩德，不可不救。"于是，景公派田乞去救援并供给他们粮食。

景公五十八年（前490年）夏，景公夫人燕姬的儿子死了。景公的宠妾芮姬生有儿子荼，荼年幼，他的母出身微贱，荼又行为不端，诸大夫担心荼会成为太子，表示愿意在诸公子中择年长贤德者立为太子。景公因为年老，忌讳立太子事，又宠爱荼的母亲，内心想立荼为太子，就对大夫们说："及时行乐吧，还怕国家没有君主吗？"

秋天，景公病重，命令国惠子、高昭子立最小的儿子荼为太子，驱逐其他公子到莱。景公死后，太子荼继任国君，史称齐晏孺子。冬天，景公还未下葬，其他公子害怕被杀，都逃亡到了国外。荼的异母哥哥公子寿、驹、黔逃到卫国，公子驵、阳生逃到鲁国。莱谣曰："景公死了尚未葬，三军之事无人谋，从前那些的追随者啊，都到哪里去呢？"

晏孺子元年（前489年）春，田乞假装忠于高氏、国氏，每每上朝，总是主动给他们担任陪乘，挑拨说："你二人深得君王信任，权力太大了，以至于大夫们人人自危，图谋叛乱。"他又对大夫们说："高昭子这个人太可怕了，趁他还没有下手，我们抢先

除掉他吧。"大夫们都赞同他的意见。

六月，田乞、鲍牧与众大夫带兵进入宫中，向高昭子他们发起进攻。昭子听到这件事，忙与国惠子携手营救晏孺子。田乞很快打败了他们，并乘胜追击国惠子，国惠子逃亡到莒国。田乞他们返回来杀死了高昭子。晏圉(yǔ)则逃到了鲁国。田乞在击败高、国二相后，派人到鲁国迎回公子阳生。阳生到齐后，躲藏在田乞家中。

十月戊子日，田乞邀请诸大夫说："我儿子田常的母亲今天在家主持祭礼，敬请各位赏脸，共饮几杯。"宴会时，田乞把阳生装在口袋里，放置在座席中央，打开口袋放他出来，说："这就是齐国国君!"众大夫伏地参拜。田乞准备与众大夫盟誓立阳生为君，恰巧鲍牧喝醉了，田乞就欺骗大家说："我和鲍牧共谋立阳生。"鲍牧恼怒地说："你忘记了景公立荼为君的遗命了吗?"

众大夫面面相觑，想要反悔，阳生上前，叩头而拜说："对于我可以的话立则立，否则就算了。"鲍牧害怕引起祸乱，就又说："都是景公的儿子，有什么不可的?"就与众人盟誓，立阳生为君，史称齐悼公。悼公进入宫中，流放晏孺子到骀，在途中将他杀死。本就微贱没有权力的芮姬也被驱逐。

悼公元年(前488年)，齐国讨伐鲁国，攻取讙(huān)、阐二地。当初，阳生逃亡在鲁，季康子把妹妹嫁给他。阳生归国即位后，派人迎接妻子。季姬与季鲂侯私通，说出了内情，鲁人不敢送她回齐国，齐国前来讨伐，终于接回季姬。季姬受到悼公宠爱,齐国又把侵占的土地归还鲁国。

鲍子与悼公之间有矛盾。悼公四年(前485年),吴国、鲁国讨伐齐国南方。鲍子杀死悼公,讣告送至吴军,吴王夫差按照礼仪在军门外哭吊三日,准备从海路进军讨伐齐国。齐军战胜吴军,吴军撤退。晋国赵鞅伐齐,攻到赖地后撤军。齐人拥立悼公的儿子壬为齐君,他就是齐简公。

齐简公和他的父亲悼公当初在鲁国避难时,宠幸大夫监止。简公即位后,让监止执掌国政。田成子心怀忌惮,在上朝时总是戒备地回头看他。御手田鞅向简公进言说:"田、监不能并存,你只能选择其中一个。"简公不听。简公四年(前481年)春,监止有次晚朝,正遇上田逆杀人,就把他逮捕入狱。

田氏宗族这时空前团结,就让田逆装病,家人借探监之机将狱卒灌醉杀死,田逆逃脱。当初,田豹想给监止做家臣,让大夫公孙向监止荐举,由于田豹遇上丧事作罢。此时田豹已经做了监止的家臣,并且受到宠信。监止对他说:"我想把田氏驱逐,让你来当田氏之长,可以吗?"

田豹回答说:"我是田氏的旁支,况且田氏家族中不服从你的不过几个人,何必全部驱逐呢!"田豹又告知了田氏。田逆说:"他正得君王宠任,如不先下手,必遭其祸。"于是田逆躲进府邸,准备伺机行事。

夏五月壬申日，田常兄弟八人乘四辆车前去见简公。监止从帷帐中出来迎接他们。田常兄弟一进去就关上宫门，宦官们奋力抵抗，田逆杀死宦官。简公正与妻妾在檀台上饮酒，田成子让诸妾去回寝宫。简公拿起戈要刺田成子，太史子馀说："田常不是要谋害你，而是要为你除害。"田常出宫住进武库，听说简公还在发怒，就想逃往国外，感慨说："哪儿没有国君呢？"

田逆拔剑说："犹豫不决是成功的大敌。我们谁不是田氏宗室的子孙呢？你若想独自出逃，我不杀死你就不算是田族的人。"田常这才留下。监止跑回家，聚集徒众进攻田府，未能取胜，就逃走了。田氏族人紧追不舍。丰丘有人抓住监止来报，田氏在郭门把他杀死。监止的家臣大陆子方在田逆和田豹的帮助下逃走。

庚辰日，田常在徐州逮住简公。简公说："我要是早听田鞅之言，不会落到今天这个地步。"甲午日，田常在徐州处死简公。田常立简公之弟鳌为齐君，这就是平公。平公即位后，田常为相国，专擅齐国大权，划割齐国安平以东广大国土为田氏封邑。

二十五年（前456年）平公死去，儿子宣公积继位。宣公在位五十一年死了，前405年，他的儿子康公贷继位。田会在廪丘叛乱。十九年，田常曾孙田和位列诸侯，把康公流放到海滨。二十六年（前379年），康公去世，吕氏自此断绝了祭祀，田氏终如愿于夺取了齐国政权。到齐威王时，齐成为天下的强国。

太史公说："我来到齐国，由泰山西行至琅邪，向北一直到达海边，看到齐国沃野千里，齐民胸怀阔达，藏锋敛锐，他们天性如此。太公的圣明，为齐国奠定了强盛的根基，而桓公以其盛德与善政，召集天下诸侯盟会，成为霸主，不也是顺理成章的事吗？广盛博大的齐国，的确有着泱泱大国的风范！"

鲁周公世家第三
人物像

周公旦

鲁周公世家第三

周公旦是周武王的弟弟。周文王在世时，周公旦就非常孝顺，他笃实仁厚，在兄弟几个中表现得很出色。周武王即位后，他经常辅翼武王，处理政务。

武王九年（前1048年），周武王东征到达盟津，周公旦随军辅佐。十一年，讨伐纣王，大军一路势如破竹，抵达牧野，周公旦佐助武王，发布了《牧誓》。周军打败殷军，进入商宫。杀死殷纣后，周公旦手持大钺，召公手持小钺，左右簇拥着武王，祭祀社神，向上天与殷民昭告纣王的罪恶。

随后，周武王释放了箕子，分封纣王的儿子武庚禄父为侯，派管叔、蔡叔辅佐他，以承续商的祭祀。封赏功臣、同姓及亲戚。封周公旦于少昊故墟曲阜，史称鲁公。周公旦没有去封国，而是留在朝廷辅佐武王。

周武王灭商的第二年，天下还未完全平定，武王患病，病势不好，群臣恐惧，太公和召公跑到文王庙虔敬地为他占卜。周公旦说："不可以让先王担忧。"于是用自己的生命作担保，设立了三个祭坛，面北站立，捧璧持圭，向太王、王季、文王祈祷。

史官把周公祷告的祝词写在简册上，朗诵道："你们的长孙周王发积劳成疾，如果三位先王有向上天通报诸侯疾病的职责，请用旦代替周王发。旦灵巧能干，多才多艺，能侍奉鬼神。周王发受命于天庭，敷佑天下苍生，他的才能足以安定后世子孙，四方之民无不敬畏。不毁坏上天赐予的兴盛国运，先王也就可以永享奉祀。若你们答应我的要求，我就把圭璧带回去，听候你们的安排。若不答应，我就把圭璧收藏起来。"

周公旦已命史官策告太王、王季、文王，要代替武王发去死，于是到三王神位前占卜。卜人都说吉利，翻开卦书一看，果真是吉信。周公旦非常高兴，开锁查看，卜辞也都很吉利。遂进宫向武王祝贺说："大王没有灾祸，我刚领受了三位先王之命，让你为周室长远作打算，这是上天对你的厚爱啊。"周公把策书收进金丝缠束的柜中密封，告诫看守之人不可张

扬。第二天,武王果然痊愈。

后来周武王去世,成王尚在襁褓之中。周公旦害怕天下人背叛朝廷,就登位代成王主政。管叔和他的几个弟弟散布流言说:"周公将要加害于成王。"周公告诉太公望、召公奭(shì)说:"我之所以不避嫌疑代行国政,是怕天下人背叛周室,无法向先王交代。三位先王为天下苍生忧劳甚久,到现在天下才基本安定下来。武王死得早,成王年幼,为了完成周朝的大业我才冒险这样做。"

周公旦辅佐成王,让儿子伯禽代自己去鲁国就封。临行前,他告诫伯禽说:"我是文王的儿子、武王的弟弟、成王的叔父,在全天下人心目中我的地位不算低了。但我却洗一次头要三次中途盘起头发,吃一顿饭要三次停下来接待贤士,这样做还唯恐失去天下的贤人。你到了鲁国之后,千万不要因为是国君就骄慢于人。"

管叔、蔡叔、武庚等果然率领淮夷人反叛周室。周公旦于是奉成王之命,举兵东征,做了《大诰》。周公旦诛杀管叔,处死武庚,流放了蔡叔。他还收伏了殷朝的遗民,封康叔于卫,微子于宋,让他们奉行殷的祭祀。周公旦用两年时间,平定了淮夷以东的地区,诸侯尽皆归顺,尊周王为宗主。连上天都降下了异株同穗,象征兴盛和平的福瑞。

成王七年二月乙未日，周成王从镐（hào）京步行出来，到达丰京，朝拜了周武王庙。随后到达丰（周国都名，在今陕西省西安市西南），命太保召公先行到洛邑去勘察地形。三月，周公旦奉命前往洛邑营建新都。周公旦进行占卜，卦象大吉，遂将成周（洛邑）定为国都。

成王已经长大成人，能够单独处理政务了。于是周公就把国政交还给成王，成王临朝执政。过去周公摄政时，面南背北，背靠着屏风接受诸侯朝觐。七年之后，成王亲政，周公旦又面向北站立，回到臣子位上，谦恭谨慎得如履薄冰。

成王小的时候，有一次病了，周公旦就剪下自己的指甲丢到河里，向河神祝告说："成王年幼不懂事，违犯神命的是我姬旦。"随后，也把祝告册文藏于秘府，成王的病果然痊愈。成王听政后，有人在成王面前诬陷周公，周公旦到楚国去避难。成王打开内府档案，看见周公旦当年的祈祷册文，感动得泪流满面，立即召回周公。

周公旦回到朝中后，怕成王年轻气盛，为政荒淫放荡，先作《多士》，后作《无逸》。《无逸》用从前的殷王中宗、高宗与祖甲的故事，劝诫成王要牢记祖先创业的艰辛，不可骄奢淫侈，毁坏了家业。《多士》则从正反两方面，劝诫成王要遵循礼制，勉力向德，顺从民意，不可违抗天命。

洛邑建成，周成王将它定为陪都，自己仍然居住在宗周丰京，当时天下已经安定，但国家的政治制度尚不够完善，于是周公做《周官》，划定百官的职责范围；作《立政》，将方便百姓确立为为政之道。百姓皆心悦诚服。

周公旦也居住在丰京，他患了重病，在弥留之际说："一定要把我埋葬在成周洛邑，无论生与死，我永远都是成王的臣子。"周公旦死后，成王也很谦让，把周公旦埋葬在毕邑周文王的墓旁，以此来表明自己不敢以周公为臣。周公旦去世那年秋天，庄稼尚未收割，暴风雷雨突至，庄稼倒伏在地，大树被连根拔起，朝廷上下一片恐慌。成王和大夫们穿好朝服，郑重地打开金縢之书，看到了周公愿以己身代武王去死的祝告策书。

太公、召公和成王于是询问当年跟随周公旦的史官和办事官员，大家说："确有此事，然周公有令不准向外张扬。"成王手捧策书大哭，说："从今往后不必再占卜了！从前周公为王室辛劳，我年幼不知。现在上天显示神威，来彰明周公之德，我只有设祭迎神，这也合于我们国家的礼仪。"

成王于是举行郊天之礼，天果真又下起雨来，风向反转，倒伏的庄稼全部立起。太公、召公命令国人，将刮倒的大树尽皆扶起，培实土基。这一年，迎来了大丰收。于是成王特许鲁国可以行郊祭上天和庙祭文王之礼。鲁国所以享有同周天子一样的礼乐，是成王对周公旦德行的褒奖。

周公旦死时，儿子伯禽已去鲁就封。伯禽在三年后才来向周公陈报政绩。周公旦问："为何来得如此之晚？"伯禽说："变其风俗，改其礼仪，为武王服丧三年才除服,因此来迟了。"太公也受封于齐,五个月后就来报告。周公旦问:"为何如此迅速?"太公回说:"我简化了君臣之间的礼仪,顺从当地习俗,因而来得早。"周公旦听了伯禽晚到的原因,叹息说:"唉!鲁国后世将要面北来事奉齐国了,为政不简约易行,人民就不会亲近;政令贴近百姓,百姓必然归附。"

伯禽即位后,恰逢管、蔡之乱,淮夷、徐戎也乘机起兵反叛。伯禽率大军来到肸(xī)邑讨伐他们,做了《肸誓》,说:"准备好盔甲,不准马虎从事。不许毁坏畜圈。不得擅离职守追捕马牛奴隶,抓到他人的要及时归还。不许劫略侵扰,不许入室盗窃。凡鲁国西、南、北三面近郊与远郊的家户,都要备好干草、干粮和木头,不能影响军用。我军定于甲戌日讨伐徐戎,届时准备不到位的将处以重刑。"鲁公在发布《肸誓》后,平定了徐戎之乱,安定了鲁国。

伯禽死后,他的儿子考公酋继位。考公在位四年死了,弟弟熙继位,史称炀公。炀公修建了茅阙门。六年后炀公死了,他的儿子幽公宰继位。十四年(前988年),幽公的弟弟沸弑杀幽公自立为君,史称魏公。魏公在位五十年死了,他的儿子厉公擢继位。厉公在位三十七年死了,鲁国人立他的弟弟姬具为君,史称献公。献公在位三十二年死了,他的儿子真公姬濞(bì)继位。

真公十四年(前841年),周厉王为政暴虐,逃亡到彘地,由周公、召公协同执政。二十九年(前827年),周宣王即位。三十年,真公死了,他的弟弟敖继位,史称武公。武公九年(前817年)春,武公携长子括、少子戏,西行去朝见周宣王。

宣王喜爱武公少子戏,想立他为鲁太子。大夫樊仲山甫劝谏说:"废掉长子,另立少子,不符合礼制。现在天子策立诸侯少子为继承人,是引导百姓去违犯礼制。若鲁公遵从你的命令,诸侯们就会纷纷仿效,必然影响政令的畅通;若鲁公不遵从,你自然会诛杀鲁公,这样做又等于是在责罚先王之命。到那时,你怎么做都是错误的。"宣王不听,最终立戏为鲁太子。到了夏天,武公回到鲁国后就去世了,太子戏继位,史称懿公。

懿公九年(前807年),懿公哥哥括的儿子伯御和鲁国人攻杀懿公,立伯御为君。十一年后,周宣王讨伐鲁国,杀死了伯御,询问诸臣,鲁国公子中哪个才能有德行符合做诸侯的条件,可立为鲁君。樊穆仲说:"鲁懿公的弟弟称肃恭明神,敬重长者,行刑有度,可立为君。"宣王应允,立称为君,史称孝公。打此之后,诸侯多有违抗周王命令的。

孝公二十五年(前771年),诸侯叛周,犬戎人杀死周幽王。秦国开始升列为诸侯。二十七年,孝公死了,他的儿子弗湟继位,史称惠公。惠公三十年(前739年),晋国人弑杀国君晋昭侯。四十五年,又弑杀了晋孝侯。四十六年(前723年),惠公死了,由长庶子息代行国政,史称隐公。

当初,惠公的正妻没有生育,有个叫声子的底层姬妾生有一个儿子息。息长大后,惠公为他迎娶宋女为妻。宋女来到鲁国后,惠公看到她相貌美丽,就夺为己妻。宋女生下儿子允,惠公遂将宋女扶正,并立允为太子。惠公死时,允还幼小,鲁人就让息代理国政。

五年(前718年),隐公到棠邑去观看捕鱼。八年,鲁国用许田交换被周天子赏赐给郑君作为陪祭泰山住所的鲁国祊(bēng)邑,此事为君子们所不齿。十一年冬,公子挥向隐公献媚说:"百姓们都很拥戴你,你就正式即位吧!请让我帮你杀掉子太子允,你让我当国相。"

隐公说:"先君有命,因为允年幼,我才代行国政。现在允已经长大,我正在营建"菟(tú)裘"(指退隐者居住之处),准备退隐,把国政交还给太子允。"挥害怕太子允知道后会杀掉他,又跑到允那里去诬陷隐公:"隐公想除掉你正式登位,你要谋划应对之策,请允许我为你杀死隐公吧!"允答应了他。十一月,隐公将要祭祀钟巫之神,在社圃斋戒,住在蔿(wěi)氏家中。公子挥派人杀死隐公,立允为鲁君,史称桓公。

元年(前711年),桓公用璧玉换回许田邑。二年,又把宋国贿赂他的鼎安放在太庙,受到人们的讥贬。三年,派公子挥到齐国迎接齐女为妻。六年,鲁夫人生下了一个儿子,生日恰巧与桓公相同,因而起名叫"同"。同长大,被立为太子。十六年(前696年),桓公与诸侯在曹国举行盟会,共伐郑国,送郑厉公回国执政。

十八年（前 694 年）春，桓公不听申繻劝阻，陪夫人前往齐国。齐襄公与他的夫人私通。夏四月丙子日，齐襄公宴请桓公，鲁桓公喝醉了，齐襄公命彭生借抱桓公上车之机折断他的肋骨，桓公死在车上。鲁人责怪齐襄公说："我们国君畏敬您的威严，远涉齐国与你们修好。礼成而人未归，原因无法追究，请把抱桓公上车的彭生交给我国，以便在诸侯面前洗刷耻辱。"齐国处死彭生向鲁谢罪。鲁国立太子同为君，史称庄公。庄公的母亲桓公夫人因而滞留在齐，不敢返回鲁国。

庄公五年（前 689 年）冬，鲁国讨伐卫国，送卫惠公回国执政。八年冬，齐公子纠投奔鲁国。九年，鲁国想送纠回齐国即位，但落在了齐桓公后面，齐桓公发兵攻鲁，鲁国危急，杀了公子纠，护送他回国的召忽自杀。齐国向鲁国索要管仲。鲁人施伯说："齐人想得到管仲，并非是想要杀他，而是想任用他，一旦管仲得到齐国的重用，必将成为鲁国的心腹大患。不如杀死管仲，把他尸体交给齐国。"庄公不听，派人将管仲押解至齐。齐国任用管仲为相。

十三年（前 681 年），鲁庄公带领大夫曹沫在柯地与齐桓公盟会，曹沫劫持齐桓公，向齐索要被侵占的鲁土，盟誓后曹沫放了齐桓公。齐桓公想毁约，管仲谏止，最终归还了侵占鲁国的土地。十五年，齐桓公开始称霸于诸侯。二十三年，庄公应邀到齐国去观看社祭。

当初，庄公筑台驾临党氏家，看见他的长女，十分喜爱，当即许诺娶她为妻，并割臂盟誓。党氏长女生下斑。斑长大后，喜爱上一个梁姓人家的女子，前去她家看望她。恰巧一个名叫荦的养马人从墙外戏弄梁氏女。斑大怒，将荦狠狠鞭打了一顿。

庄公知道后，说："荦这个人很有气力，应该就此杀掉他，不能就此留着。"这时是庄公三十二年（前662年）。

斑还未动手杀荦，庄公就病了。庄公有三个弟弟，依次叫庆父、叔牙与季友。庄公娶齐女哀姜为妻。哀姜无子，她的妹妹叔姜也嫁给了庄公，生了个儿子叫开。庄公正妻无子，因为宠爱党氏长女，想立斑为太子。庄公病重，向次弟叔牙询问立君之事。叔牙说："父死子继，兄终弟及，这是鲁国常理。你虽无嫡子，但有庆父在，可以让他来继位，你还有什么可担忧的？"庄公害怕叔牙坚持拥立庆父，无人时又问季友。

季友回说："我拼了这条老命也要立斑为君。"庄公又问："刚才叔牙说要立庆父，该怎么办呢？"季友遂以庄公的名义命令叔牙在针巫氏家中待命，让针季强迫叔牙喝毒酒，并说："你喝了这个，还有子孙后代为你祭祀；不然，连你的后人一并处死。"叔牙饮下毒酒而死,鲁君立他的儿子为叔孙氏。八月癸亥日,庄公死了,如愿以偿立斑为君。守丧期,斑就住在党氏家中。

先前庆父与哀姜私通,想立哀姜妹妹的儿子开。结果在庄公死后,季友立斑为君。十月己未日,庆父派养马人荦在党氏家中杀死鲁君斑。季友投奔到陈国。庆父竟立庄公的儿子开为君,史称湣公。

湣公二年(前 660 年),庆父与哀姜私通日益频繁。两人共谋杀死湣公立庆父为君。庆父派卜齮在武闱袭杀了湣公。季友听说后,和湣公的弟弟申从陈国来到邾国,要求鲁人接申回国。鲁人想杀庆父,庆父惊慌失措,逃到莒国。于是季友拥戴公子申回到鲁国,立为国君,史称釐(li)公。釐公是庄公的少子。哀姜害怕,投奔邾国。

季友贿赂莒君要求引渡庆父,庆父被莒遣送回国。季友派人去杀庆父,庆父请求允许他流亡国外,季友不答应,大夫奚斯一边哭着一边去回庆父。庆父听到奚斯的哭声,心知自己只有一死,只好自杀了。齐桓公听说妹妹哀姜与庆父淫乱危害国家,遂从邾国召回哀姜杀死,把她的尸体送还鲁国,陈尸示众。鲁釐公为哀姜求情,埋葬了她。

季友的母亲是陈国人,所以他逃亡时去了陈国,陈国因此护送季友和子申回国。季友临出生时,他的父亲桓公令人占卜,卜人说:"这是一个男孩,他名字叫作'友',他的事业在朝中,能够成为公室重臣。季友死后,鲁国将不再昌盛。"季友降生后,他的掌心果然有个由纹路绘成的'友'字,遂以友为

名,取号成季。他的后人就是季氏,庆父的后人为孟氏。

釐公当上国君后,把汶阳和鄪邑封给季友,任命季友为鲁相。釐公九年(前651年),晋大夫里克先后杀死晋君奚齐、卓子。齐桓公率领釐公平息了晋国之乱,到达高梁后回师,扶立了晋惠公。十七年,齐桓公死。二十四年,晋文公即位。三十三年(前627年),釐公死,他的儿子兴继位,史称文公。

文公元年(前626年),楚国太子商臣弑杀父王成王,自立为君。三年,文公朝见晋襄公。十一年十月甲午日,鲁人在咸地大败狄人,俘虏长狄人首领乔如,富父终甥用戈猛击乔如喉咙,杀死了他,把他的首级埋在子驹门。打败狄人的鲁将叔孙得臣特意将儿子宣伯改名为乔如。

当初,宋武公还在世时,鄋(sōu)瞒(长狄的一支)入侵宋国,司徒皇父率军抵抗,在长丘击败狄人,俘获长狄首领缘斯。晋国灭掉路国时,俘获乔如的弟弟棼如。齐惠公二年(前607年),鄋瞒袭扰齐国,齐国的王子城父俘获了乔如的弟弟荣如,把他的首级埋于北门。卫国人也俘获了乔如的弟弟简如,鄋瞒从此灭亡。

文公十五年(前621年),派季文子出使晋国。十八年二月,鲁文公死了。文公有两个妃子:长妃是齐国人哀姜,生了儿子恶和视;次妃叫敬嬴,深受文公宠爱,生了儿子俀(tuǐ)。鲁国公族襄仲权倾朝

野，佁暗中笼络他，襄仲想立佁为君，叔仲说不行。襄仲向齐惠公求助，齐惠公刚刚即位，想拉拢鲁国，就答应了。

这年冬十月，襄仲杀死恶与视，立佁为鲁君，史称宣公。哀姜逃回齐国，由闹市一路经过，号哭不止："天哪！襄仲大逆不道，杀嫡立庶！"街市上的人都被她感动得流泪，鲁国人因此称她为"哀姜"。鲁国王室从此衰微，被称为三桓的孟孙氏、叔孙氏、季孙氏之族开始强盛起来。

宣公十二年（前597年），楚庄王称霸中原，亲率楚军精锐围攻郑国。郑伯投降，媾和后庄王又让郑复国。十八年，宣公死了，他的儿子成公黑肱继位，史称成公。季文子说："是襄仲杀嫡立庶，才导致我国失去了诸侯的援助。"襄仲拥立宣公后，他的儿子公孙归父受到宠爱。宣公想除掉三桓，暗中谋求晋国支持。恰巧宣公死了，季文子容不下公孙归父，归父逃到齐国。

成公二年（前589年）春，齐国攻占隆邑。夏，成公与晋国大夫郤克在鞍地大败齐顷公，齐国归还侵占之地。四年，成公前去晋国，受到晋景公怠慢。成公因此想背叛晋国与楚结盟，有人劝谏，成公这才作罢。十年，成公再次来到晋国。恰巧晋景公死了，晋人便留下成公为国君送葬，鲁国人忌讳这件事。十五年，鲁国首次与吴王寿梦在钟离会盟。

成公十六年（前575年），宣伯请求晋国帮忙杀掉季文子。因为季文子是个义士，晋人没有答应他。十八年，鲁成公死了，他的儿子姬午继位，史称襄公。襄公继位时才刚刚三岁。襄公元年（前572年），晋人立悼公为君。前一年冬，晋大夫栾书弑杀了晋厉公。四年，襄公朝见晋君。

襄公五年（前568年），季文子去世了。他的妻姜竟然没有穿丝绸衣服，马棚中的马也不像其他贵族那样吃的是粟米，府中更无金玉之器，但是他却连续辅佐了三位国君。君子们感慨说："季文子的确廉洁忠诚啊！"

襄公九年（前 564 年），鲁晋联军讨伐郑国。晋悼公在卫国祖庙为襄公举行加冠之礼。十一年，三桓氏分别掌握鲁国三军。十二年，襄公朝见晋君。十六年，晋平公即位。二十一年，朝见晋平公。二十二年（前 551 年），孔丘降生。

襄公二十五年（前 548 年），齐国大夫崔杼弑杀齐庄公，拥立庄公的弟弟齐景公。二十九年，吴国延陵季子出使鲁国，观周乐，对其中的深奥含义洞察入微，鲁人对他十分敬佩。三十一年六月，鲁襄公死了。九月份，鲁太子也去世了。季武子扶立襄公姬妾齐归的儿子裯为鲁君，史称昭公。

昭公即位时十九岁，孩子气仍很浓。穆叔不想立他，说："太子死了，若有同母之弟可立为君，若是没有就立庶子中的长子。年龄相同则择贤而立，如若还决定不了，就通过占卜决定。现在裯不是嫡子，更何况他在守丧时没有哀伤之情不说，还喜形于色，若立他为君，必定会成为季氏的祸害。"季武子不听。等到襄公下葬时，裯已经三换丧服。君子说："这个人不能善终。"

前 539 年，昭公前去朝拜晋君，他已经到达黄河边上，晋平公却婉言谢绝，鲁人以此为耻。次年，楚灵王在申地主持诸侯会盟，昭公称病不去。七年（前 535 年），季武子死了。八年，章华台落成，楚灵王召见昭公。昭公前去祝贺，灵王赐给他宝器；随之却又反悔，骗了回去。十二年，昭公再次朝晋，行至黄河边上，又遭晋平公拒绝。

十三年(前 529 年)，楚公子弃疾弑杀灵王，自立为王。十五年，昭公朝会晋国，晋人留下他为晋昭公送葬，鲁人深以为耻。二十年，齐景公与晏子在边境游猎，顺带到鲁国询问礼制。二十一年，昭公又一次朝见晋国遭晋谢绝。二十五年春，有鸲(qú)鹆鸟(即八哥)来到鲁国筑巢居住。师己说："'鸲鹆来巢，国君外逃'，此为不祥之兆！"

季氏与郈氏斗鸡，季氏在鸡身上撒了芥末，郈氏则给鸡爪套上铁爪。季平子一怒之下冒犯郈氏，郈氏也对季平子心怀怨恨。臧昭伯的弟弟臧会曾经捏造证据诬陷昭伯，后来投靠季平子，藏在他家里，臧昭伯因此拘禁了季氏的家人。季平子盛怒之下囚禁了臧氏的家臣。臧氏与郈氏在昭公面前攻讦季氏。九月戊戌日，昭公讨伐季氏，进入他的私邑。平子登台请求说："君王您听信谗言，未加辨别，就来诛伐我，请允许我迁居到沂水边上去吧！"昭公不准。

季平子又请求把自己囚禁在鄪邑，昭公仍不准。请求带五乘车流亡国外，昭公还是不准。子家驹劝昭公说："君王答应了他吧！季氏掌握政权时间很久，党羽甚多，逼急了他们会齐心协力对付你的。"昭公不听。郈氏说："一定要杀死季平子！"叔孙氏的家臣戾召集徒众说："季氏灭与不灭，哪样对大家有利？"齐说："没有了季平子，叔孙氏也就不复存在！"戾说："说得很对，我们马上去救援季氏。"季、叔合力击败昭公。

孟懿子听到叔孙氏战胜，就将昭公派来请援的郈昭伯杀了。孟孙、叔孙、季孙三家共同讨伐昭公，昭公逃走。己亥日，昭公到达齐国。齐景公想划给昭公两万五千户。子家劝昭公说："放弃周公的祖业而给齐国为臣，这样做合适吗？"昭公就没有接受。子家又说："齐景公不讲信用，不如早点去晋国。"昭公不听。叔孙从齐国探望昭公回国，去见季平子，平子叩头至地，深以为愧。他们想迎回昭公，因为孟孙、季孙后反悔，只好作罢。

昭公二十六年(前 516 年)春，齐国讨伐鲁国，占领郓邑后让给鲁昭公。夏,齐景公想护送昭公回国,明令大夫不准接受鲁国贿赂。鲁大夫申丰、汝贾暗中许给齐大夫高龁(hé)、子将粟谷五千庾(八万斗)。子将劝齐侯说:"群臣不服从鲁君,况且又出现了一些不好的征兆。宋元公为鲁国的事到晋国去求援,结果死在半道上。叔孙昭子想接回鲁君,结果无病而亡。不知道是上天要抛弃鲁君,还是他得罪了鬼神?请君王先等等再说吧!"齐景公采纳了他的建议。

前514年,昭公又到晋国去求助。季平子暗中买通晋国的六卿,六卿谏止晋君,晋君让昭公居住在乾侯。次年,昭公又回到郓邑。齐景公派人给昭公送信,以"主君"自称。昭公深以为耻,一怒之下又去了乾侯。三十一年(前511年),晋人想护送昭公回国,召见季平子。季平子身着布衣赤脚而行,向晋君谢罪。六卿都帮着季平子说话,说:"晋国想送昭公回去,无奈鲁人不同意。"晋君作罢。三十二年,昭公死在乾侯。鲁人拥立昭公之弟宋为君,史称定公。

定公即位,赵简子问史官蔡墨说:"季氏会灭亡吗?"史墨回答说:"不会的! 季友为鲁国立下了汗马功劳,受封于鄪邑,位居上卿,一直到季文子、季武子,世代增其功业。鲁文公死后,襄仲杀嫡立庶,国君这才大权旁落。权力落入季氏手中,至今已经历四代了。百姓们不知道他们的国君是谁,这样的国君怎么能掌控国家呢! 因此做国君的一定要慎于赐器封爵,不能将这些随便予人。"

定公五年(前505年),季平子死了。阳虎为报私仇囚禁了季桓子,季桓子与他订立了盟约,这才被释放。七年,齐国伐鲁,占领郓邑,将它送给阳虎做奉邑,并让他参与国事。八年,阳虎想把三桓之家的嫡子全部杀掉,改立与自己关系密切的庶子取代他们。他派车接季桓子想杀掉他,结果季桓子用计脱身。三桓携手攻打阳虎,阳虎退至阳关。九年,鲁军讨伐阳虎,阳虎逃亡到齐国,不久又投奔晋国赵氏。

十年(前500年),定公与齐景公在夹谷会盟,由孔子主持礼仪。齐人想趁机袭击鲁定公,孔子登阶而上,诛杀了齐国演奏淫乐的人。齐侯害怕,中止袭杀行动,并归还侵占的鲁土用以谢罪。十二年,定公派仲由捣毁了三桓的城墙,没收他们的铠甲武器。孟氏拒绝拆毁城墙,定公派兵攻击,失败而止。季桓子接受了齐国赠送的美女乐工。孔子的政治抱负无法施展,离开鲁国。

十五年(前495年),定公死了,他儿的将继位,史称哀公。哀公七年,吴王夫差称霸,伐齐,到达缯地,向鲁国索要牛、羊、猪各一百头。季康子派子贡游说吴王和吴太宰嚭,用礼制折服他们。吴王不再索要。八年,吴国因为邹国讨伐鲁,攻至鲁都城下,与鲁订立盟约后离去。齐伐鲁,占领三个邑。十年,鲁攻打齐国南部边境。十一年,齐又伐鲁。季氏任用冉有,作战有功,因而想起了孔子,孔子得以由卫国归返回鲁国。

哀公十四年(前481年),齐大夫田常在徐(shū)州杀死齐简公。孔子请求出兵讨伐田常,哀公不听。十五年,派子服景伯、子贡出使齐国。田常刚做了齐相,想讨好诸侯,归还了侵占的鲁地。十六年,孔子去世。二十二年,越王勾践灭掉了吴国。

二十七年(前468年)春,季康子死。夏,哀公担心三桓作乱,想借诸侯之力除掉他们,三桓也担心哀公发难,君臣之间矛盾加剧。哀公到陵阪游玩,路遇孟武伯,哀公说:"请问你,我能善终吗?"孟武伯回答说:"不知道。"哀公想借助越国清除三桓。八月,哀公前去陉氏家。三桓攻打哀公,哀公逃亡到了卫国,又经邹国辗转到达越国。鲁人迎回哀公,他最终死在有山氏家里。儿子宁继位,史称悼公。

悼公时代,三桓如日中天,鲁君反倒像是他们分封的,处处仰人鼻息。十三年(前454年),韩、赵、魏三家灭掉智伯,瓜分了晋国。三十七年(前429年),悼公死了,子嘉继位,史称元公。元公在位二十一年死了,子显继位,史称穆公。穆公在位三十三年死了,子奋继位,史称共公。共公在位二十二年死了,子屯继位,史称康公。康公在位九年死了,子匽继位,史称景公。景公在位二十九年死了,子叔继位,史称平公。这时候,六国的国君均已称王。

平公二十年,平公死了,子贾继位,史称文公。文公元年(前295年),楚怀王死在了秦国。二十三年,文公也死了,子雠继位,史称顷公。

顷公二年，秦国攻克楚国郢都，楚顷王将都城东迁到陈地。十九年，楚伐鲁，占领徐州。二十四年（前249年），楚考烈王灭掉鲁国。顷公逃亡，迁居到一个小邑，沦落为平民，鲁室祭祀中断。顷公后来死在柯邑。鲁国从周公到顷公，总计传了三十四代。

太史公说："孔子曾经说过，'鲁国的道德和风气已经衰败到极点！洙水与泗水一带，人们争辩计较不已。'回头再看看庆父、叔牙和闵公在位这个时期，鲁国是多么混乱不堪啊！隐公与桓公相互争夺；襄仲杀嫡立庶；孟孙、叔孙、季孙三家身为臣子，却出马攻打昭公，以致昭公逃亡。他们在表面上虽然谨遵礼仪，从容自若，但实际行动却早就与礼仪背道而驰！"

燕召公世家第四
人物像

燕召公

荆轲

秦王

齐桓公

燕召公世家第四

召公奭(shì)与周室王族是同姓,也姓姬。周武王灭掉商朝,杀死纣王后,把召公封在北燕(今天津蓟县)一带。

在周成王时代,召公位居三公:自陕县以西,归召公主管;自陕县以东,由周公主管。当时周成王年幼,周公旦摄政,冒天下之大不韪即位执政。召公怀疑周公旦的做法,周公旦就写作了《君奭》,向召公进行表白。

周公写作《君奭》是因为召公责备周公。周公称扬说:"商汤时有伊尹,功德受到上天赞美;在太戊时代,有伊陟、臣扈,功德受到上帝嘉许,又有巫咸治理朝政;祖乙时代有巫贤;武丁时代有甘般。凭借着这些贤能之臣,使殷朝得到了治理和安定。"召公听了这番话,这才高兴起来。

召公治理西部,甚得民心。他下乡去巡察,看到一棵棠梨树,就在

树下审判官司,处理政事。召公处事公正,从侯爵、伯爵到平民,无不拍手称快。召公去世后,民众每每怀念他的德政,就会想到这棵棠梨树,因而舍不得砍伐它,写作了歌曲歌颂它,并作了题为《甘棠》的诗篇来赞美它。

从召公下传九代是燕惠侯。燕惠侯在位时,正值周厉王逃亡到彘地,由周定公和召穆公共同主政。

燕惠侯去世后,他的儿子燕釐侯继位。这一年,恰逢周宣王即位。燕釐侯二十一年(前806年),郑桓公被封于郑。三十六年,燕釐侯死了,他的儿子顷侯继位。燕顷侯二十年(前771年),周幽王淫乱,被犬戎部族杀了。秦国从这时起升列为诸侯。

公元前767年,燕顷侯死了。燕顷侯在位二十四年,他的儿子燕哀侯继位。燕哀侯在位两年死了,他的儿子燕郑侯继位。燕郑侯在位三十六年,公元前729年死了,他的儿子燕缪侯继位。

燕缪侯七年(前722年),正值鲁隐公元年。燕缪侯在位十八年,公元前 711 年死了,他的儿子燕宣侯继位。燕宣侯在位十三年,公元前698 年死了,他的儿子燕桓侯继位。燕桓侯在位七年,公元前 691 年死了,他的儿子燕庄公即位。

燕庄公十二年(前 679 年),齐桓公称霸中原。燕庄公十六年,燕国联合宋国、卫国攻打周惠王,周惠王逃亡到温(今河南省温县西南),三国拥立周惠王的弟弟颓为周王。燕庄公十七年,郑国拘捕了燕仲父,护送周惠王回京。

燕庄公二十七年,山戎人南下入侵燕国,齐桓公率军救援燕国,北上讨伐山戎,胜利后回国。燕庄公为感谢齐桓公,一直将他送出了国境。齐桓公便把燕庄公所到的地方都割让给了燕国,让他和诸侯一道向天子朝贡,就像周成王时那样尽职尽责,并让燕庄公重新修复召公时的法度。

燕庄公在位三十三年,公元前 658 年死了,他的儿子燕襄公继位。燕襄公二十六年(前 632 年),晋文公在践上主持诸侯会盟,成为霸主。三十一年,秦国军队在殽山被晋军打败。三十七年,秦穆公去世。四十年,燕襄公死了,燕桓公即位。

燕桓公在位十六年,公元前 602 年死了,燕宣公即位。燕宣公在位十五年,公元前 587 年死了,燕昭公继位。燕昭公在位十三年,公元前574 年去世,燕武公继位。这一年,晋国诛灭了三郤集团。

燕武公在位十九年，公元前 555 年死了，燕文公继位。燕文公在位六年，公元前 549 年死了，燕懿公继位。燕懿公元年（前 548 年），齐国大夫崔杼杀害了齐庄公。四年，燕懿公死了，他的儿子燕惠公继位。

燕惠公元年（前 544 年），大夫高止被齐国驱逐，前来投奔燕国。燕惠公有许多宠姬，他打算除掉诸大夫，任用宠姬臣宋。惠公六年，大夫们抢先下手诛杀了宋。燕惠公害怕，逃亡到了齐国。四年后，齐国派大夫高偃去到晋国，请求晋与齐联手讨伐燕国。

晋平公答应了高偃的请求，和齐国一起讨伐燕国，把燕惠公送回了燕国。燕惠公一回到燕国就死了。燕国人拥立了燕悼公。燕悼公在位七年，公元前 529 年死了，燕共公即位。燕共公在位五年，公元前 524 年死了，燕平公即位。

燕平公即位时，晋国公室已然衰微，范、中行、智、赵、韩、魏等六个公卿的家族力量开始强大起来。燕平公十八年（前 506 年），吴王阖闾攻破楚国，进入郢都。十九年，燕平公去世，燕简公即位。

燕简公在位十二年，公元前 493 年死了，燕献公即位。晋国著名军事家赵鞅将范氏、中行氏围困在朝歌。燕献公十二年（前 481 年），齐国大夫田常杀害了齐简公。燕献公十四年，孔子去世。二十八年，燕献公去世，燕孝公即位。

燕孝公十二年(前453年),韩、魏、赵三家灭掉了知伯,瓜分了他的封地。号称三晋的赵、魏、韩三家从此强大起来。

燕孝公十五年(前450年),燕孝公死了,燕成公即位。燕成公在位十六年,公元前434年死了,燕湣公即位。燕湣公在位三十一年,公元前403年死了,燕釐公即位。这一年,韩、赵、魏三家被封为诸侯。

燕釐公三十年(前373年),燕国讨伐齐国,在林营打败了齐军。燕釐公也在这一年死了,燕桓公即位。燕桓公在位十一年,公元前362年死了,燕文公即位。这一年,秦献公也死了,秦国变得更加强大起来。

燕文公十九年(前343年),齐威王死了。二十八年,苏秦初次来到燕国拜见文公,对燕文公进行游说。燕文公赐给他车辆、马匹、黄金和绢帛,让他到赵国去,赵肃侯重用了他。苏秦合纵六国,成功当上了六国联盟的首领。秦惠王为了示好,把自己的女儿嫁给燕国太子为妻。

二十九年(前333年),燕文公死了,太子即位,史称燕易王。燕易王刚刚即位,齐宣王就趁着燕国国丧之机前来攻打燕国,接连夺取了燕国十座城池。苏秦到齐国游说,说服齐王把攻占的十座城池又归还给了燕国。

燕易王十年（前323年），燕君正式称王。苏秦与燕易王的母后（燕文公的夫人）通奸，害怕被杀掉，就劝说燕易王派他出使齐国去施行反间计，想用这个办法扰乱齐国。燕易王在位十二年死了，他的儿子燕王哙继位。

　　燕王哙即位以后，齐国人杀掉了苏秦。苏秦在燕国的时候，就和燕国丞相子之结成了儿女亲家，因而苏秦的弟弟苏代也与燕相子之交往密切。等到苏秦死后，齐宣王又任用了苏代。

　　燕王哙三年（前318年），燕国联合楚及韩、赵、魏三国前去攻打秦国，无功而返。

　　子之担任燕相时，位尊权重，独断专行。苏代作为齐国的使臣出使燕国，燕王问他："齐王能否称霸？"苏代回答说："齐王肯定称不了霸！"燕王又问："何以见得呢？"苏代回答说："连自己的大臣都不信任，怎么能够称霸呢？"苏代是想借此激燕王，使他尊重子之。燕王果然对子之更加信任。子之为答谢苏代，送给他一百镒（两千两）黄金任他使用。

　　鹿毛寿对燕王说："您不如把国家让给丞相子之！人们之所以称尧为圣君，是因为他把天下让给了许由，虽说许由没有接受，但尧却享有了礼让天下美名，而实际上他并未失去天下。现在，燕王如果把国家让给子之，相信子之一定也不敢接受，那么燕王您就具备了与尧相同的品行。"

燕王素知子之有谋略才干,于是采纳了鹿毛寿的意见,效法尧,把国家重任托付给丞相子之,子之的地位更其尊贵起来。

有人对燕王说:"夏禹举荐了伯益,却任用儿子启的臣属为吏。等到禹王年老时,又以启不足以担当治理天下重任为由,将王位传给了伯益。不久,启就和他的同党攻打伯益,夺取了天下。天下人都传说,大禹在名义上把王位传给了伯益,实则令启自己动手,篡夺王位。"

这个人进一步劝燕王说:"现在,大王虽说是把国家托付给了丞相子之,但朝廷官吏却没有一个不是太子的臣子,子之不过徒有其名,国家政权实际上仍控制在太子手里,实质上还是太子在当政啊!"

燕王觉得这个人说得有道理,于是就把俸禄三百石以上官吏的印信全部收起来,由子之重新任命。子之南面称王,燕王哙因为年老不再处理政务,反而成为了臣子,国家大事一概由子之裁决。

子之当国三年,燕国大乱,百官人人自危。将军市被和太子平暗中谋划,准备攻打子之。齐国众将对齐湣王说:"我们趁乱出兵,一定能攻下燕国。"齐王因此派人对燕太子平说:"我听说太子主持正义,将要废私立公,整顿君臣关系,明辨父子地位。我的国家很小,不能做您的先锋和后卫,不足以帮助你。即便是这样,我们也愿意听从太子您的调遣。"

太子平因而邀集同党,聚合徒众,派将军市被包围王宫,攻打子之,进攻失败。将军市被和百官掉过头来又攻打太子平。激战中将军市被战死。这件事给燕国造成了长达数

月的祸乱，死去的人数以万计，民众恐惧，百官离心。

孟轲向齐王建议说："现在派兵攻打燕国，正和文王、武王伐纣时的情形一样，千万不能失去这个机会啊！"齐王于是命令章子率领举国之兵，并且偕同北方边境的士卒，一道讨伐燕国。

燕国士兵无心恋战，连城门都不关闭，燕王哙也在战乱中死了，齐国军队取得大胜，他们占领了燕都及燕国的大半疆土，燕国名存实亡。子之死后两年，燕国人共同拥立太子平，史称燕昭王。

燕昭王在国破之后即位，他卑身下士，礼进贤达，为人很低调。他对郭隗说："齐国趁燕国动乱没有防备之机攻破了燕国，我深知燕国国小力弱，不足以向齐国报仇。我渴望得到贤士，一起励精图治，洗雪先王的耻辱，这是我唯一的愿望！先生如发现有合适的人选，一定举荐给我，我会亲自侍奉他的。"

郭隗说："假若燕王一定要招揽贤士，那就先从郭隗开始吧。像我这样的人大王都能够重用，更何况那些比我更贤能的人呢？他们一定会不远千里来投奔燕王的！"于是，燕昭王为郭隗营建了宏伟华丽的邸府，并把他尊为老师。

燕昭王礼贤下士，收到了相当好的效果。乐毅从魏国来投奔燕国，邹衍从齐国来投奔燕国，剧辛从赵国来投奔燕国，贤士们争相奔赴燕国。燕王吊祭死者，慰问孤儿，和臣下同甘共苦。

燕昭王二十八年（前 284 年），燕国变得殷实富足了，士兵养精蓄锐，毫不惧怕战争。燕王于是任命乐毅为上将军，与秦、楚以及三晋等国共谋伐齐。齐军战败，齐湣王逃往外地。

燕军独自追击败逃的齐军，攻入齐国都城临淄，尽取齐国储藏的宝物，并放火焚烧了齐国的宫室与宗庙。放眼齐国，只有聊城、莒城和即墨三处还在齐军手里，其余的地方均被燕军占领，时间长达六年之久。

燕昭王在位三十三年，公元前 279 年去世，他的儿子燕惠王继位。燕惠王在做太子时，就和乐毅不和，等到即位之后，对乐毅多有猜忌，派骑劫了取代乐毅的上将军之位。乐毅投奔到赵国。齐将田单仅凭即墨一城的兵力就击败了燕军，骑劫战死，燕军撤回国内，齐国又全部收复了丢失的城池。

燕惠王在位七年，公元前 272 年死了。当时，韩、魏、楚三国正联合攻打燕国。燕惠王死得不明不白，燕武成王即位。他的即位依然是个谜。

燕武成王七年（前 265 年），齐国田单讨伐燕国，攻占了中阳。十三年，秦国在长平打败了赵国的四十多万大军。十四年，燕武成王死了，他的儿子燕孝王即位。燕孝王元年（前 257 年），秦国围困邯郸的军队撤离，离开了赵国。燕孝王在位三年，公元前255年死了，他的儿子燕王喜继位。

在燕王喜四年（前251年），秦昭王去世了。燕王派丞相栗腹讨好赵国，送上五百镒（一万两）黄金给赵王置做酒资为他祝寿，与赵结成联盟。栗腹回国后即报告燕王喜说："赵国年轻力壮的人都战死在长平了，他们的孩子还未长大成人，可以趁机攻打赵国。"

燕王喜召见昌国君乐间询问这件事。乐间回答说："赵国四面平坦，无险可守，容易受到敌方攻击，他的百姓熟习战事，不可以轻易去攻击它。"

燕王喜说："若是我以五倍的兵力去攻打赵国呢?"乐间仍然回答说："不可以!"燕王发怒了，群臣也都认为可以进攻。末了，燕国派出两路军队，战车二千乘，由栗腹率领一路军队去攻打鄗邑，卿秦率领一路军队去攻打代邑。

唯大夫将渠劝阻燕王喜说："刚刚和人家互通关卡，结成邦交，并拿出五百镒黄金送给人家的君王饮酒，使者一回报情况就反过来去进攻人家，这种做法不吉祥，用兵不会成功。"

燕王喜听不进将渠之言，亲自统领偏军跟随大部队出发。将渠急了，拉住燕王腰间系印的带子阻止他说："燕王一定不要亲自出征，此战是不会胜利的!"燕王一脚踢开将渠。将渠流着泪说："微臣不是为了自己，而是为了燕王啊!"

燕军固执地到达宋子，赵国拜廉颇为将，在鄗邑击溃了栗腹。乐乘也在代地大败卿秦。乐间见燕国大势已去，遂投奔了赵国。廉颇乘胜追击燕军，一气追出五百余里，包围了燕国的都城。

燕国派人向赵求和，赵国不答应，提出条件说，燕人言而无信，一定要让将渠出面和谈才可以。燕国只好任命将渠为丞相，前去讲和。赵国人答应了将渠的请求，解除了对燕国都城的包围。

燕王喜六年（前249年），秦国灭掉东周，设置了三川郡。七年，秦国攻占了赵国榆次等三十七城，设置了太原郡。九年，秦王嬴政初登王位。十年，赵国派廉颇率兵攻打魏国繁阳邑（今河南省内黄县西北），占领了它。

也就在这一年，赵国的赵孝成王死了，赵悼襄王继位。赵悼襄王让乐乘接替廉颇统领军队，廉颇不听从赵王的命令，一怒之下发兵攻打乐乘，乐乘逃走，廉颇也离开赵国逃到了魏都大梁。

燕王喜十二年（前243年），赵国派大将李牧攻打燕国，夺取了武遂和方城。燕将剧辛原本就是赵国人，先前在赵国时，就跟战国有名的合纵家庞煖关系很要好，后来在赵国沙丘之乱时逃到了燕国。

燕王看到赵国屡屡被秦军打得疲于奔命，而且大将廉颇也离开了赵国，却让年近八十的庞煖出山领兵作战，就想要趁赵国兵困马乏之际去进攻它。

燕王询问剧辛能否攻打赵国，剧辛不假思索，就说："庞煖很容易对付！"燕王遂派剧辛领兵前去攻打赵国，赵国派庞煖迎战，消灭了燕军两万人马，剧辛也被赵军抓住杀了。这时间，秦军攻占了魏国的二十座城池，设置了东郡。

燕王喜十九年（前 236 年），秦国攻取了赵国的邺城等九座城池。赵悼襄王死了。二十三年，被送到秦国去做人质的燕太子丹逃回燕国。二十五年，秦国俘虏了韩王安，灭掉了韩国，设置颍川郡。二十七年，秦国俘虏了赵王迁，灭掉了赵国。赵国公子嘉自立为代王。

燕国眼看秦国即将灭掉六国，而秦军也已经到达易水，灾祸即将降临。燕太子丹暗中蓄养着二十名壮士，于是派荆轲借去秦国进献督亢地图之机，袭击刺杀秦王。秦王发觉了燕国的企图，杀死了荆轲，派将军王翦率军攻打燕国。

燕王喜二十九年（前 226 年），秦军攻占了燕国都城蓟，燕王喜逃走，迁居辽东，斩杀了太子丹，把他的头颅献给了秦国。三十年，秦国灭掉了魏国。

燕王喜三十三年（前222年），秦军攻占辽东，俘虏了燕王喜，终于灭掉了燕国。这一年，秦将王贲也俘虏了赵代王嘉。

太史公说："召公奭可以称得上是有仁德的人了！那棵棠梨树，百姓尚且怀念它，更何况是召公本人呢？燕国外受蛮夷压迫，内受齐、晋欺凌，艰难地生存在强国之间，它的国力最为弱小，有好多次几乎要被灭掉。然而，燕国却延续了八九百年之久，在姬姓的封国中最后灭亡，岂非是召公在暗中保佑着燕国？"

管蔡世家第五

人物像

平公

楚昭王

公孙强　曹伯阳

管蔡世家第五

　　管叔鲜和蔡叔度，都是周文王的儿子、周武王的弟弟。周武王的同母兄弟共有十人。他们的母亲太姒是文王的正妻。

　　太姒的长子是伯邑考，长子以下依次是武王发、管叔鲜、周公旦、蔡叔度、曹叔振铎、成叔武、霍叔处、康叔封、冉季载。冉季载年龄最小。

　　兄弟十人中只有武王发和周公旦德才俱佳，堪称周文王的左膀右臂，所以周文王绕过长子伯邑考，立次子发为太子。周文王死后，太子发继位，史称周武王。伯邑考在武王即位之前已去世。

　　周武王灭掉商纣，平定天下，大封功臣和弟兄。他把叔鲜分封在管地，把叔度分封在蔡地。命他们二人共同辅佐纣王的儿子武庚禄父，统领殷朝遗民。

　　周武王把叔旦分封在鲁地，同时让他辅佐周王，故称周公。封叔振铎于曹地，叔武于成地，叔处于霍地。康叔封和冉季载当时年龄都还小，没有给予分封。

周武王死后，即位的周成王年幼，周公旦独揽周王室大权。管叔和蔡叔怀疑周公旦会加害于周成王，于是挟制武庚禄父一起发动叛乱。

周公旦秉承周成王的旨意，前去讨伐叛军。他诛灭武庚，杀死管叔，并将蔡叔流放。蔡叔走时，周公旦赐予他十乘车，并拨给他刑徒七十人作为随从。

周公旦同时把殷朝遗民划分成两部分：一部分封给微子启，建立宋国，借以承续殷人的香火；一部分封给周武王在世时因年龄小未受分封的康叔，建立卫国，让他做国君，史称卫康叔。

与此同时，周公旦又把最小的弟弟季载分封在冉地。冉季和康叔虽然年轻，但品行美善，周公旦因此举荐康叔为周室司寇，冉季为司空。两个人共同辅佐周成王治理国家，美名传遍天下。

蔡叔度后来死在流放地。他的儿子胡一改他父亲的恶行，尊德向善。周公旦听说这些情况后，举荐他做鲁国的卿士，鲁国因而得到大治。

周公旦看到胡有治国才能，就向周成王建议，把胡分封在蔡地，借以承续蔡叔的祭祀，史称蔡仲。这样一来，周公旦在世的五个弟弟均有了封国，并归国就封，再没有在朝廷中担任官职的。

蔡仲死后，他的儿子蔡伯荒继位。蔡伯荒死后，他的儿子宫侯继位。宫侯死后，他的儿子厉侯继位。厉侯死后，他的儿子武侯继位。

武侯当政的时候，周厉王弄丢了王位，逃亡到彘地，周王朝出现了共和行政的局面，诸侯大多背叛了周室。

武侯死后，他的儿子夷侯继位。夷侯十一年（前827年），周宣王即位。二十八年（前810年），夷侯死了，他的儿子釐（xī）侯所事继位。

釐侯三十九年（前771年），周幽王被入侵的犬戎部族杀了，周室由此走向衰落，京城向东迁至洛邑。秦国从这个时候开始位列诸侯。

四十八年（前762年），釐侯死了，他的子共侯兴继位。共侯在位两年就死了，他的儿子戴侯继位。戴侯在位十年死了，他的儿子宣侯措父继位。

宣侯二十八年（前722年），鲁隐公即位。三十五年（前715年），宣

侯死了,他的儿子桓侯封人继位。桓侯三年(前712年),鲁国人杀了鲁隐公。二十年,桓侯死了,他的弟弟哀侯献舞继位。

　　哀侯十一年(前684年),在此之前,哀侯娶陈国女子为妻,息侯也娶了陈国女子为妻。息夫人出嫁路过蔡国,蔡侯怠慢了息夫人。息侯发怒,请求楚文王说:"你带兵前来攻打我国,届时我会向蔡国求援,蔡兵必来援救,楚国借机进攻蔡国,必获全胜。"楚文王依计而行,俘获蔡哀侯,并把他带回了楚国。哀侯被扣留在楚九年,最后死在楚国,他共在位二十年。哀侯死后,蔡人拥立他的儿子肸(xī)为国君,史称缪(mù)侯。

　　缪侯把妹妹嫁给齐桓公做夫人。十八年(前657年),齐桓公和蔡夫人乘船游玩。蔡夫知道齐桓公不习水性,故意摇晃船只,齐桓公制止她,蔡夫人正玩到兴头上,哪听得进去,只是摇晃个不停。齐桓公发怒,把她送回娘家,但并未断绝夫妻关系。

　　蔡夫人归国后,蔡侯觉得很没面子,也很生气,索性将她另嫁他人。齐桓公大怒,发兵讨伐蔡国,蔡国军队溃败,缪侯被俘。齐军乘胜向南进军,到达楚国邵陵。不久,各路诸侯替蔡侯向齐桓公谢罪,齐桓公这才放蔡侯回国。

二十九年（前646年），缪侯死了，他的儿子庄侯甲午继位。庄侯三年（前643年），齐桓公去世。十四年，晋文公在城濮大败楚军。二十年，楚国太子商臣杀害了他的父亲成王，继立为君。

庄侯二十五年（前621年），秦穆公死。三十三年，楚庄王即位。三十四年，庄侯死了，他的儿子文侯姬申继位。

文侯十四年（前598年），楚庄王讨伐陈国，杀死夏徵舒。十五年，楚军包围郑都，郑君投降。

其后，楚王又释放了郑君。二十年，文侯死了，他的儿子景侯固继位。

景侯元年（前591年），楚庄王死了。四十九年，景侯为太子般迎娶楚女为妻，他趁机与儿媳通奸。太子般觉察后杀死景侯，自立为君，史称灵侯。

灵侯二年（前541年），楚公子围杀害楚君郏（jiá）敖自立为

楚王,史称楚灵王。九年,陈国司徒招弑杀陈哀公。楚国派公子弃疾灭掉陈国,占领了陈地。

灵侯十二年(前531年),楚灵王借口蔡灵侯弑杀父王,诱骗蔡灵侯到达申地,在酒宴上埋伏甲兵。灵侯喝醉酒,被楚人杀死,跟随灵侯的七十名士兵也遭杀害。楚灵王随即命令公子弃疾围攻蔡国。十一月,楚国灭掉蔡国,任命公子弃疾为蔡公。

楚灭蔡三年后,楚国公子弃疾弑杀了楚灵王,自立为君,史称楚平王。平王寻找到蔡景侯的小儿子庐,立为蔡国国君,史称蔡平侯。这一年,楚国也恢复了陈国。楚平王刚即位,想亲近诸侯,故而扶立陈、蔡的后人为君。

蔡平侯在位九年死了,蔡灵侯般的孙子东国带兵攻打蔡平侯之子,自立为国君,史称悼侯。悼侯的父亲就是隐太子友,本是灵侯立的太子,但由于灵侯弑杀了景侯,平侯继位后即诛杀隐太子友。因此平侯一死,隐太子的儿子东国又来攻打平侯的儿子。

悼侯在位三年死了,他的弟弟昭侯申继位。昭侯十年(前509年),前去觐见楚昭王。蔡昭侯带着两件华美的皮衣,其中一件献给昭王,另一件留着自己穿。楚令尹(相当于宰相)子常想要蔡昭侯的那一件,昭侯没有给。子常遂向楚昭王进谗言,诬陷昭侯,昭侯被扣留在楚国达三年之久。

后来蔡昭侯弄清楚了其中的缘由,就把自己那件皮衣献给子常。子常接受皮衣后,这才向楚昭王上言,请求放蔡昭侯回国。蔡侯回国后即前往晋国,请求晋国帮助蔡国讨伐楚国。

十三年(前506年)春,蔡昭侯与卫灵公在邵陵会盟。蔡侯暗中收买周大夫苌弘,想使蔡国在盟会上的地高于卫国。卫国则派史官鳅(qiū)陈说卫康叔的功德,于是卫国的排位高于蔡国。

这年夏天,蔡国受晋国指使灭掉了沈国。楚昭王大怒,发兵攻打蔡国。蔡昭侯把儿子送到吴国去做人质,请求吴国发兵共伐楚国。冬天,蔡侯与吴王阖闾攻破楚国,进入楚都郢城。因蔡侯痛恨子常,子常心中害怕,逃往郑国。

十四年(前505年),吴军撤出楚国,楚昭王复国。十六年,楚令尹声泪俱下,鼓动民众向蔡国复仇,蔡昭侯听说后十分恐惧。二十六年,孔子来到蔡国。楚昭王讨伐蔡国,蔡侯恐慌,向吴国告急。

吴王认为蔡国都城距离吴国太远,要求蔡侯将国都迁到距离吴国较近的地方,以方便吴国救援;蔡昭侯没有与大夫们商量,就私下答应了。吴军前来救援蔡国,顺带将蔡国的都城迁到了州来。

二十八年(前491年),蔡昭侯要去朝见吴王,蔡国大夫们害怕他再次迁都,就指使一个名叫"利"的贼人杀死昭侯。随后,大夫们又杀掉利来推卸罪责,并拥立昭侯的儿子朔为国君,史称蔡成侯。

蔡成侯四年（前487年），宋国灭掉曹国。十年，齐国大夫田常杀死齐简公。十三年，楚国灭掉陈国。十九年（前472），蔡成侯死了，他的儿子声侯产继位。声侯在位十五年死了，他的儿子元侯继位。元侯在位六年死了，他的儿子侯齐继位。

蔡侯齐四年（前447年），楚惠王灭掉蔡国，蔡侯齐出逃，蔡国从此断绝了祭祀。蔡国比陈国晚灭亡三十三年。

十兄弟中，伯邑考的后人不知道分封在何处。武王发的后人是周王，有《本纪》记载。管叔鲜叛乱被杀，没有后代。周公旦的后人是鲁君，有《鲁周公世家》记载。蔡叔度的后人是蔡侯，有《管蔡世家》记载。曹叔振铎的后人是曹侯，也记于《管蔡世家》。成叔武的后人不知下落。霍叔处的后人分封于霍地，后被晋献公灭掉。康叔封的后人是卫君，有《卫康叔世家》记载。冉季载的后代下落不明。

太史公说，管叔、蔡叔造反的事情，没有什么可说的。然而，周武王死后，成王年幼，天下人都猜疑周公，周公依靠成叔、冉季等同母兄弟十人的辅助，才使天下诸侯共尊周室，所以把他们的事迹附记在《世家》中。

曹叔振铎是周武王的弟弟，周武王灭掉商纣后，把叔振铎分封在曹地。叔振铎死后，他的儿子太伯脾继位。太伯死后，他的儿子仲君平继位。仲君平死后,他的儿子宪伯侯继位。宪伯侯死后,他的儿子孝伯云继位。孝伯云死后,他的儿子夷伯喜继位。

夷伯二十三年(前842年),周厉王逃奔彘地。三十年,夷伯死了,弟幽伯强继位。幽伯九年,幽伯的弟苏杀死他,自立为君,史称戴伯。戴伯元年(前825年),周宣王已即位三年。戴伯在位三十年死了,子惠伯兕(sì)继位。

惠伯二十五年(前771年),周幽王被犬戎部族杀死,周室东迁,越发衰微,诸侯纷纷背叛周室。秦国在这一年被列为诸侯。

三十六年(前760年),惠伯死了,他的儿子石甫继位。惠伯的弟弟武杀掉石甫代立为君,史称缪公。缪公在位三年就死了,他的儿子桓公终生继位。

桓公三十五年(前722年),鲁隐公继位。四十五年,鲁人弑杀了鲁隐公。四十六年,宋国大夫华父督杀害了国君宋殇公及大夫孔父。五十五年,楚桓公死了,他的儿子庄公夕姑继位。

庄公二十三年(前679年),齐桓公称霸天下。三十一年,庄公死了,他的儿子釐公夷继位。釐公在位九年死了,他的儿子昭公班继位。昭公六年(前656年),齐桓公战胜蔡国,乘胜进军楚国邵陵。九年,昭公死了,他的儿子共公襄继位。

当初,晋公子重耳逃亡时经过曹国,曹共公对待他很不友好,甚至想看重耳连在一块的肋骨。曹大夫釐负羁劝谏,共公不听,釐负羁遂暗中结好重耳。这是共公十六年(前637年)的事。

二十一年（前632年），晋文公重耳讨伐曹国，把曹共公掳掠至晋国。但晋军对釐负羁家族的居住地却秋毫无犯。有人劝晋文公："昔日齐桓公大会诸侯，连异姓国都帮助他们复国；现在你却囚禁曹君，灭掉同姓国家。你这样做，还怎么号令天下诸侯呢？"晋文公这才将曹共公释放回国。

二十五年（前628年），晋文公死了。三十五年，曹共公死了，他的儿子文公寿继位。文公在位二十三年死了，他的儿子宣公强继位。宣公在位十七年死了，他的弟弟成公负刍继位。

成公三年（前575年），晋厉公攻伐曹国，将曹成公掳至晋国，后来又释放了他。五年，晋国大夫栾书、中行偃指使程滑杀死国君晋厉公。二十三年，成公死了，他的儿子武公胜继位。

武公二十六年（前529年），楚公子弃疾弑杀楚灵王，代立为君。二十七年，武公死了，他的儿子平公须继位。平公在位四年死了，他的儿子悼公午继位。这一年，宋、卫、陈、郑四国均发生了火灾。

悼公八年（前516年），宋景公即位。九年，曹悼公去宋国朝会，被宋君囚禁；曹国大臣拥立悼公之弟野为君，史称声公。悼公最终死在宋国，死后尸体送回曹国安葬。

声公五年(前 510 年),平公的弟弟通弑杀声公继立为君,史称隐公。隐公四年(前 506 年),声公的弟弟露又弑杀隐公继立为君,史称靖公。靖公在位四年死了,他的儿子伯阳继位。

伯阳三年(前 499 年),曹国都城有人梦见许多有名望的人,站立祭祀土神的社宫里,商议灭曹之事;先君曹叔振铎制止了他们,让他们等待一个叫公孙强的人,众人答应了他的要求。天亮之后,做梦者在全国范围内搜寻公孙强,最终也没有找到这个人。

做梦者告诫他的儿子说:"我死之后,一旦公孙强执掌政事,你们一定要离开曹国,以免遭受灭国之祸。"

等到伯阳即位后,喜好射猎。伯阳六年(前 496 年),曹国有个农夫名叫公孙强,也喜好射猎,猎得一只白雁献给了国君伯阳,并向他大谈射猎之道,伯阳也因此向他询问政事。伯阳对他很满意,让他出任司城,处理政务。

先前的梦应验了,连人名都一点不差。做梦人的儿子不敢大意,当即携妻带子

逃离了曹国。

公孙强不自量力,向曹伯陈说称霸诸侯的主张。十四年(前488年),曹伯听从公孙强的建议,背叛盟友晋国,并挥兵向宋国进犯。宋景公讨伐曹国,大军压境,昔日的盟友晋国见死不救。

十五年(前487年),宋国灭掉曹国,俘获了曹伯阳和公孙强,将他们带回宋国后杀掉,曹国就此灭亡。

太史公说:"我在探究曹共公为何不听信釐负羁时,才知道他所宠幸的后宫三百美女都乘坐着大夫的车子,得知共公不树德政。等到发生曹叔振铎托梦之事,岂不是想引导他的后人修明政治?假如公孙强不是一心想称霸诸侯,曹叔振铎的祭祀会突然灭绝吗?"

陈杞世家第六

人物像

胡公

楚灵王

太公望

陈杞世家第六

陈胡公妫（guī）满是舜帝的后代。舜当年还是平民时的时候，尧就把自己的两个女儿嫁给了他，他们居住在妫汭（ruì），其后代就以地名为姓氏，姓妫氏。舜后来把王位禅让给了禹，舜的儿子商均做了诸侯。

夏代时，舜帝后代们的爵位时断时续，周武王打败殷纣后找到了舜的后人妫满，把他封在了陈国，让他在这里供奉舜帝的祭祀，延续舜帝的美德。妫满就是胡公。

胡公去世后，其子申公犀侯继位；申公去世后，其弟相公皋羊继位；相公去世后又立了申公之子突为君，是为陈孝公。孝公去世后其子慎公圉（yǔ）戎继位，这时正是周厉王时期。慎公去世后其子幽公宁继位。幽公二十年（前841年），周厉王逃到彘（zhì）地。

二十三年（前832年）幽公去世，其子釐公妫孝继位。釐公六年（前828年），周宣王即位。三十六年（前796年）釐公去世，其子武公灵继位。武公十五年(前781年)去世,其子夷公说继位。这一年,周幽王即位。夷公在位三年(前778年)去世,其弟平公燮(xiè)继位。

平公七年(前771年),周幽王被犬戎攻杀,周朝迁都洛邑。这时秦国开始成为诸侯。二十三年(前755年)平公去世,其子文公妫圉继位。文公元年(前754年),文公娶了蔡国之女为妻,后来生下儿子妫佗。十年(前745年),文公去世,其长子桓公鲍继位。

桓公二十三年(前722年),鲁隐公即位。二十六年(前719年)卫人杀死卫君州吁。三十三年(前712年)鲁人杀死鲁隐公。三十八年(前707年)正月甲戌己丑,桓公鲍去世。其弟佗之母是蔡国人的女儿,因此蔡国人为了让佗当国君而杀死了五父和太子免,佗即位为厉公。

厉公二年(前705年),厉公生下儿子敬仲完。厉公让周太史为儿子占卜,周太史说:"此子有国君的面相,对国家有利。从卦象上看,他以后似乎要建立一个国家来取代陈国,这个国家又似乎是要在外地建国,但这事不会发生在他本人身上,而是要发生在他的子孙后代身上。如果在外地建国,这个国家就一定是姜姓国家,姜姓是太岳的后代。世上没有两物同时坐大的道理,难道是在陈国衰亡之后,他的后代会昌盛起来,有所作为吗?"

陈厉公娶了蔡国人之女为妻,这个女人与蔡国一个人通奸,陈厉公也经常去蔡国淫乱。

七年(前700年),因为桓公的太子免被厉公所杀,太子免的三个弟弟跃、林、杵臼(chǔ jiù)就合谋用蔡国美女勾引厉公,厉

公被色相所诱，遭到了杀身之祸。

　　桓公太子免的弟弟跃被立为国君，是为利公。利公即位后五个月就死了，二弟林继位，是为庄公。庄公即位七年（前693年）后也去世了，小弟弟杵臼继位，他就是宣公。

　　宣公三年（前690年）楚武王去世，此后楚国就开始强大起来。十七年（前676年），周惠王娶了陈君之女为王后。

　　二十一年（前672年），宣公宠爱后姬，就想立后姬的儿子款为太子，于是杀掉了原太子御寇。

　　御寇一直与厉公之子完关系要好，完怕祸及自身，于是就逃到了齐国。齐桓公想让陈完做卿，陈完说："我是寄居之臣，不受劳役之苦已经很感激您了，万万不敢担任高官啊。"于是桓公就让他做了负责百工的工正之官。

　　齐懿仲想把自己的女儿嫁给陈完，于是就去占卜，卜辞说："这对夫妻好比凤凰飞翔，鸣叫应和清脆响亮。妫姓的后人将在姜姓之国成长，五代之后昌盛，官职列于正卿，八代以后尊贵，地位至高无上。"于是齐懿仲就让二人结为夫妻。

三十七年（前 656 年），齐桓公打败了蔡国，又趁势攻入楚国，直逼召（shào）陵。军队返回齐国时要经过陈国，陈国大夫辕涛涂对齐军取道陈国感到十分讨厌，于是设法哄骗齐军避开陈国，让他们沿东路返回齐国。东路道路难走，齐桓公于是大怒，就抓捕了辕涛涂。这年晋献公逼死了自己的太子申生。

四十五年（前 648 年）宣公去世，其子款继位，是为穆公。穆公五年（前 643 年）齐桓公去世。十六年（前 632 年）晋文公在城濮大败楚军。这一年，陈穆公去世，其子共公朔继位。

陈共公六年（前 626 年），楚国太子商臣杀死了父亲楚成王后自立为君，是为楚穆王。十一年（前 621 年）秦穆公去世。十八年（前 614 年）陈共公去世，儿子灵公平国继位。

陈灵公元年（前 613 年）楚庄王即位。六年（前 608 年）楚国攻打陈国。十年（前 604 年）陈国与楚国讲和。

十四年（前 600 年），陈灵公和陈国大夫孔宁、仪行父三人同时与夏姬通奸。一天，他们穿着夏姬的内衣在朝中嬉戏，大夫泄冶看见后十分气愤，于是就劝谏灵公说："君臣如此淫乱，百姓情何以堪？"

陈灵公把此话告诉孔宁和仪行父，这两个人就要杀死泄冶，陈灵公也不加阻拦，于是泄冶便死于非命。

十五年（前 599 年），陈灵公和孔宁、仪行父在夏姬家饮酒取乐，陈灵公对其二人调侃说:"你们看啦,那夏徵舒长得真像孔宁啊,哈哈,从这边看又酷似仪行父啊,哈哈。"这两人也说:"不对,不对,他长得更像您啊。"夏徵舒听后气愤地把牙关咬的直响。

夏姬是御叔之妻、夏徵舒之母;夏徵舒当时是陈国大夫。他当时就铆足了气,拿起了弓箭躲藏在了马棚门口等他们出来。灵公他们喝完酒后往外走,夏徵舒就用力拉开了弓,首先射杀了灵公。孔宁和仪行父受到惊吓,连滚带爬地逃走了,然后逃到了楚国。这时灵公的太子午也逃往晋国。夏徵舒于是自立为陈侯。

陈成公元年(前598年)冬,楚庄王以夏徵舒杀死陈灵公为由,以霸主的身份带诸侯之兵讨伐陈国。他对陈国人说:"你们别怕,我只是要杀死逆臣夏徵舒而已。"

但楚庄王杀了夏徵舒之后却占领了陈国,把陈国当做楚国的一个县来管理。楚国群臣都向楚庄王祝贺,唯独刚刚从齐国回来的申叔没有任何表示。

楚庄王问申叔为什么不祝贺,申叔时回答说:"民间有这样一个故事,说有人牵牛抄近路走,不小心踩坏别人的庄稼,田主人就追过来把那人的牛抢走了。我想,抄近路踩坏别人庄稼

确实是罪过,但因此就把人家的牛抢走恐怕也不仗义吧。"

他继续说:"现在大王因为夏徵舒弑君不义,就带领诸侯军队前来讨伐,可杀死了夏徵舒之后却占领了人家的国家,这和因为牛踩坏了庄稼就抢走人家的牛有什么两样?今后大王还怎么号令天下!所以我没有祝贺。"楚庄王说:"你说得有道理啊。"

楚庄王于是从晋国接回陈灵公的太子妫午,立他为陈君,是为陈成公。孔子后来看到这则记载后赞叹道:"楚庄王不看重千乘之国而看重一句有益之言,真可谓贤德之人啊。"

八年(前591年),楚庄王去世。二十九年(前570年),陈国背叛了楚国。三十年(前569年),楚共王出兵讨伐陈国。这一年陈成公去世,其子哀公弱继位。楚王因陈国有丧事,就暂时罢兵回国了。哀公三年,楚国又围攻陈国,但不久又撤围离去。二十八年(前541年),楚国公子围杀死楚王郏(jiá)敖自立为楚王,是为楚灵王。

陈哀公的两个妻子都是郑国人,长姬生下了太子悼,少姬生下了儿子偃。哀公还有两各宠妾,她们后来也先后生子,长妾生子名叫留,少妾生子叫胜。哀公最宠爱长妾之子留,就把他

托付给自己的弟弟司徒招来照管。

哀公三十四年（前 535 年）三月，哀公生了病，弟弟招趁机杀死太子悼，把自己抚养的公子留立为太子。

病中的哀公闻讯大怒，就想杀掉弟弟招，但招早有准备，发兵包围了哀公的住所，哀公觉的生存无望，于是自缢而死。这样弟弟招就顺理成章地立留为陈国的国君。

四月，陈国派使节给楚国去发国丧的讣告，楚灵王听说陈哀公是因为内乱而死，就杀掉了陈国的使者，派公子弃疾举兵讨伐陈国。

陈国新任君主留逃往郑国。九月，楚兵包围了陈国，十一月灭掉了陈国，然后任命楚公子弃疾做了陈公。

招杀死太子悼时，太子的儿子吴逃到了晋国。晋平公诧异地问太史赵："陈国就这样灭亡了？"太史赵回答说："陈国是颛(zhuān)项(xū)帝的同族，不会轻易被灭亡，陈氏在齐国取得了政权之后，陈国才算最终灭亡。"

他继续说:"陈国从幕到瞽(gǔ)叟,世世代代都没有违背天命,先祖舜帝更是德业厚重,胡公之时,周天子因而赐姓,命他继承舜帝的祭祀。像舜这样具有大功德的人,应享受子孙后人百代的祭祀啊。现在百代之数还远远不够,怎么能说灭亡就灭亡呢?卦象上不是说舜帝的祭祀香火好像要延续到齐国吗?"

楚灵王灭陈后的第五年,楚国公子弃疾杀死灵王自立为楚王,是为平王。平王即位后为了巩固政权,就想与诸侯们搞好关系,于是就找到原陈国太子悼的儿子吴,立他为陈侯,是为陈惠公。

惠公即位后,把哀公死的那年作为他的执政元年,这样他的执政时间实际上比记载的时间要少五年。

十年(前 524 年),陈国发生了大火灾。十五年(前 519 年),吴王僚命公子光讨伐陈国,吴国攻取了陈国的胡、沈两地。

二十八年(前 506 年),吴王阖庐与伍子胥打败了楚国,占领了楚国的都城郢。这一年,陈惠公去世,儿子怀公柳即位。

怀公元年(前 505 年),吴王在郢都召见陈怀公,怀公准备前往时,陈国大夫说:"吴国刚刚取得了胜利,事态怎样发展一时还看不清楚,楚王虽然逃走了,但楚国先前与陈国很有交情,我们这时不能背叛楚国啊。"于是怀公就以身体有病为由拒绝了召见。

四年(前 502 年),吴王又召见怀公,怀公十分害怕,于是就前往吴国。吴王却因为陈怀公上次没

有来郢都进见他而气恼,这次就扣留了怀公,怀公郁郁寡欢,最终客死在吴国。

陈国立怀公之子越为君,是为湣(mín)公。湣公六年(前496年),孔子到了陈国。吴王夫差这时正攻打陈国,他们攻取了陈国的三座城邑。

十三年(前489年),吴国又来攻打陈国,陈国向楚国求救,楚昭王带兵前来援救,楚军驻军在城父,吴军于是撤兵。这年楚昭王死在城父。当时孔子仍在陈国。

十五年(前487年),宋国灭掉了曹国。十六年(前486年),吴王夫差北伐齐国,在艾陵大败齐兵,这时他又派人召见陈侯。陈湣公十分害怕,于是就前往吴国。楚国因此讨伐陈国。

二十一年(前481年),齐国大夫田常杀死了齐简公。二十三年(前479年),楚国的白公胜杀死令尹子西、子綦(qí),攻击楚惠王。楚国的叶公打败白公,白公战败自杀。

二十四年（前478年），楚惠王复国，他举兵北伐，杀死了陈湣公，吞并了陈国。这一年，孔子去世了。

杞国的东楼公是夏代大禹的后代。殷商时期，夏禹后代的封国时断时续，周武王战胜殷纣之后找到了禹的后代东楼公，把他封在了杞地，让他继承夏后氏的祭祀。

东楼公生子西楼公，西楼公生子题公，题公生谋娶公。谋娶公生活在周厉王时代。

谋娶公生武公，武公继位后四十七年去世，子靖公立；靖公继位后二十三年去世，子共公立；共公继位后八年去世，子德公立；德公在位十八年去世，其弟桓公姑容立。桓公继位十七年（前567年）去世，其子孝公丐立。孝公继位十七年（前550年）去世，其子文公益姑立。文公继位十四年（前536年）去世，其弟平公郁立。平公继位十八年（前518年）去世，其子悼公成立。悼公继位十二年（前506年）去世，其子隐公乞立。这一年七月，隐公之弟遂杀死隐公后自立为君，是为釐公。釐公在位十九年（前487年）去世，其子湣公维继位。

湣公十五年（前478年），楚惠王灭掉陈国。十六年，湣公之弟阏（è）路杀死湣公自立，是为哀公。哀公即位十年，哀公去世，湣公之子敕（chì）即位，是为出公。出公继位后十二年去世，其子简公春即位。哀公即位一年，即楚惠王四十四年（前454年），楚国灭掉了杞国。杞国比陈国晚灭亡了三十四年。

周武王封舜的后代于陈，到楚惠王时被灭掉，这一段历史有《世家》

记载。周武王封禹的后代于杞，楚惠王灭掉了它，这一段历史《世家》也作了记载。契的后代是殷商王族，《本纪》也已经记载。殷朝灭亡后，周朝封其后代于宋，齐湣王灭了宋，《世家》也有记载。后稷的后代是周朝的王族，秦昭王灭掉了周，《本纪》也有记载。

皋陶（yáo）的后代有人被封在了英、六之地，楚穆王灭了他们，他们也没有留下族谱。伯夷的后代在周武王时又被封在了齐，叫做太公望，陈灭掉了它，《世家》对此事作了记载。至于垂、益、夔（kuí）、龙等功德之人，他们的后代就不知封于何地了。

以上十一个人都是尧、舜时期著名的功德之臣，其中五人的后代都当过帝王，其余的都是著名得诸侯。滕、薛、驺，是夏、商、周三代时所封之国，这几个国家都很小，因此就不记述了。

周武王时，封侯封伯的诸侯国有一千多个，到周幽王、周厉王之后，诸侯们凭借实力相互攻伐，很多国家就被吞并了。当时江、黄、胡、沈之类的小国数不胜数，他们都没有被采录在史传之中。

太史公说："舜的道德可谓达到了极点，他虽然让位给夏，但他的后代在夏商周三代漫长的时间内仍享受着封国，传承着祭祀。楚国灭掉了陈国之后，田常又取得了齐国政权，陈国终于又列入了诸侯国之林。这一族人祭祀百代不绝，后代子孙兴旺昌盛，被封赐土地的人很多。禹的后代在周朝时就是杞国之君了。杞国很弱小，当时没有什么影响力，这里就不作详细记述了。楚惠王灭掉杞国以后，禹的后代越王勾践就振兴起来了。"

卫康叔世家第七
人物像

康叔

献公

周公旦

赵简子

卫康叔世家第七

卫康叔名封，他是周武王的同母兄弟，他们还有一个最小的弟弟名叫冉季。周武王打败殷纣王后，武王把殷商的遗民封给了纣王的儿子武庚禄父管理，让他与诸侯同位，以便使其得以祭祀先祖，世代相传。因武庚还未完全顺从，武王担心武庚有叛逆之心，便派自己的弟弟管叔、蔡叔辅佐武庚禄父。

周武王去世后，成王还年幼，周公旦便代替成王主掌国事。管叔、蔡叔怀疑周公旦意在篡权，就与武庚禄父发动了叛乱。周公旦以成王的名义进行讨伐，杀死了武庚禄父和管叔，流放了蔡叔，把武庚的遗民封给康叔，建立了卫国，立康叔为卫国君主。卫国继承了原殷商都城之地，居住在黄河与淇水之间。

为了让年轻的康叔管理好卫国，周公旦就反复告诫康叔："你要善于任用殷地的贤人，爱护殷地的民众，总结殷商兴衰的原因，汲取纣王饮酒无度、一味作乐、沉溺于女色的教训，一定

要把卫国治理好。"

周公旦以匠人制作木器必用规矩的道理,撰写了《梓材》一书,作为治国者用以效法的准则。他用《康诰》《酒诰》《梓材》三篇著作教导康叔,康叔认真领会,谨守箴言,安定民众,民众非常高兴。

成王长大成人后接管了政权,他任命康叔为司寇,赐给了康叔许多宝物和祭器,用以表彰康叔的德行。康叔去世后儿子康伯被立为国君。康伯逝世后,儿子考伯被立为国君。考伯逝世后,儿子嗣伯被立为国君。嗣伯逝世后,儿子庭伯被立为国君。庭伯逝世后,儿子靖伯被立为国君。靖伯逝世后,儿子贞伯被立为国君。贞伯逝世后,儿子顷侯被立为国君。

顷侯用厚礼贿赂周夷王,夷王便封卫国君为侯。顷侯在位十二年去世,儿子釐侯被立为国君。釐侯十三年(前841年),周厉王逃亡到了彘地,由召公、周公共同掌管政权,号称"共和"。釐侯二十八年(前827年),周宣王即位。

四十二年(前813年),釐侯去世,太子共伯余即位。共伯之弟和曾受宠于釐侯,釐侯给了他很多财物,和便用这些财物收买了一些壮士,他们在釐侯的墓地袭击了共伯余,共伯被迫逃到釐侯墓道里自杀了。卫人此后就把共伯埋在了釐侯的墓旁,给他谥号叫共伯,而立姬和为卫侯,这便是武公。

姬和登位后以康叔为榜样,他整饬政务,励精图治,使卫国的局势很快安定下来。四十二年(前771年),犬戎入侵周都,杀死了周幽

王,卫侯亲自出征,率兵打败了犬戎。于是,周平王就把卫侯的爵位晋升为"公"。卫武侯就成了卫武公。

卫武公在位五十五年(前758年)去世,儿子庄公扬即位。庄公继位第五年(前753年),庄公娶了齐国女人为夫人,齐女貌美但无子,他就再娶了陈国女人为夫人,陈女生了个儿子,但不久却夭折了。陈女的妹妹亦被庄公所宠幸,她生了个儿子取名叫完。完的母亲去世后,庄公就让齐国夫人抚养完,并立完为太子。庄公还有个宠妾,生了个儿子叫州吁。

庄公十八年(前740年),州吁长大成人,因他喜好军事,庄公便让他做了将军。大臣石碏(què)进谏说:"因为妾的儿子喜好军事便让他做将军,这样做会起祸乱的"但庄公不听。

庄公在位二十三年(前735年)去世,太子完被立为国君,这就是桓公。桓公二年(前733年),弟弟州吁骄奢淫逸,桓公就罢免了他的职务,州吁于是出逃了。

十三年(前722年),郑伯之弟段攻击哥哥失败后也逃走了,州吁便主动与他结交成了好友。十六年(前719年),州吁聚集了逃亡在卫国的人袭击并杀死桓公,然后自立为卫国国君。

郑伯之弟段要讨伐郑国,州吁就请求宋、陈、蔡三国共同支持段,三国答应了这一请求,准备进攻郑国。由于州吁不断挑起祸乱,制造事端,卫国人都很厌恶他。

石碏佯装与州吁友善，但暗地里却与陈侯谋划攻击州吁。当卫国军队行至郑国国都附近时，石碏以桓公母亲的娘家在陈国之故与陈侯密谋，他们派右宰丑向州吁进献食品，借机在濮击杀了州吁。然后从邢地把桓公的弟弟晋迎回卫国立为国君，这就是宣公。

十八年（前 701 年），宣公所宠爱的夫人夷姜生了儿子取名伋（jí），伋被立为太子，宣公就派右公子做他的老师。右公子为太子娶齐国美人为妻，这个女人长得很漂亮，以致于两人还未拜堂，宣公就违背人伦，让她做了自己的妾，此后宣公再为太子另娶了其他女子为妻。

宣公得到齐女后，齐女生了儿子子寿和子朔，宣公又派左公子做他们的老师。太子伋的母亲去世后，宣公的正夫人与子朔就在宣公面前共同诬陷太子伋。

宣公原本就因为自己抢夺了太子之妻而厌烦太子,听到这些坏话后更是怒气冲天。于是就借故让太子伋带了白旄(máo)使节出使齐国,然后暗中命人到边境上截杀手持白旄使节的人。

太子伋将要启程,子寿赶来对太子说:"边界上的人只要见到你手持白旄使节就会杀死你,你千万不要去!"太子说:"哎,我不能为了保全自己的姓名而违背父命啊。"于是就毫不犹豫地前往齐国。

子寿见太子不听劝告,只好偷取他的白旄使节,先于太子驾车赶到了边界。这样,刺客便杀死了子寿。

子寿被杀后太子伋也赶到了边界,他对刺客说:"你们要杀的人是我!"刺客于是又杀了太子伋。此后宣公立子朔为太子。十九年(前709年),宣公去世,太子朔立为国君,这就是惠公。

左右两公子对子朔以不正当手段立为国君愤愤不平。惠公四年(前696年),左右公子便发动兵变攻打惠公,立太子伋的弟弟黔牟为国君。惠公逃奔到了齐国。

黔牟八年(前689年),齐襄公受周天子之命率领诸侯国讨伐卫国,送卫惠公回国,他们诛杀了左右公子,黔牟逃跑到了周,惠公又重新做了国君。惠公在位三年出国逃亡,逃亡八年后重新回国,与以前连续计年,共

十三年了。

二十五年(前 675 年),惠公对周接纳黔牟而心怀不满,于是就联合燕国伐周,周惠王被迫逃奔到了温。卫国和燕国就共同立了周惠王的弟弟颓为王。二十九年(前 671 年),郑国又护送惠王回周。三十一年(前 669 年),卫惠公去世,儿子懿(yì)公赤即位。

懿公挥霍无度,骄奢淫侈,特别喜欢养鹤。在位九年(前 660 年),翟人攻伐卫国,他率军去抵御,但士兵们都不愿意为他卖命。他们说:"君王喜好鹤,就派鹤去抵抗翟人吧!"于是都纷纷逃散了。这样翟人侵入卫国,杀死了懿公。黔牟的弟弟昭伯顽的儿子申这时被立为国君,他就是卫戴公。但戴公申在他继位的元年(前 660 年)就去世了。

卫国不断发生动乱,齐桓公认为这是翟人惹的祸,于是便率领诸侯伐翟国,并给卫国在楚丘修筑了城堡。戴公的弟弟毁曾因卫国的动乱逃到了齐国,齐人这时就送他回国做了国君,这就是卫文公。

当初翟人杀了懿公,卫人怜悯他,就想再立被宣公谋害的太子伋的后代为国君,但伋的儿子已经去世,代替伋死去的子寿又无子,算来算去,就算到了太子伋的两个同母弟弟身上,这两个人一个叫黔牟,另一个叫昭伯。黔牟曾代替惠公做了八年的国君,后又被惠公赶出了卫国。昭伯、黔牟都早已去世了,所以卫人就立了昭伯的儿子申为戴公,戴公去世后,卫人就立了他的弟弟毁为文公。

文公即位后减轻赋税，明断司法，亲身劳作，与百姓同甘共苦，赢得了卫国的民心。十六年（前644年）晋国公子重耳路过卫国，没有得到文公的礼遇。二十五年（前635年），文公逝世，儿子成公郑立为国君。

成公三年（前632年），晋国为了救援宋向卫国借路，成公没有答应，晋国便改道渡南河去救宋。晋国又向卫国征兵，卫大夫想同意，但成公不同意。这年，大夫元咺（xuǎn）攻打成公，成公暂时逃到了楚国。

晋文公重耳因曾经路过卫国时没有得到文公的礼遇，加之卫成公又不援救宋国，于是就讨伐了卫国，把卫国的一部分土地送给了宋国。这样卫成公不得不逃亡到陈国。两年后，成公到周天子处请求帮助他回国，正好遇见了晋文公，便与晋文公约会。

晋人想用毒酒害死成公，成公贿赂了周王室进酒的人，让他少放些毒药，这才免于一死。不久，周王替成公请求晋文公宽恕，成公终于被送回了卫国。他回国后杀死了元咺，卫君姬瑕出逃。三十五年（前600年），成公去世，儿子穆公立为国君。

穆公去世，儿子定公臧被立为国君。定公在位十二年（前577年）去世，儿子献公衎（kàn）立为国君。十三年（前576年），献公让乐师曹教宫中的小妾弹琴，妾没有把琴曲弹好，曹就笞打了她，妾就在献公面前说曹的不是，献公就命令笞打了曹三百下。

十八年（前571年），献公让孙文子、宁惠子侍陪进宴，两人如约前往。但献公却到园林射大雁去了。两人只好到园林找献公。献公未脱猎装就与他们谈话，两人对献公的无礼行为非常生气。

孙文子的儿子多次陪侍献公饮酒，献公让乐师曹演唱《诗经·小雅》中《巧言》篇的最后一章。这一章的唱词正好是鞭笞君王对臣下傲慢无礼，乐师曹本来就痛恨献公笞打了他三百下，于是就演唱了这章诗，想以这首诗的唱词激怒孙文子，让孙文子报复卫献公。

文子就这件事问卫大夫蘧（qú）伯玉的详情，蘧伯玉是个正直的君子，他不愿挑拨是非，就推说自己不知道。孙文子不甘受辱，于是就发动叛乱赶走了献公。献公逃亡到了齐国，齐国把他安置在聚邑。

孙文子、宁惠子共同立定公之弟秋为卫国国君，这就是殇公。

殇公秋即位后把宿地封给了孙文子林父。十二年(前547年),宁喜与孙林父因争宠而发生内讧,殇公让宁喜攻打孙林父,林父逃到了晋国。孙林父请求晋国护送卫献公回国,当时献公还在齐国。

齐景公听到这个消息很高兴,就和卫献公一起请求晋国帮助献公回卫国。晋国讨伐了卫国,迫使卫国与晋国结盟。卫殇公前去会见晋平公,平公趁机抓捕了殇公与宁喜,护送卫献公回国了。至此,献公已在外逃亡了十二年。

献公后元元年(前546年)诛杀了宁喜。三年(前544年),吴国延陵季子路过卫国,他见到蘧伯玉和史鳝说:"卫国君子很多,所以这个国家不会有大的患难。"他又路过宿地,孙林父边击磬边说:"人郁闷了乐音也很悲伤啊,卫国的动乱就要开始了!"这年献公去世,儿子襄公恶被立为国君。

襄公六年(前538年),楚灵王会盟各诸侯,襄公推说有病没有赴会。九年(前535年),襄公去世。襄公当初有个小妾很受宠爱,怀孕后曾梦见有人对她说:"我是康叔,令你的儿子享有卫国,你的儿子应取名叫'元'。"

妾醒后十分惊讶,询问孔成子。成子说:"康叔是卫国的始祖啊。"孩子出生后,妾就把此梦告诉了襄公。襄公说:"这是上天的安排!"于是给男孩取名元。恰好襄公夫人没有儿子,襄公便以元为嫡子承嗣,这就是灵公。

五年（前 530 年），灵公朝见晋昭公。六年（前 529 年），楚公子弃疾杀死楚灵王自立为国君，称为平王。十一年（前 524），卫国发生了火灾。三十八年（前 498 年），孔子来到卫国，卫国按鲁国给孔子的俸禄发给孔子俸禄。

　　三十九年（前 497 年），太子蒯（kuǎi）聩（kuì）和灵公夫人南子有仇，就想杀掉南子。蒯聩与他的家臣戏阳商议，想在朝会时让戏阳杀死夫人南子。可朝会时戏阳就后悔了。蒯聩多次目视让他动手，戏阳无动于衷，他们的举动反被南子察觉，南子大呼道："太子想杀我！"灵公大怒，要惩罚太子蒯聩，蒯聩逃奔到了宋国，不久又逃到晋国投奔了赵氏。

　　四十二年（前 494 年）春天，灵公郊游时让子郢驾车。郢是灵公的小儿子，字子南。灵公因怨恨太子逃亡，于是就对郢说："我想立你为太子。"郢回答说："我没有资格辱没社稷，请您考虑其他人选吧。"

这年夏天灵公去世，夫人想立子郢为太子然后继位，她说："这是灵公的命令！"郢答道："逃亡太子蒯聩的儿子辄还在，我不敢当此重任。"于是卫人就立辄为国君，这就是出公。

六月乙酉日，赵简子想送蒯聩回国，就让阳虎派了十多个人穿着丧服，装扮成卫国人来晋国迎接太子。然后，简子跟随着蒯聩送行。卫人听到这消息后，就组织军队攻击蒯聩。蒯聩不能回卫国，只好跑到了宿地安身。

出公辄八年（前485年），孔子从陈国来到卫国。九年（前484年），孔文子向孔子请教军事问题，孔子不予回答。之后，鲁侯派人迎接孔子，孔子返回了鲁国。

十二年（前481年）年初，孔圉（yǔ）文子娶了太子蒯聩的姐姐为妻，生了儿子悝（kuī）。孔文子的仆人浑良夫英俊潇洒，孔文子去世后，浑良夫与悝的母亲私通，为了避免别人说闲话，悝母便让浑良夫到宿地投奔太子蒯聩。

太子蒯聩对良夫说："你如果能帮助我回国，我就让你做高官，免除你的死罪，并得到你想要的所有东西。"这实质是应允事成之后让他的姐姐悝母做良夫的妻子。于是二人达成了盟约。

这年闰月，良夫和太子蒯聩悄悄地回到卫国国都，他们住在孔家的外花园等待时机。黄昏时分，两个人身着妇人衣服，头蒙围巾，由宦者罗驾车向孔家院落摸去。孔家的管家栾宁盘问他们，他们自称是亲家的侍妾。混进孔家后，就直奔悝母伯姬的住所。

吃完饭后，悝母手持凶器到了悝的住所，太子蒯聩等五人身着铠甲，载着准备祭盟的猪随后而来。伯姬把悝逼到墙角，强迫他订立盟约，帮助蒯聩夺取王位。

栾宁正在吃着烤肉，饮着小酒，突然听到了乱哄哄的响声，就急忙派人去叫仲由（即子路，孔子的学生）。他自己则准备好了车马，嘴内噙着烤肉，手上拿着酒壶护送出公辄逃奔到了鲁国。

仲由闻讯后赶到，他正要进孔宅时遇到了刚刚逃出孔家的子羔。子羔说："门已经关闭了，进不去的。"子路说："我还是去看看吧。"子羔说："来不及了，你不要跟着悝去受难。"子路说："享受悝的俸禄，不能看他受难啊。"但子羔还是逃走了。子路来到门前，公孙关紧大门说："任何人不得入内！"

子路说："你是公孙吧！你拿着主人的俸禄怎么好意思躲避主人的灾难呢？这种事我做不来。"这时碰巧有使者出来，子路就趁机进去了。子路说："太子怎么能想到利用孔悝呢？你杀他也无济于事，反对你的人太多了。"子路边往前走边说："我倒要看看太子你有多大的胆量，我放火烧了这里，看你还放不放孔叔！"子路说着就要动手点火。

太子听了他的话十分害怕，急忙让石乞、盂黡（yǎn）阻挡子路，二人用长矛刺杀子路，子路受了重伤，帽子被打落在地。子路说："君子即使死了，帽子也不能掉下啊。"说着，系好帽缨子死去了。孔子听到这件事后说:"唉！要的柴火还能来吗？可子由已经死了呀。"

孔悝终于帮助太子蒯聩成为国君,他就是庄公(史称卫后庄公)。庄公蒯聩就是出公的父亲。他逃亡在外时十分怨恨大夫们不迎立他为国君,即位后就想把大臣们全部杀掉。他说:"我在外这么久,难道你们不曾听说?"大臣们对他的行为心怀不满,于是就想反叛,庄公这才罢休。

二年(前 479 年),鲁国孔丘去世。三年(前 478 年),庄公登上城墙看着戎州之地说:"戎虏为什么要这样建城呢?"戎州人对这句话十分反感,十月间就把他说的话告诉了赵简子,简子就带兵包围了卫国。十一月庄公逃走,卫人立公子斑师做了国君。齐国又讨伐卫国,俘虏了公子斑师,改立了公子起为国君。

卫君起元年(前 477 年),卫国石曼専(fū)赶走了起,起逃亡到了齐国。卫出公辄又从齐国返回卫国做国君。出公即位十二年(前 481 年)时逃亡,在外四年才得以返回。出公后元元年(前 476 年),赏赐了跟随他逃亡的臣子、仆人。出公当政二十一年(前 456 年)后死去。

出公的叔父黔赶走了出公的儿子自立为国君,他就是悼公。悼公执政五年(前 451 年)去世,儿子敬公弗立为国君。十九年(前 432 年),敬公去世,儿子昭公纠立为国君。这时,三晋强盛起来了,卫君像小诸侯一样附属于赵国。

昭公六年（前 426 年），公子
亹（wěi）杀死昭公自立为国君，
他就是怀公。怀公十一年（前
415 年），公子颓杀死怀公自立
为国君，他就是慎公。四十二年
（前 373 年），慎公逝世，儿子声
公训被立为国君。十一年（前
362 年），声公去世，儿子成侯遬立为国君。

成侯十一年（前 351 年），公孙鞅进入秦国。十六年（前 346 年），卫
被贬称为侯。二十九年（前 333 年），成侯去世，儿子平侯被立为国君。
平侯于八年（前 325 年）去世，儿子嗣君继位，嗣君五年（前 320 年），卫被
贬称为侯，仅领有濮阳一地。

四十二年（前 283 年），嗣君
去世，儿子怀君立为国君。三十
一年（前 252 年），怀君朝拜魏
国，魏国囚禁并杀害了怀君。魏
改立嗣君弟为君，他就是元君，
元君是魏国的女婿。

元君十四年（前 239 年），秦
国攻占了魏国的东部领土，开始筹划在这一带设置东郡。此后秦又把卫
君迁徙到野王县，而把濮阳合并到东郡。二十五年（前 228 年）元君去
世，儿子君角被立为国君。

君角九年（前 221 年），秦兼
并天下统一全国，嬴政立为始皇
帝。二十一年（前 210 年），秦二
世废掉卫君，君角成为普通平
民，卫国的世系彻底断绝。

太史公说："我读世家的有关史料，当读到卫宣公抢夺了自己的儿媳，太子又因此被杀，弟弟子寿与太子争相赴死时不禁思绪万千。我想，这和晋太子申生不敢声明骊姬的过错是多么的相同，他们都是害怕伤了父亲的情面。他们的死是多么悲哀啊！有的父子相残，有的兄弟仇杀，这究竟是为什么呢？"

宋微子世家第八
人物像

宋微子

纣王

华元

南宫万

宋微子世家第八

微子开是殷商帝乙的庶出长子,是纣王的同父异母兄长。商纣登位以后荒淫无道,微子多次进谏,纣王根本听不进去。

这时西北的周邦已经兴盛壮大,首领西伯昌广赐仁政,招揽人才,百姓安居乐业,周围诸侯纷纷归附。此后西伯昌发动了一系列战争,打败了犬戎、密须、耆等国,实力不断壮大。殷商大臣祖伊对此非常担忧,便又来奏告纣王。

纣王说:"我受命于天,谁都奈何不了我,西伯成不了什么大事的。"微子对纣王的言行感到绝望,认为纣王至死也不会清醒!为了不落下亡国之臣的骂名,他思考着要么一死了之,要么远离纣王。自己犹豫不决,便去征求太师、少师的意见。

微子说:"祖先殚精竭虑,辛苦得来的江山已经被纣王糟蹋的不成样子了,可纣王不听劝谏,继续败坏着先祖汤的德业。他听信妇人之言,整

日沉溺于酒色之中,把政务当儿戏;他的大小官员无视朝规,举止失仪,巧取豪夺,甚至图谋奸宄,但却逍遥法外;朝外丧失法度,小民为所欲为,他们相互仇视,天下一片混乱。现在的殷朝就像是漂泊在水中找不到渡口的木船,随时都有颠覆和沉没的危险。"

微子说着,已经难过地痛哭了,他说:"太师啊太师,我将何去何从啊?我们的殷朝还能保住吗?我该怎么办啊?请不要让我陷于不义之中啊。"太师说道:"王子啊,说实话,这是上天要亡殷商啊,你看那殷纣王上不畏天,下不畏民,又不听劝谏,谁拿他有什么办法呢!殷朝的所有臣民居然都不畏神灵,目无法度,热衷于草野盗窃,犯上作乱,这不是灭亡的征兆是什么?假若您留下能力挽狂澜保住国家,那虽死不足惜,可现在国家已经不可救药了,再留下来也是枉费心力,不如远走他乡吧。"于是微子就在王室中消失了。

箕子是纣王的亲属,纣王制作了象牙筷子,箕子就叹道:"有了象牙筷子,就想美玉杯子;有了美玉杯子,就想稀世珍宝啊。宫室奢侈,车马豪华之风马上就要开始了,国家肯定无法振兴了。"

有人问箕子:"纣王根本不听劝谏,你不赶快离开还等什么?"箕子说:"人臣向君主进谏,君主不听就离开,这实际是在宣扬君主的恶行,标榜自己的清高,树立自己的威信,我不能这样做。"于是,箕子就假装疯癫,披头散发给人做了家奴。后来他又隐居起来,用弹琴来抒发内心的愤懑。《箕子操》就是他的传世

之作。

王子比干也是纣王的亲属,他对箕子的行为有些看法。他说:"看到君主的罪过却不冒死规劝,这势必使百姓受害,那些无辜百姓有什么罪呢!"于是就去直言进谏。纣王大怒说:"我看你的样子像个圣人,我听说圣人的心有七个窍,我倒要看看你究竟有没有七个窍。"于是,纣王让人杀死比干,挖出他的心来验证。

微子说:"父子以情相通,君臣以义相连。父亲如果有过错,儿子屡劝不听,儿子只能无奈地哭泣;臣子如果屡次规劝君主而君主不听,臣子就应该远离君主。"微子终于离开了殷地。

周武王灭了殷朝,微子便带着祭器来到周武王的军门前请罪。他祖胸露臂,自缚其身,跪倒在地,左边人牵着羊,右边人拿着茅草求告武王。武王释放了微子,恢复了他的爵位。武王又封赐了商纣的儿子武庚禄父,让他来继承祖宗的祭祀,并派管叔、蔡叔辅佐他。

武王灭亡殷朝后找到箕子,向他请教治国的良策。箕子回答说:"从前鲧堵塞洪水,使五行不能正常运行,自然界的运行规则遭到了破坏,上帝十分震怒,于是鲧就被流放致死。禹革弊出新,上天赐给禹九种天道大法,万物运行才有了秩序。这九种大法一是五行,二是五事,三是八政，四是五纪，五是皇极，六是三德，七是稽疑，八是庶征，九是举五福、忌六极。

"五行指的是水、火、木、金、土。它们各有其用，且相互作用，从而构成了万物的和谐运转。所谓五事，一是仪容，二是言语，三是观察，四是听闻，五是思维。仪容端庄，百姓就会严肃认真；说话诚恳，百姓就会顺从；观察事物能看到实质，您就不会被蒙骗；善于听取不同意见，臣子就乐意给您出谋划策；思维敏捷、睿智，各种事情就能够办好。

"所谓八政，一是粮食，二是财贷，三是祭祀，四是建设，五是教化，六是司法，七是外交，八是军事。所谓五纪，就是要严格按照年、月、日、星辰、历法的变化规律，及时安排事情，不得违反天道时令。"

"这些都是治理国家至高无上的大事，天子应以它们为基础建立起制度和准则，并把这些有利于社会稳定，有利于生产、生活的制度颁布于民，臣民必须严格遵守。任何人都不得再立新规，自作高明地违反制度，必须不折不扣地按制度办事。臣民的行为有时会与制度不大协调，但只要未达到犯罪的程度，还是要有所宽容的。

"对于认真遵守和执行政策的人要给予奖励，这样，人们就会乐意遵守这些制度和准则。制度的执行要坚持一个标准，要一视同仁，不要因为他处于弱势，制度就可以对他过分点，也不要因为他高贵显赫，制度就可以对他宽松一点。

"要善于任用有能力、有作为的人，这样国家就会昌盛。对被任用的人，您要让他们有爵位和足够的俸禄，引导他们做出贡献，如果您不能使他们有正确的为官理念，他们就会犯罪。对于那些和你的追求不一样的人，即使你给他的赏赐再多，他也不会为您尽力的。

"天子的性格不能偏颇，不要以个人的好恶去用人和办事，更不能为政不德；天子必须大胆选拔和任用那些坚持原则，并按原则办事的人，使坚持原则的人都能归集到朝堂，这样臣民们就会归附于天子；天子制定的制度应该有持久性，一定要顺乎天意，这样，臣民才会把它作为至高无上的准则去遵守。臣民遵守了制度，就等于亲附了天子，天子就应当像

宋微子世家第八

做父母的人一样来爱护天下臣民。

"所谓三德，就是做事的三个基本原则和标准：一是正直，二是刚直，三是灵活。第一，人们都正直起来，天下才会安定。第二，对于强硬的敌人，必须坚决地战胜他们，第三，对于一时犯了错误的人要用柔和的态度改变他们。国家的政令要统一，权力要集中，任何臣子都无权擅自封官进爵，制人财利，称霸作威。臣子一旦拥有这样的权力，就会给王室带来危害，给国家带来灾祸。

"遇到重大问题拿不定主意时就要选择卜人与筮人进行卜筮；卜筮时必须同时请三个知晓卜筮方法的人分别卜筮，并按少数服从多数的原则最后表决。卜筮前，上天会有七种征兆，分别是雨、雨后初晴、云、雾、各种情况交错、转晴、连阴。遇到前五种征兆时用龟甲来占卜，遇到后两种征兆时用蓍草来占卜。

"重大问题的方案制定必须按以下环节进行：首先自己要认真思考，然后与大臣商量，再与百姓商量，最后用卜筮决断。在这个过程中，如果所有环节的意见一致，这叫大同，这样行事必成。有三个环节的意见统一，说明事情可行；有两个环节的意见统一，说明在境内办事吉，在境外办事有凶险。如果各个环节都反对，说明行动会有凶险，那就只有等待时机了。

"雨、晴、暖、寒、风这五种自然现象都是上天对为政得失的征兆。如果这五种自然现象应时发生，按规律出现，庄稼就会丰收。如果一种自然现象偏多或偏少，庄稼就要歉收。天子谦恭，天就按时下雨；天子政务清明，阳光就会充足；天子英明，温暖就会按时到来；天子深谋远虑，寒冷就会应时而生；天子通达，天就会按时兴风。这些都是美好的天象征兆。

"相反，天子狂妄，就会有雨涝灾害；天子越俎代庖，越位行事，就会发生干旱；天子贪图享乐，天气就会过分炎热；天子暴虐急躁，天就会过分寒冷；天子昏庸，大风就会时常兴起。如果天子决策失误，极端天气就会持续一整年，卿士管理事情有失误，极端天气就会出现一个月，官吏办事有了过失，就有一整天的异常天气。

"如果没有异常天气发生，庄稼就会丰收，政治就会清明，贤能的人就会得到提拔，国家就会平安稳定。如果异常天气出现，就说明为政有失，贤能的人受到了压制，国家就会动乱。总之，百姓就像漫天的星星，有的星星喜欢风，有的喜欢雨，而日月按规律运行，在不同的时节形成不同的天象，从而满足了各种星星的需求，这样，就形成了和谐运转的大局。

"若遵循天道办事，国家政治清明，就会出现五福。五福是指长寿、富有、平安、美德、善终。否则就会迎来六祸，六祸是指早死、多病、多愁、贫穷、凶恶、羸弱。"

武王对箕子的高论十分赞赏，于是就把朝鲜封给了他，没有让他做一般的臣子。

后来，箕子去拜见周王，当他路过商朝的都城时，看到商都的城墙宫室毁坏，野生的禾黍遍地生长，他非常伤心。想大哭一场来祭奠一下，可是此时已是周朝，自己还作了周朝的王，这样做很不合适；想低泣几声呢，又觉得这样近乎妇人之态。于是就触景生情，吟唱出了《麦秀》诗："麦子吐穗了，竖起尖尖的麦芒，枝叶还是那样的光润啊，一片丰收在望。哦，那顽劣的浑小子啊，不同我友好交往。"殷的百姓看到这首诗，都为之泣下。

武王去世后，成王还很年少，为了保证周朝社稷的稳定，周公旦就代理了国政。管叔、蔡叔以为周公旦篡权，于是就联合武庚作乱。周公打着成王的旗号诛杀了武庚、管叔，放逐了蔡叔，然后让微子开管理殷地，取国名为宋。周公作了《微子之命》教导微子，告诫微子如何治理好封

宋微子世家第八

地。微子本来就仁义贤能，这样一来，殷地的百姓都十分拥戴微子。

微子开去世后，立他的弟弟衍为国君，他就是微种。微种去世后，儿子宋公稽即位。宋公稽去世后，儿子丁公申即位。丁公申去世后，儿子湣公共即位。湣公共去世后，弟弟炀公熙即位。炀公即位后，湣公的儿子鲋祀杀死炀公夺取了君位，这就是厉公。厉公去世后，儿子釐公举即位。

釐公十七年（前841年），周厉王逃到彘。二十八年（前831年），釐公去世后，儿子惠公即位。惠公四年（前827年），周宣王即位。三十年（前801年），惠公去世，子哀公即位。哀公于元年（前800年）去世，子戴公即位。戴公二十九年（前771年），周幽王被犬戎所杀，秦国被列为诸侯。

三十四年（前766年），戴公去世，儿子武公司空即位。武公的女儿做了鲁惠公的夫人，生下了鲁桓公。十八年（前748年），武公去世，儿子宣公力即位。宣公的太子名叫与夷。十九年（前729年），宣公生病了，却要把君位让给弟弟和，并说："父亲死了，儿子继位，哥哥死了，弟弟继位，这是天下的成规。"和多次谦恭推让，但最终不得不接受了传位。和就是穆公。

穆公九年（前720年），穆公生了重病，他在病床上对大司马孔父说："先君宣公不传位于太子与夷，而把君位让给我，我终生不能忘怀。我死后，你们一定要立与夷为国君。"孔父却说："大臣们都希望立公子冯（píng）！"穆公说："不要立冯，我不能辜负宣公啊。"于是穆公就派冯出使了郑国，并让他长期居住在那里。八月庚辰日，穆公去世，哥哥宣公的儿子与夷即位，这就是殇公。

殇公元年（前719年），卫公子州吁杀死了自己的国君完后自立为君。他想得到诸侯的支持，便派人告诉宋国国君说："冯在郑国，一定是后患，你可以同我一起讨伐他。"宋国国君答应了他。但宋、卫的军队攻打到郑国的东门时又返回了。第二年（前718年），郑国讨伐宋国，还报"东门之役"之仇。从那以后，诸侯就开始不断进犯宋国了。

大司马孔父嘉的夫人长得很漂亮，九年（前711年）的一天，她外出遇见了太宰华督，华督的两眼直勾勾地盯着这位美人垂涎三尺，遂起了夺人之妻的恶念。于是他让人在国中制造谣言说："殇公即位十年，竟打了十一次大仗，国民饱受战争之苦，其罪过在于孔父，我要杀了孔父安定国民。"十年（前710年），华督杀死孔父，夺走了他的妻子。殇公很生气，华督又杀死殇公。此后，华督从郑国迎回穆公的儿子冯，立他为国君，这就是庄公。

庄公元年（前710年），华督为国相。九年（前702年），他抓到了郑国的祭仲，要挟他立了突做郑国国君。十九年（前692年），庄公去世，儿子湣公捷即位。湣公七年（前685年），齐桓公即位。

九年（前683年），宋国发生了水灾，鲁国派臧文仲到宋国慰问，湣公自责说："因为我冒犯了神灵，不能按天道办事，才使老天降罪，洪水肆虐。"臧文仲对他的谦虚说辞很赞赏。但这话实际是公子子鱼教给湣公说的。

十年（前682年）夏天，宋国讨伐鲁国，双方大战于乘丘，鲁国活捉了宋国的南宫万。宋人后来多次请求鲁国，南宫万才被释放回国。

十一年（前681年）秋天，湣公

与南宫万出行田猎时博戏,南宫万与滑公争道,滑公很生气,就侮辱他说:"原先我很敬重你,但现在我无论怎样看你,都觉得你是一个地地道道的鲁国的俘虏!"南宫万勇武有力,对滑公的话十分愤怒,于是就抓起棋盘把滑公砸死在蒙泽。

大夫仇牧闻讯后急忙带着兵器救驾,两人在公门打了起来,南宫万一脚把仇牧踢飞了,仇牧碰到公门后死亡,两颗门牙也被公门磕掉了。南宫万不依不饶,又杀死太宰华督,改立公子游作国君。宋国的公子们闻讯后大都逃到了萧邑。公子御说逃奔到亳(bó),南宫万的弟弟南宫牛就带领军队包围了亳。

这年冬天,萧邑大夫和宋都逃来的公子们联合起来反扑,他们击杀了南宫牛和新立的国君公子游,立了滑公的弟弟御说为国君,这就是桓公。南宫万这时逃到了陈国。宋国派人贿赂了陈国,陈国便用美人计把南宫万灌的酩酊大醉,然后用皮革把他裹起来送回了宋国。宋国人给南宫万施了醢(hǎi)刑,南宫万被剁成了肉酱。

桓公二年(前680年),诸侯讨伐宋国,但到了宋都郊外却离开了。三年(前679年),齐桓公开始称霸。二十三年(前659年),卫国把公子毁从齐国迎回,并立为国君,是为卫文公。卫文公的妹妹是宋桓公的夫人。这一年,秦穆公即位。

三十一年(前651年)春,桓

公去世,太子兹甫即位,是为宋襄公,襄公让自己的哥哥目夷做了宰相。此时宋桓公还未安葬,齐桓公就在葵丘会盟诸侯,襄公只好前去赴会。

　　襄公七年(前 644 年),宋地下起了陨石雨,陨石伴随着剧烈的狂风飞来,空中的六只鹢(yì)鸟被风吹着倒行,这风实在是太大了。八年(前 643 年),齐桓公去世,这时宋国以为找准了机会,就不自量力地想代替齐国会盟诸侯。

　　十二年(前 639 年)春天,宋襄公要在鹿上会盟诸侯,向楚国发出了邀请,没想到楚人真的答应了。公子目夷说:"小国做盟主是灾祸啊。"可襄公不听。秋天,襄公在盂会盟诸侯,目夷又说:"此时不出现灾祸还会在何时呢? 国君的欲望太大了!"果然,楚国利用会盟之机拘禁了宋襄公,并发兵讨伐了宋国。冬天,诸侯在亳会盟,楚国才释放了宋襄公。子鱼说:"灾祸还没有结束呢。"

　　十三年(前 638 年)夏天,宋国发兵讨伐郑国,子鱼说:"宋国的灾祸就要来了。"秋天,楚国就出兵伐宋来解救郑国,襄公要亲自领兵应战,子鱼进谏说:"老天抛弃殷地已经很久了,请你不要出战啊。"但襄公不听。冬天,襄公在泓水与楚成王作战,楚军渡河进攻。

　　楚军正在渡河时目夷说:"敌众我寡,趁他们现在还未完全渡过河,我们赶紧攻击吧。"襄公不听。楚军渡河后还未完成集结,目夷又说:"乘其立足未稳,赶紧攻击吧。"襄公却说:"等他们排好阵势再打吧。"楚军排好了阵势，襄公这才下令宋军出战。结果宋军大败，襄公大腿被箭射伤。

宋国人因为战争失败而怨恨襄公，襄公却说："君子不能乘人之危啊，我们不能攻打未列好阵势的军队。"子鱼说："打仗是以战胜对方为目的，哪里有那么多的讲究！如果按您说的去做，我们就干脆给别人当奴仆算了，何必还要去打仗？"

楚成王战胜了宋国，解救了郑国，郑国为楚成王举行了盛大的庆功宴会。成王离开时，郑国又给成王娶了两个郑国妃子。叔瞻知道后说："成王不识大体，不讲原则，难以成就霸业。"同年，晋公子重耳路过宋国，襄公因为被楚国打败，想得到晋国的援助，于是就厚待重耳，并送给了重耳八十匹骏马。

十四年（前 637 年）夏天，襄公因泓水之战时的腿伤复发死亡，儿子成公王臣即位。成公元年（前 636 年），晋文公重耳即位。三年（前 634 年），宋国背弃了与楚国的盟约投靠晋国。四年（前 633 年），楚成王讨伐宋国，宋国向晋国告急。五年（前 632 年）晋文公救援宋国，楚国退兵。九年（前 628 年），晋文公去世。十一年（前 625 年），楚太子商臣杀死自己的父亲成王即位。十六年（前 620 年），秦穆公去世。

十七年（前 619 年），成公去世。成公的弟弟御杀死太子和大司马公孙固，自立为国君。宋人却杀死国君御，拥立成公的小儿子杵臼即位，是为昭公。昭公四年(前616年),宋国在长丘打败了长翟缘斯。七年(前613年),楚庄王即位。

昭公昏庸无道,百姓不归附他,但昭公的弟弟鲍革却礼贤下士,十分贤能。当初,襄公夫人欲与公子鲍私通未能如愿,但她对鲍的情感一直未了,这时她就帮助鲍革抚恤国人,树立威信,并通过大夫华元的关系推荐公子鲍革作了右师。九年(前611年),昭公出猎时,夫人王姬让卫伯杀死了昭公杵臼,然后让鲍革即位,他就是文公。

文公元年(前610年),晋国以宋杀死国君为名,率领诸侯讨伐宋国,但听说文公已被立为国君就退兵了。二年(前609年),昭公的儿子依靠文公的同母弟弟须的支持,联合武公、缪公、戴公、庄公、桓公的后代作乱,文公果断平叛,赶走了武公、缪公的后代,其余人悉数被杀。

四年(前607年)春天,楚国指使郑国攻打宋国。宋国派华元率兵迎战,郑国打败了宋国,囚禁了华元。华元失败的原因是因为他战前杀羊犒劳士兵,他的车夫因没有喝到羊汤而怨恨,战斗开始后,车夫便驾着华元的战车跑到了郑军之中,使华元被俘,宋军

失败。此后，宋国用百乘战车、四百匹骏马来赎华元。但这些东西还未送到楚国，华元却自己逃了回来。

十四年（前 597 年），楚庄王围攻郑国，郑伯投降了楚国，楚军解围而去。十六年（前 595 年），楚国使者路过宋国，宋国因与楚国有前仇，就抓捕了楚国使者。九月，楚庄王包围宋都。十七年（前 594 年），楚国包围宋都已达五个月之久，城内无粮可吃，情势危急。

一天夜里，宋将华元暗中约见了楚国将领子反。子反把这件事告诉了庄王。庄王问："城中的情况怎么样啊？"子反说："城中烧人骨做饭，交换儿子相食。"庄王说："这话不假啊！我们也只剩两天的口粮了。"楚国于是就出于道义退兵了。但君子们却讥笑华元没有尽到为臣的职责。二十二年（前 589 年），文公去世，儿子共公瑕立为国君。宋国开始了厚葬之风。

共公十年（前 579 年），华元与楚将子重友善，与晋将栾书和睦，两次会盟于晋、楚。十三年（前 576 年），共公去世。华元做了右师，鱼石做了左师。但司马唐山却攻杀了太子肥，还想杀死华元。华元急忙向晋国逃奔而去，鱼石劝阻华元，华元到了黄河岸边又折了回来。他们返回后杀死了唐山，立共公的小儿子成即位，是为平公。

平公三年（前 573 年），楚共王攻下宋国的彭城，把彭城封给了宋国左师鱼石。四年（前 572 年）诸侯共同谋划杀死鱼石，彭城归回宋国。三十五年（前 541 年），楚公子围杀死自己的国君即位，是为楚灵王。四十四年（前 532

年),平公去世,儿子元公佐即位。

元公三年(前529年),楚公子弃疾弑灵王即位,是为楚平王。十年(前522年),元公用欺骗手段诱杀了诸公子,大夫华氏、向氏作乱。楚平王太子建逃奔到宋国后,看到宋国发生了内乱,便离开宋国逃到了郑国。十五年(前517年),鲁昭公居住在外以躲避季氏,元公便替他求情,想让他回鲁国,途中元公去世,儿子景公头曼(wàn)即位。

景公二十五年(前492年),孔子路过宋国,宋国司马桓魋(tuī)十分讨厌孔子,想杀死他,孔子于是换上了平民衣服逃出了宋国。三十年(前487年),曹国背叛宋国,宋国前去讨伐,将曹国占领。三十六年(前481年),齐国田常杀死国君简公。

三十七年(前 480 年),火星侵占了心宿星区。心宿区是宋国的对应天区,景公十分担忧。司星子韦说:"您可以把灾祸移到相国身上。"景公说:"不行,相国是我的手足。"子韦又说:"那就把灾祸移到百姓身上吧。"景公说:"也不行,国君靠的是百姓。"子韦又说:"那就只好移到年景上了。"景公说:"岁饥民困,我还为谁做国君!"子韦说:"天虽然高,但却能听见下界细微的声音,有您这三句为君之言,火星也应该移动了。"于是再去观测火星,火星果然移动了三度。

六十四年(前 453 年),景公去世。宋公子特杀死太子即位,是为昭公。昭公的父亲是公孙纠,纠的父亲是公子褍(duān)秦,褍秦就是元公的小儿子。景公杀死昭公的父亲公孙纠,所以昭公怨恨,便杀死太子自己即位。

昭公四十七年(前 404 年)去世,儿子购由被立为国君。是为悼公,悼公八年(前 396 年)去世,儿子休公田即位。休公田二十三年(前 373 年)去世,儿子辟公辟兵即位。辟公三年(前 370 年)去世,儿子剔成即位。剔成四十一年(前 329 年),剔成的弟弟偃袭击剔成,剔成逃到齐国,偃自立为宋国国君。

君偃十一年（前318年），偃自立为王。他向东打败齐国，攻下五座城池；向南打败楚国，攻占三百里土地；向西也打败了魏国，然后与齐魏为敌。

君偃好酒贪色，不听劝谏，诛杀忠良。他把装血的牛皮袋悬挂在空中，然后用箭射它，称之为"射天"。诸侯称他为"桀宋。"说他步纣王之后尘，不可不杀。

王偃即位四十七年（前282年），各诸侯一致要求齐国伐宋，齐湣王于是联合魏国、楚国讨伐宋国。宋国战败，王偃被杀，齐、魏、楚三国三分宋地，宋国彻底灭亡。

太史公说："孔子说：'微子走了，箕子做了家奴，比干进谏而死，殷朝有三位仁人啊。'《春秋》讥讽宋宣公废掉太子让弟弟即位，致使国家动乱达十代之久。襄行大行仁义，想做盟主，大夫正考父就赞扬

他,他探究契、汤、高宗时殷朝兴盛的原因,写了《商颂》。宋襄公在泓水战败,有人还认为他值得称赞。他们斥责当时中原诸地区少礼义,其实就是对宋襄公礼让精神的表彰。"

晋世家第九
人物像

重耳

狐偃

周公

召公

晋惠公

郤克

晋灵公

赵盾

晋世家第九

晋唐叔虞是周武王的儿子，周成王的弟弟。唐叔虞的母亲怀孕时，梦见上天对周武王说："我让你生个儿子，他的名字叫虞，我把唐地赐给他了。"婴儿出生了，果然是一个男孩，而且手心上真的还有一个"虞"字。于是，他们就给儿子取名叫虞。

成王继位后，唐地发生了内乱，周公就灭了唐。那时成王还年幼，他和弟弟叔虞玩游戏，把一片桐树叶削成了分封诸侯时所用的圭瑞之状，然后送给叔虞说："我用这个分封你。"史佚马上请求择日封叔虞为诸侯。成王说："我和他开玩笑呢！"史佚说："天子无戏言。只要说了，史官就要记载，并要举行分封礼仪，鼓奏乐歌。"这样，叔虞便成了唐地的诸侯。唐在黄河、汾河的东边，方圆一百里。虞因此叫唐叔虞，姬姓，字子于。

唐叔的儿子叫燮，燮就是晋侯。此后经历了武侯、成侯、厉侯到靖侯，靖侯以后就有了确切的年代记载。靖侯十七年（前842年），周厉王残暴狂虐,国人动乱,厉王逃到彘,周公、召公主持政务,叫做"共和"。

十八年(前841年),靖侯去世,儿子釐侯司徒继位。釐侯十四年(前827年),周宣王即位。十八年(前823年),釐侯去世,儿子献侯籍即位。献侯于十一年(前812年)去世,儿子穆侯费王即位。

穆侯即位的第四年(前808年),他娶了齐女姜氏作夫人。七年(前805年),穆侯讨伐了条地。夫人生下太子仇。十年(前802年),穆侯讨伐千亩取得了胜利,这时穆侯又得了个小儿子,于是就给儿子取名叫成师。晋人师服说:"奇怪了,君王怎么能够给孩子取这样的名字!太子叫仇,仇是仇恨的意思,小儿子叫成师,成师是这次打仗取得成功的标志。名字是自己取的,事物的内在灵性却是天定的。嫡长子与庶子的名字意思相克,以后晋还能不乱吗?"

二十七年(前785年),穆侯去世,弟弟殇叔自立为君王,太子仇被迫逃亡。殇叔三年(前782年),周宣王去世。四年(前781年),太子仇率领自己的党羽袭击了殇叔,自立为国君,是为文侯。文侯十年(前771年),周幽王昏庸无道被犬戎所杀,周王室被迫东迁。秦襄公这时被列为诸侯。三十五年(前746年),文侯仇去世,儿子昭侯伯即位。

昭侯于其元年(前745年)把曲沃封给了文侯的弟弟成师,曲沃城比晋君的都城翼城还大。成师这时被称作桓叔。靖侯的庶孙栾宾辅佐桓叔,桓叔当时已经58岁了,他很有德行,晋国的百姓都归附于他。有远见的人就说:"晋国的动乱就要在曲沃发生了。末大于本,且深得人心,没有不发生动乱的道理!"

七年(前739年),晋国大臣潘父杀死了国君昭侯后,就去请求曲沃的桓叔主政。桓叔想去晋都,但晋人发兵攻打桓叔,桓叔失败,又回到了曲沃。晋人共同立昭侯的儿子平为国君,他就是孝侯。孝侯杀了潘父。

孝侯八年(前732年),曲沃桓叔去世,儿子鳝接替了桓叔的爵位,他就是曲沃庄伯。孝侯十五年(前725年),曲沃庄伯在翼城杀死了国君晋孝侯,晋人攻打曲沃庄伯,庄伯才回到了曲沃。晋人又立孝侯的儿子郄(xì)为国君,他就是鄂侯。鄂侯二年(前722年),鲁隐公即位。

鄂侯于其六年(前718)去世。曲沃庄伯听说晋鄂侯去世,便兴兵讨伐晋。周平王派虢(guó)公率领军队讨伐曲沃庄伯,庄伯逃回曲沃防守。晋人共同立鄂侯的儿子光为国君,他就是哀侯。

哀侯二年(前716年),曲沃庄伯去世,儿子称接替了庄伯的爵位,他就是曲沃武公。哀侯六年(前712年),鲁国人杀死自己的国君隐公。哀侯八年(前710年),晋国侵伐陉(xíng)廷。陉廷人和曲沃武公联合发兵,于九年(前

709 年)到达汾河畔讨伐晋国,俘虏了哀侯。晋人只好立哀侯的儿子小子为国君,这就是小子侯。

　　小子元年(前 709 年),曲沃武公指使韩万杀死了被俘的晋哀侯。曲沃的力量不断壮大,晋国对此束手无策。晋小子四年(前 706 年),曲沃武公诱杀了晋小子。周桓王派虢仲讨伐曲沃武公,武公逃回曲沃,晋哀侯的弟弟缗(mín)被立为晋侯。

　　晋侯缗十九年(前 688 年),齐人管至父杀死了自己的国君齐襄公。晋侯二十八年(前 679 年),齐桓公开始称霸。这一年曲沃武公发动了对晋侯缗的战争,灭掉了晋。他把晋国的全部宝器贿赂了周釐王,釐王于是任命曲沃武公为晋国君,并列其为诸侯。

　　从曲沃武公在曲沃即位算起,三十七年后他才改号叫晋武公,改号后的次年才开始把都城向原晋国都城搬迁。从他的祖父桓叔最初封于曲沃到武公灭亡晋国,总共六十七年时间。武公代替晋君两年去世,加上他在曲沃做武公的年份,他总共在位三十九年。此后,他的儿子献公诡诸即位。

　　献公元年(前 676 年),周惠王的弟弟颓攻击惠王,惠王逃跑后住在了郑国的栎邑。五年(前 672 年),晋献公讨伐骊戎,得到了骊姬及骊姬的妹妹,献公对她们俩都十分宠爱。

　　八年(前 670 年),晋大夫士蒍(wěi)劝献公说:"晋国有很多公子,如果不杀死他们,他们随时都会动乱。"于是献公就谋划杀死诸公子,公子们纷纷逃往虢。同年,晋献公修筑聚城,把聚城改名叫绛,并定都绛。九年(前 669 年),逃往虢国的晋国公子们与虢国讨伐晋国,但未能取胜。十年(前 668 年),晋献公想讨伐虢,士蒍说:"不要急,他们内部会发生分裂的,到那时再讨伐不迟。"

　　十二年(前 666 年),骊姬生下奚齐,献公就打算废掉太子。于是,他

转弯抹角地说："曲沃是宗庙所在地,而周围的蒲靠近秦国,屈靠近翟国,我放心不下啊。"这样,太子申生去了曲沃驻守,公子重耳到蒲地驻守,公子夷吾到屈地驻守。只有献公与骊姬的儿子奚齐留守在都城绛。晋国人因此都说太子将不能即位了。

太子申生的母亲是齐桓公的女儿,名叫齐姜,她去世得早。申生的同母妹妹做了秦穆公的夫人。重耳的母亲是翟国狐氏人。夷吾的母亲是重耳母亲的妹妹。献公共有八个儿子,其中太子申生、重耳、夷吾都很有贤能,但有了骊姬后,献公就疏远了这三个儿子。

十六年(前662年),晋献公兵分两路,相继讨伐灭亡了霍、魏、耿三国。当时,献公统帅上军,太子申生统帅下军,赵夙和毕万都参加了战斗。战争结束后,献公给太子申生在曲沃筑城,给赵夙赐予了耿地,给毕万赐予了魏地,让他们都成为大夫。士蔿说:"太子不能成为国君了。分给都城,其爵位是卿,归宿都安排好了,他还能即位吗?太子不如逃走,免得大祸临头,不如仿效吴太伯,还能落个好名声。"但太子没有听从。

卜官郭偃说:"毕万的后代一定会有大发展。万,是个盈满之数;封地在魏,魏字又是高大的象征。把魏赏赐给毕万,是天意的灵动。天子领有兆民,诸侯领有万民,天给它大名,又随从满数,这是大吉大利啊。"从前,毕万也占卜过自己的官运,得到"屯(zhūn)卦"演成"比卦"。当时辛廖说:"屯预示坚固,比预示深入,毕万的后代一定会兴盛的。"

十七年(前661年),晋侯让太子申生讨伐东山,里克进谏献公说:"太子是管理宗庙事务、社稷祭品、检查国君膳食的人,他是不能随便离开国都的,所以叫冢子。国君要出行,太子就应留守,若有人代为留守,太子才能随从国君出行。太子随从时叫抚军,留守时叫监国,这是早已规定好的制度。作为军队的统帅,他不但要专心谋划战事,而且要听命于战事的宏观部署,但发布宏观号令的人是国君和正卿,这样,太子如果做了统帅就没有了威严；如果领兵在外，君命有所不受，又会让人觉得不孝。所以太子是不可以做军队统帅的，国君这样安排是错命官职。"

献公说："我有好几个儿子，不知道立谁为太子合适。"里克没有回答就退了出来。太子问里克："我会被废掉吗？"里克说："太子努力吧，让您统帅军队，是担心不能取胜，为什么废掉您呢？您最怕的东西应该是不孝，不应怕不能即位。你应注意修养，不去责怪别人，就可以免除灾难。"献公让太子穿上了后背用两块不同颜色布料做成的艳丽衣服，佩戴上金玦，然后出征讨伐东山去了。里克推说有病，没有跟从太子。

十九年（前659年），献公说："我们的先君庄伯、武公曾经去平息晋国动乱，但虢国却帮助晋国讨伐我们，虢国又藏匿了晋国逃跑的公子，这些公子时刻都有可能作乱，如果不去讨伐，将给子孙留下后患。"于是，献公就让荀息以屈地生产的战车为礼品向虞借路。虞同意后，晋就去讨伐虢，攻下了虢之下阳后回国了。

献公私下对骊姬说："我想废掉太子，让奚齐代替他。"骊姬听后哭着说："太子早已立好，这事诸侯们都知道，而且太子多次统帅军队出征，百姓都归附他，您不能因为我就废掉嫡长子而立庶子，你要这样做，我就自杀。"其实，骊姬这是在做假戏，她早已暗中却让人中伤太子，想立自己的儿子为太子了。

二十一年（前657年）的一天，骊姬对太子说："君王梦见齐姜了，您应立即去曲沃祭祀母亲，回来后不要忘记把胙肉献给君王。"于是太子就按骊姬说的去办。太子回来后，献公打猎外出了，太子就把胙肉放在了宫中。骊姬乘机派人在胙肉中放了毒药。

两天后献公打猎回宫，厨师把胙肉献给献公，献公正要享用，骊姬却阻止说："胙肉来自远方，先不要随便吃它。"于是，厨师把一块胙肉扔在

地上让狗先吃,不料地面立即被腐蚀了一大片,狗吃了肉后立即就死了。厨师又把胙肉给宦官吃,宦官也被毒死了。

这时,骊姬伤心地哭着说:"太子怎么能这么残忍啊!为了接替王位竟敢对自己的父亲下毒手,更何况对其他人呢?君王年事已高,太子即位只是旦夕之间的事,他怎么会这样迫不及待啊!"

骊姬接着对献公说:"太子之所以这样做,不过是因为我和奚齐的缘故。我们母子俩不如躲到其他国家,或者早早自杀算了,否则早晚都会被太子所杀的。当初您想废掉太子我还反对呢,到今天我才知道我错了。"太子听说这事后就逃到了新城。献公非常生气,杀死了太子的老师杜原款。

有人对太子说:"胙肉里的毒药就是骊姬放的,太子为什么不和献公说清楚呢?"太子说:"我父亲年事已高,没有骊姬就会睡不稳、吃不香,如果我把这件事跟父亲说清楚了,父亲将生骊姬的气,所以我不想去说。"有人又对太子说:"那你赶快逃到别的国家去吧。"太子说:"带着这个罪名逃跑,谁还敢接纳我?我倒不如自杀算了。"十二月戊申日,申生在新城自杀身亡。

重耳、夷吾来朝见献公,有人对骊姬说:"两位公子对你诬陷杀死太子很怨恨。"骊姬十分害怕,就又向献公说:"申生放毒药的事,两位公子事先都知道。"重耳、夷吾听到这话后也很害怕,于是就各自回到封地,护卫着自己的城邑。

当初献公让士蒍给两位公子修筑蒲、屈城墙，因为工程进展缓慢，夷吾找了献公，献公对士蒍很生气。士蒍谢罪说："边城没有什么寇贼，何必要修城墙呢？"士蒍退下后作歌道："狐皮袄的毛太散乱，一个国家三个主，听取谁的才合适！"士蒍终于修好了城墙。申生死后，两位公子危机，修好的城墙终于有了用处。

二十二年（前656年），献公对两位公子不辞而别十分不满，认为他们参与了放毒之事，于是就派军队讨伐蒲。蒲地有个叫履鞮（dī）的宦者威胁重耳，要重耳赶快自杀，重耳翻过城墙逃走了。履鞮追赶，割下了重耳的衣袖。重耳终于逃到了翟国。献公又派人讨伐屈，屈城人坚守抵抗，城池未失。

这年，晋国又向虞国借路讨伐虢。虞国大夫宫之奇劝虞君说："虞国借路给晋，晋国就会灭亡虞国的。"虞君说："晋国与我同姓，它不会攻打我们的。"宫之奇说："太伯、虞仲都是太王的儿子，太伯不听从父命，所以没有继承王位。虢仲、虢叔都是王季的儿子，是文王的卿士，他们功在王室，史迹昭昭，这样的国家晋国都要灭掉，又怎么会独独爱惜虞国呢？虞国和晋国的关系能胜过桓叔、庄伯家族和晋国的关系吗？桓叔、庄伯家族有何罪过，献公竟然要将他们全部杀掉，这难道不是因为亲近惹的祸？虞国与虢国关系就如同唇与齿的关系，唇齿相依，唇亡齿寒啊。"

虞君不听宫之奇的劝告，答应了给晋国借路。宫之奇就带着其家族离开了虞国。这年冬天，晋国灭亡了虢国，虢公丑逃到了周都。晋军返回时又顺手亡了虞国，俘虏了虞公及大夫井伯百里奚。此后，献公女儿出嫁秦穆公，百里奚就成了出嫁时的陪嫁奴仆。虞国被灭亡了，但献公还派人继续着虞国的祭祀。荀息把献公过去送给虞君的屈地名马又献给了献公，献公笑着说："马还是我的马，就是老了几岁啊！"

二十三年（前655年），献公派贾华等人攻打屈城，屈城溃败。夷吾打算逃奔到翟，冀芮说："重耳已经在那里了，你如果也到那里，晋国肯定就会调军攻打，翟国肯定害怕晋国，这样灾祸就要危及你了。你不如逃到梁国，梁国靠近秦国，秦国强大，可保安全。等国君去世后，你就可以请求秦国送你回国了。"于是，夷吾跑到了梁国。

二十五年（前653年），晋国攻打翟国，翟国因为重耳的原因，也攻打晋国，结果晋国退了兵。晋国这时强大起来了，国土也很辽阔，西边占有河西之地与秦国接壤，北到翟国，东到河内。骊姬的妹妹这时生下了悼子。

二十六年（前652年）夏天，齐桓公在葵丘会盟诸侯。晋献公因病去的晚，路上遇见了周朝的宰孔。宰孔说："齐桓公越来越骄横，不务德业而好侵略，诸侯们不平啊，您还是不去的好，他不能把晋国怎么样的。"于是，献公就借病返回了。

不久，献公病重，他对荀息说："我想让奚齐继承王位，恐怕大臣们不服会闹出乱子，你能帮助他吗？"荀息说："能。"献公说："你拿什么验证您说的话？"荀息说："死者如果复生，生者不感觉到脸红，这就是我对您的验证。"于是，献公把奚齐托付给荀息，荀息做了国相。

九月，献公去世，里克、邳（pī）郑想接回重耳，因而他们利用三位公子的党羽来作乱。他们对荀息说："三个怨人就要来了，秦和晋人都会帮助他们，

你打算怎么办？"荀息说："我不能违背对先君的承诺。"

十月，里克在献公灵前杀死奚齐。当时，献公还未下葬，荀息打算一死了之。有人建议他立奚齐的弟弟悼子。荀息就立了悼子，安葬了献公。

十一月，里克又在朝堂上杀死了悼子。对此，荀息没有违背自己的诺言，他毫不犹豫地自杀了。当初，献公讨伐骊戎，龟辞说："口舌是非为祸。"后来献公打败了骊戎，得到了骊姬，献公十分宠爱她，晋国因此被搞乱了。

里克等人杀死了奚齐、悼子，派人到翟国迎接公子重耳，打算让重耳继位。重耳辞谢道："我违背父亲的意愿逃出晋国，父亲逝世后我又不能按儿子的礼仪服丧，我不敢回国即位，请大夫改立别人吧。"派去的人回来后向里克做了汇报，里克只好再派人到梁国去迎接夷吾。

夷吾想回晋，吕省、郤（xì）芮说："国内还有公子可以即位却到国外找您，这难以让人相信。如果要回晋国，就必须先去秦国，可以借秦国之威回晋国，这样就不会有危险了。"于是，夷吾让郤芮用厚礼贿赂秦国，并给秦国承诺，如果秦国能帮助他回晋国，他愿把晋国河西之地割让给秦国。夷吾又给里克写了一封信说："假使我能即位，愿把汾阳之城封给您。"

秦缪公派军队护送夷吾回晋，齐桓公听说晋国内乱，也率领诸侯去晋国。双方军队不期而遇，齐国就让隰（xí）朋会同秦国一起把夷吾送回了晋国。夷吾被立为晋君，是为惠公。齐桓公到了晋国的高梁就返回齐国了。

晋惠公元年（前650年），惠公派邳郑给秦君说："我把河西之地许给您，才有幸回国立为国君。但大臣们都说土地是先君留下来的，在外之臣怎么能擅自把土地许给秦国？我争辩不过，只好向您道歉了。"至于给里克许诺的汾阳之城，夷吾压根就没有想兑现，反而夺了里克的大权。四月，周襄王派周公忌父与齐、秦大夫一块到晋国，对晋惠公表示了恭贺礼仪。

因为重耳还逃亡在外，晋惠公怕里克和重耳内应外合做乱，便赐里克死罪。晋惠公对里克说："没有你我不能即位，但您也杀死了两位国君和一位大夫，这样看来，做你的国君也太难了。"里克反问道："不废掉前国君你怎么能即位呢？想杀死我，难道还找不到借口吗？你竟然能说出这样的话！我遵命就是了。"说完，里克就用剑自刎而死。邳郑因为到秦国道歉去了，因而才免去此难。晋君重新按礼仪改葬太子申生。

邳郑在秦国听说里克被杀，就对秦缪公说："吕省、郤称、冀芮他们不想给秦国兑现河西之地，如果能够对他们进行贿赂，让他们赶走晋君，送重耳回晋，河西之地就能归秦。"秦缪公答应了他，派人和邳郑一起回到晋国，用厚礼贿赂了三人。三人说："真是财多话甜啊，一定是邳郑出卖了我们。"于是三人杀死了邳郑及邳郑、里克的党羽七舆大夫。邳郑的儿子豹逃到秦国，要求秦攻打晋国，秦缪公没有答应。

惠公违背了给秦土地及封里克的约定，又杀死了七舆大夫，晋国人对他很有看法。二年（前649年），周派召公履行礼仪到晋国，晋惠公显得很傲慢，召公对此报之一笑。

四年（前 647 年），晋国发生饥荒，向秦乞求购买粮食。秦缪公征求百里奚的意见，百里奚说："天灾之事各国都可能发生，救灾助邻是国家的道义，应该帮助晋国。"邳郑的儿子豹却坚决要求趁此机会攻打晋国。缪公说："晋君确实有罪，但晋国百姓没有罪啊！"于是，秦国的粮食就源源不断运到绛。

五年（前 646 年），秦国发生了饥荒，请求买晋国的粮食，晋君为此征求大臣们的意见，庆郑说："君王凭借秦国才得以即位，即位后却违背了割让河西之地的约定背秦，晋国发生饥荒，秦国不计前嫌，又给了我们粮食，现在秦国有了饥荒，我们帮助人家是理所当然的事，这还需要商量？"虢射说："去年上天把晋国赐给秦国，秦国竟不知夺取，今天，上天把秦国赐给了晋国，晋难道也要违背天意吗？应该攻打秦国。"惠公采纳了虢射的意见准备攻打秦国。

晋国的行为激怒了秦国，六年（前 645 年）春，秦国先发制人，缪公亲自率军攻进了晋国。晋惠公对庆郑说："秦军深入到我国境内，该怎么办呢？"庆郑说："秦国护送您回国，您却违背约定不给秦地；晋国闹了饥荒，秦国运来粮食帮助您；秦国有了饥荒，晋国不仅不给予援助，反而要借机攻打人家，现在秦军攻入国境不是很正常的事吗？"出战前，晋惠公占卜为自己选拔车架护卫，卦象显示用庆郑吉祥，惠公却说："庆郑太冒失，不能用。"于是就让步阳驾车，让家仆做护卫向秦进军。

九月壬戌日,秦缪公、晋惠公在韩原交战。惠公的马陷进了泥坑难以行动,秦军蜂拥赶来,惠公十分窘迫,他叫庆郑驱车救他,庆郑却说:"不照卜辞行事,当然要失败!"说完,转身就走。这时,梁繇(yáo)靡驾车,虢射担任护卫正在迎击秦缪公,缪公的手下将士奋不顾身,打退了晋军,秦缪公才得以逃脱。秦军俘获了晋君,把他带回了秦国,准备把他杀死祭祀天帝。

晋君的姐姐是缪公的夫人,她听到弟弟被俘的消息后十分悲伤,于是就身穿丧服哭泣着来找缪公。缪公说:"俘获了晋侯应该高兴啊,你为什么要这样呀?箕子当初看到唐叔被封时说过:'唐叔的后代一定能够发展壮大,晋国不会被轻易灭掉的。'你放心吧。"此后,秦缪公和晋侯在王城结盟,允许他返回晋国。

晋侯让吕省等人给晋国人说:"我即使能回来也无脸再祀奉社稷,选个吉日让子圉(yǔ)即位吧!"晋人听到这话时都伤心地哭了。秦缪公问吕省:"现在晋国内部的意见和谐吗?"吕省回答说:"不和谐,老

百姓以失去国君为耻,以失去亲人为痛,不怕子圉即位后增加税赋向秦国复仇。他们都说宁可侍奉戎、狄,也要报仇雪恨。臣子们都爱戴自己的国君,也知道自己的罪孽,正等待秦国送回国君的命令,他们说:'一定要报答秦国的恩惠。'所以不和谐。"于是秦缪公更换了晋惠公的住处,馈

赠了晋惠公七牢祭品。十一月，秦送回了晋公。

晋侯返回晋国后，杀了庆郑，重新整饬政务和教化。晋侯与人谋划说："重耳在外，诸侯大都认为他有用而接待他。"于是就想派人到狄杀死重耳，重耳听到风声后跑到了齐国。

八年（前643年），晋惠公让太子圉到秦做人质。当初，惠公逃到梁国时，梁伯把自己的女儿嫁给了惠公，此后生下一男一女。梁伯为他们占卜后说，男孩是做臣的，女孩是做妾的，所以男孩取名为圉，女孩取名为妾。

梁伯一直以来喜欢大兴土木、修筑城池，百姓苦不堪言，怨气很大。加之梁国是晋国的西河之地，与秦国接壤，边民们精神压力很大。由于过分恐惧，梁国百姓就经常捕风捉影，无风起浪，多次无端地喊道："秦军来了，秦军来了！"来制造混乱，自己吓唬自己。这种社会恐慌心里最终断送了梁国。十年（前641年），秦国轻而易举地灭亡了梁国。

晋惠公有好几个孩子，十三年（前638年），惠公生了病，太子圉当时在秦国说："我母亲家在梁国，梁已被秦国灭亡，我在外被秦轻视，在内又无援助，父亲现在卧床不起，我担心晋国大夫不看重我，改立其他公子为太子。"于是他就与妻子商量想一起逃回晋国。他的秦国女人说："您是一国的太子，但却在此受辱，秦国让我服侍您，为的是稳住您的心。现在您有了大事，我不能拖累你，您

逃跑吧,我不会跟人说的。"十四年(前 637 年)九月,晋惠公去世,太子圉即位,是为怀公。

太子圉逃走,秦国十分生气,就去找重耳,想让重耳回国即位。太子圉即位后担忧秦国来攻打,就下令晋国跟从重耳逃亡在外的人必须按期归晋,逾期未归者尽灭其族。狐突的儿子毛和偃都跟从重耳在秦国,狐突不肯叫他们回来,怀公就囚禁了狐突。狐突说:"我儿子侍奉重耳已经好多年了,您下令叫他回来,这是让他们反对自己的君主啊,我能这样教育他吗?"怀公最终还是杀死了狐突。

秦缪公派军队护送重耳回晋国,让栾枝、郤谷(hú)的党羽在晋国做内应,他们在晋国高粱杀死了怀公,送回了重耳,重耳即位,是为晋文公。

晋文公从小就喜欢结交士人,十七岁时就结交了五个才能出众的贤士,他们分别是赵衰、狐偃咎犯(文公的舅父)、贾佗、先轸、魏武子。父亲献公做太子时重耳已经长大成人了,献公即位那年,重耳已经二十一岁了。献公二十二年,献公让宦者履鞮追杀重耳,重耳翻越驻地蒲的城墙,逃奔到狄(狄是重耳母亲的娘家),当时重耳已经四十三岁了。从那以后,他的五位至交及其他几十名朋友就一直跟随着他。

狄讨伐咎如时俘获两位女子,那位年长的女子嫁给了重耳,生下伯儵(tiáo)、叔刘;年少的女子嫁给赵衰,生下了盾。重耳在狄住了五年后晋献公就去世了。这时秦国把夷吾送回晋国做了晋惠公。惠公七年(前644年),惠公因害怕重耳,就让宦者履鞮带人去谋杀重耳。

重耳知道情况后与赵衰等人商量说:"我当初逃到狄,不是因为狄可以帮助我,而是因为这地方距离晋国较近,容易达到。时间长了自然想到大国去。齐桓公多有善行,有志称霸,体恤诸侯,管仲、隰朋去世了,齐也想寻找贤能的人辅佐,我为何不前往呢?"

这样,重耳又踏上了去齐国的路途。离开狄国时重耳对妻子说:"请您等我,我如果二十五年不回来,你就改嫁吧。"妻子笑着回答:"二十五年后我坟上的柏树都长大了。虽然如此,我还是等着你吧。"重耳在狄居住了十二年后离开了。

重耳经过卫国时,卫文公对他很轻慢,重耳就告别了卫国。经过五鹿时,一行人实在是太饿了,于是就向山村的开荒人讨饭,开荒人把土放在碗中献给了他,他很生气。赵

衰说："土者,拥有土地也。你应该行礼仪接受它啊。"

　　重耳一行终于到了齐国,齐桓公热情招待,并把本家的一个女子嫁给了他,还陪送了他十二乘马,于是重耳就安居了下来。重耳在齐国住了两年后桓公去世了,那时齐国竖刁等人发起内乱,齐孝公即位,诸侯的军队又多次来犯,齐国很不安定。

　　重耳在齐国已经居住五年了,但他迷恋齐国的妻子,始终没有离开齐国的意思。赵衰、咎犯等人在一棵桑树下商量离齐之事,重耳妻子的侍女在这颗桑树上听到了他们的密谈,回家后就告诉了主人。主人竟把侍女杀死,劝重耳赶快走。重耳说:"人生来就是寻求安逸快乐的,何必去管其他事呢,我就死在齐国了,不走了。"

　　妻子说:"你是一国的公子,走投无路才来到这里,你的随从把你当做他们的生命和希望,你不赶快回国报答他们,却在这里儿女情长起来,我为你感到羞耻! 现在你不去追求,什么时候才能成功呢?"重耳齐国的妻子就与赵衰等人商量,用酒灌醉了重耳,把他放在车子上拉走了。

　　走了很长一段路重耳才醒来,他知道事情的真相后大怒,拿起戈就要刺咎犯。咎犯说:"如果杀死我能成就你,那你就刺吧,我没有怨言。"重耳说:"事情要是不成功,我就吃舅父你的肉。"舅父咎犯说:"事情即是不能成功，我的肉腥臊腥臊的也不能吃！"于是重耳平息了怒气，一行人继续前行。

重耳路过曹国，曹共公很无礼，竟要看重耳的骈胁，看重耳有没有帝王之相。曹国大夫釐负羁说："晋公子贤明，与我们又是同姓，穷困中路过我国，您为什么要这样？"共公不听劝告。负羁于是就私下给了重耳食物，并把一块璧玉放在食物下面给重耳。重耳接受了食物，把璧玉还给了负羁，然后离开了曹国。

重耳来到宋国，宋襄公刚刚被楚军在泓水打败负伤，听到重耳贤明，就按国礼接待了重耳。宋国的司马公孙固对咎犯很友善，他说："宋国是小国，又刚刚打了败仗，不足以帮助你们回国，你们还是到大国去得好。"重耳一行人又离开了宋国。

重耳路过郑国，郑文公没有按应有的礼仪接待他。郑大夫叔瞻对文公说："晋公子是贤明之人，他的随从个个都是栋梁之才，晋国又与我们同姓，郑国是厉王之后，晋国和武王直系，我们不能怠慢他。"郑文公说："各诸侯国逃出的公子太多了，我不可能都按礼仪接待他们！"叔瞻说："您若不以礼相待，还不如杀掉他，免得日后成为咱们的祸患。"郑国君没有采纳他的意见。

重耳一行又到了楚国，楚成王用接待诸侯的礼仪接待了重耳，重耳辞谢不敢接受。赵衰说："你在外逃亡十余年了，常常遭到一些小国的轻视，但现在楚这个大国居然厚待你，这是上天让你兴起的征兆啊，你不要辞让。"重耳于是按诸侯的客礼会见了楚成王，但态度显得十分的恭虔。

成王问重耳："您将来怎么报答我呀？"重耳说："珍禽异兽、珠玉绸绢，这些君王都不缺，我一时还真想不出用什么礼物来报答您。"成王说："虽然如此,但到底应该用些什么,您还是没有说出个所以然来呀。"重耳说:"如果真的不得已在平原、湖沼地带与您兵戎相见,我会给您退避三舍的。"

楚国大将子玉生气地说:"君王对晋公子太好了,但他却出言不逊,干脆把他杀了算了。"成王说:"这个贤明的晋公子在外困的时间太久了,随从他的人都是栋梁之才,这是上天在有意历练他啊,怎么可以杀他呢?况且他的话又该如何说呢?"

几个月后,晋国太子圉从秦国逃跑,秦国十分怨恨,这时听说重耳在楚国,就要把重耳邀请到秦国,然后护送他回晋国取代晋太子圉。于是成王对重耳说:"楚国到晋国,中间隔了好几个国家,路途实在是太远了,不然我就可以送您回去了。秦国和晋国交界,秦国国君很贤明,您到他那儿去是可以的!"临走时,成王给了重耳很多礼物。

重耳到了秦国,秦缪公把同宗的五个女子嫁给重耳,原公子圉的妻子也在其中。重耳不想接纳公子圉的妻子,司空季子说:"您马上就要攻打他的国家,还在乎娶他的妻子吗?况且接受此女为的是与秦国结成姻缘亲戚,目的是便于返回晋国,您不能拘泥于小节而忘了逃亡在外的狼狈!"

重耳接纳了晋公子圉的妻子,秦缪公非常高兴,亲自与重耳饮酒,赵衰也高兴地唱起了《黍苗》诗。秦缪公说:"我知道您回国的心情十分急切啊。"赵衰与重耳起座拜谢说:"我们这些漂泊在外的臣子仰仗您,就像正在生长的庄稼祈盼着甘甜的春

雨啊。"

晋惠公十四年(前637年)九月,晋惠公去世,子圉即位。十一月,晋安葬了惠公。十二月,晋国大夫栾枝、郤谷等人暗中来秦国劝重耳、赵衰等人回晋国,当时愿意做内应的人还很多。这样,秦缪公就派军队护送重耳回晋国,晋君听说秦军来了,就立即派出军队迎战。

晋国民众听说公子重耳要回来都暗中高兴,他们都期盼重耳,只有惠公的旧臣吕省、郤芮等人不愿让重耳即位。但重耳最终还是回到了晋国。重耳在外逃亡了十九年,这时已六十二岁了。

文公元年(前636年)春天,秦国护送重耳回国到了黄河岸边。咎犯说:"我跟随您时间很长,过错也不少,这些我都很清楚,更何况您呢?现在您将要成功,我想从此离去。"重耳说:"我到晋国若不与您同心,请河伯作证惩罚我吧!"于是,重耳就把一块璧玉扔进了黄河,与咎犯明誓。

介子推也在随从之列,他坐在船中笑道:"上天支持公子,公子将要成功,咎犯这点看的没错啊。可咎犯却认为这是自己的功劳,并和公子做交易,这实在是太可耻了,我不愿与他同船而行。"说完便独自悄悄走了。

渡过黄河后,秦军包围了令狐,晋军驻扎在庐柳。二月辛丑日,咎犯与秦晋大夫在郇(xún)盟约。壬寅日,重耳进入晋军中。丙午日,重耳到达曲沃。丁未日，重耳到武宫朝拜，即位做了晋国国君，是为晋文公。怀公圉逃到了高梁，戊申日，重耳派人杀死了怀公。

怀公的旧臣吕省、郤芮因为先前不支持文公，这时他们害怕文公怪罪，于是就和自己的党徒商量，想放火烧掉文公的寝宫，暗中烧死文公。文公对他们的阴谋毫无察觉，幸亏很早以前想杀死文公的那个宦者履鞮却倒向了文公，他为了减轻以前犯下的罪行，就来求见文公，想把这个阴谋告诉文公。

文公拒绝见他，并派人谴责他说："当初在蒲城你砍掉了文公的衣袖，后来文公跟着狄君去狩猎，你又替惠公追杀文公，惠公要你三日到达，你竟一天时间就赶到了，你的行动好快啊，你现在该好好想想了！"

宦者履鞮说："我是受过宫刑的人，不敢用二心侍奉国君，背叛主人，所以得罪了文公。文公已经回国了，且做了君王，难道他敢保证再不会有蒲、翟这种事发生？到时谁还敢给他效力？当初管仲也射中过齐桓公的带钩，桓公却不计前嫌，仍任用管仲，并靠着管仲得以称霸。今天我这个罪人想告诉文公一件要事，他却不见，灾祸就要降临到他头上了他还不知道。"

文公于是召见了履鞮，履鞮把吕省、郤芮等人的阴谋一五一十地告诉了文公。文公想召见吕、郤，但吕、郤的党徒众多，文公担心会发生变故，于是作罢。这件事使文公认识到他刚刚回国，根基还不稳固，时刻都有遭人暗算的危险，于是文公就警觉起来了。文公到王城去会见秦缪公，他乔装打扮，秘密出行，国人全然不知。

三月己丑日，吕、郤等人果然造反，他们烧毁了文公居住的宫殿，但却未找到文公本人。文公的卫兵与他们激战，吕、郤等人想率军逃跑。

此后，秦缪公把吕、郤等人诱杀在了黄河岸边，文公在晋国的根基才得以夯实。这年夏天，文公从秦国接回了秦国所赐的几位妻子，他们都成了文公夫人。秦国还送了文公三千人的卫队，以防晋国内乱。

文公修明政务，施惠百姓，赏赐随从他逃亡的旧部和各位功臣，功大的封给城邑，功小的授与爵位。赏赐的事情正在进行，周襄王就因为受到了弟弟带的攻击逃到了郑国，这时就前来告急。晋国刚刚安定，文公想派军队去援助，但又担心国内发生动乱，究竟怎么办？一时还拿不定主意。大家都忙于商议这个事情，赏赐的事就中途放下了。介子推当时隐居了起来，所以先前的赏赐就没有考虑到他。这样，造成的事实是介子推不言禄，禄又不及介子推。

介子推对文公说："献公有九个儿子，如今只剩下您了。惠公、怀公众叛亲离，百姓唾弃，您颠簸流离在外多年，受尽磨难，才使晋国的祭祀得以延续，这是上天不让晋国灭亡啊，您做国君是天意！可是就有那么两三个人以为这是自己的功劳，这难道不荒唐吗？偷了别人的财物尚且被骂做盗贼，那贪天之功为己有的人又该怎么说呢？如今臣下掩盖自己的罪过，主上赏赐奸佞之人，上下互相欺骗，我真的和他们难以相处啊！"

介子推的母亲问："别人都得到了赏赐，你为什么不去请求赏赐呢？你不能这样总生闷气啊，即使气死了又能怨谁呢？"介子推说："如果我也去效法他们的做法，那罪过就更大了。况且我已经说出了我的怨言了，既然说出了怨言，就不能再和他们沆瀣一气了，我不会再去祈求俸禄的。"

母亲说："再让文公知道一下你的情况如何？"介子推回答说："言语是人的外表装饰，是人的内心反映，现在身体都想隐藏起来，何必再使用语言装饰呢？有了装饰就是为了表现自己啊。"介子推的母亲说："如果你真的像你所说的那样去做,那我就和你一起隐藏起来吧。"这样,母子俩至死再也没有露过面。

介子推的随从们怜悯介子推,他们在宫门口挂上一块牌子,上面写道:"龙想上天,需五条蛇辅佐。龙已深入云霄,四条蛇各自进了自己的天宇,只有一条蛇在独自悲怨,最终还是没有找到自己的去处。"文公出宫时看见了这个牌子后说:"这说的是介子推啊,我整天为王室的事操劳,没有来得及考虑他的功劳和赏赐啊。"

文公于是派人去找介子推,但介子推已经走了。文公又派人打听介子推的去处,得到的结果是介子推去了绵上山。于是,文公就把整座绵上山封给了介子推,把这里的田地称之为介推田,把这座山起名叫介山。文公说:"现在只有以这样的方式来记载我的罪过,表彰贤能之人了。"

随从文公逃亡的庸臣壶叔对文公说:"您三次行赏都没有轮到我,请问我有什么过错吗?"文公说:"教我以仁义,时刻提醒我以德修身,为我筹划大计,这样的人应受到上等赏赐;身体力行,具体谋划,终于使我获得成功的人应受到次等赏赐;受命于阵前,不顾个人安危,立下了汗马功劳的人应受到再次等赏赐;只是用体力侍奉我,而没有弥补我的过错,这也应受到再次等赏赐;这几种赏赐完了就会轮到你了。"晋国人听到文公的话后都高兴起来了。

二年(前635年)春天,秦国军队驻扎在黄河边准备护送周王回朝。赵衰对文公说:"要想成为霸主,就要护送周王、尊敬周王,尊敬周王是称霸的本钱。周、晋同姓,我们本应一马当先,如果我们落在秦国后边,就无法在天下发号施令。"三月甲辰日,晋国就派兵到了阳樊,包围了温,护送周襄王到了周都。四月,晋军杀死了襄王的弟弟带。周襄王把河内、阳樊地赐给了晋国。

四年(前 633 年),楚成王和诸侯包围了宋国,宋国公孙固到晋国请求援助。先轸说:"报恩称霸,就在今天了。"狐偃说:"楚国刚刚占有曹国,而且初次与卫国通婚,假如攻打曹国、卫国,楚国一定会救援,这样,宋国之围就能解脱。"

晋国统筹三军,赵衰推荐了郤谷统帅中军,郤臻为辅佐;派狐偃统帅上军,狐毛为辅佐,赵衰为卿;栾枝统帅下军,轸协为辅佐。荀林父为文公驾车,魏犨(chōu)做护卫,晋国三军齐发讨伐曹、卫。冬十二月,晋军首先攻下太行山以东,把原地封给了赵衰。

五年(前 632 年)春,晋文公想讨伐曹国,于是就向卫国借路,卫国人不答应。晋军只好迂回从南渡过黄河攻打曹国,然后讨伐了卫国。正月,晋军攻下五鹿。二月,晋侯、齐侯在敛盂会盟。卫侯请求与晋结盟,晋人不答应。卫侯又想与楚国结盟,国人又反对,结果他们赶走了卫侯来讨好晋国。

卫侯住在襄牛,公子买代守卫国,楚国救援卫国未能取胜。晋侯包围了曹国,三月丙午日,晋军进入曹都,晋人列举了曹君的罪状,其中说到曹君不听釐负羁的劝谏,用华丽的乘坐来载乘三百名美女游玩。因此文公下令军队不许进入釐负羁宗族们的家,以报答釐负羁的恩德。

楚军包围宋国,宋又向晋国求援。文公想救援宋国,但楚国曾对文公有恩,文公便不想攻打楚国。可宋国也曾经对晋文公有恩,文公为此举棋不定。先轸说:"抓住曹伯,把曹、卫的土地分给宋国,楚国肯定着急,那时,楚国就一定放弃进攻宋国了。"文公听取了先轸的意见,楚成王真的率军离开了宋国。

楚国大将子玉说:"成王对晋国真是太好了,晋文公知道楚国与曹国、卫国关系密切却故意攻打它们,这是轻视君王啊。"成王说:"晋侯在外逃亡了十九年,受困的日子太久了,他尝尽了人间的艰辛,知道生活的艰难,所以就能很好地安抚百姓。现在上天为他开恩,我们无法阻挡啊。"

子玉固执地说:"我不敢说能建立多大的功业,只求堵塞中伤诽谤者的言论,请君王发兵给我吧。"楚王很不高兴,只给了他少量的军队。于是子玉让宛春告诉晋国:"请求恢复卫侯地位,保存曹国,臣也放弃宋国。"咎犯说:"子玉无礼! 国君得一而臣子得二,这是什么道理,不能答应!"

先轸说:"安定人心才是礼。楚国一句话安定了三个国家,您一句话就了打破了安定,我们才是无礼了呀。如果不答应楚国,其实就是放弃了宋国,不如答应子玉,先让曹、卫、宋三国安定起来吧,然后我们扣留宛春以激怒楚国,再视战事情况作打算。"于是,晋侯就把宛春囚禁在了卫国,私下答应曹国、卫国复国。这样,曹卫两国便与楚国断交了。

楚国将领得臣十分气恼,便率军攻打晋军,晋军立即后退,军官们问道:"为什么退兵?"文公说:"过去我流亡在楚国,楚君以礼相待,我答应人家交战时退避三舍,你们说我能违约吗?"楚军也想撤退,但得臣不同意。

四月戊辰日,宋公、齐将、秦将与晋侯驻扎在城濮。己巳日,他们与楚军交战,楚军失败,得臣带着残兵败将逃走。甲午日,晋军返回衡雍,在践土为周襄王修筑了王宫。郑国曾援助楚国,楚国失败后郑国就害怕了,于是便请求与晋结盟,晋侯答应了。

五月丁未日,晋文公把楚国的俘虏及战利品献给了周王,共计驷架马车百辆、兵卒千名。天子让王子虎把晋侯升格为伯，赏赐给晋侯一辆豪华大车，一副红色弓，百支红色箭，十副黑色弓，千支黑色箭，一卣（yǒu）香酒，还有玉勺和三百名勇士。

周王写了《晋文侯命》："王说：您用道义使诸侯和睦，彰显了文王、武王的功业。文王、武王虔诚谨慎，大明明德，他们的功德在天，他们的恩惠在民，因此上天把帝王的事业赐给文王、武王。祖上体恤于我，我得以继承王业，文王、武王的美德将代代传承，永不熄灭。"于是晋文公称霸。癸亥日，王子虎在王宫与诸侯结盟。

晋军焚烧了楚军的军营，大火多日不熄，文公面对大火不断叹息。大臣们说："战胜了楚国应该高兴啊，君王怎么却在发愁呢？"文公说："我听说打了胜仗心情安定的只有圣人，我不是圣人，因此恐惧。况且子玉还在，我怎么能高兴起来呢？"

子玉大败而归，楚成王怨他不听自己的话，只顾与晋蛮战，于是责备了子玉，子玉自杀身亡。这时，晋文公又说："我在外部攻击楚军，楚在内部诛杀大将，真是内应外和啊。"文公这才露出了满脸的喜色。

六月，晋人让卫侯复国。壬午日，晋侯渡过黄河从北边回国。回国后晋文公论功行赏，狐偃（咎犯）属头功。有人就说："城濮之战是先轸的计谋啊。"文公说："城濮之战时狐偃劝我不要失去信用，先轸说：'打仗以战胜对方为目的。'不错，我是听了先轸的话才取得了胜利。然而这只是有利于一时的胜利，狐偃说的

是千秋万代的功业呀,怎么能使一时的利益超过万代的功业呢?因此,狐偃应得首功。"

冬季,晋侯在温会盟诸侯,他想率诸侯朝见周天子,但又担心号召力不够,害怕诸侯中有人不听他的话。于是就派人告诉周襄王,让周襄王到河阳打猎。壬申日,晋侯才得以率领诸侯到践土朝见了襄王。孔子读史书时看到这一记载说:"诸侯无权指使周王啊。"所以,"周王在河阳打猎"的事,孔子在纂《春秋》时就没有记载。

丁丑日,诸侯包围了许。曹伯的大臣中有人劝告晋侯说:"齐桓公会盟诸侯国的目的是想保存同周王异姓的国家的利益,您会盟诸侯,却要灭亡与周王同姓的国家。曹国是叔振铎的后代,晋国是唐叔的后代,哪有消灭兄弟国家的道理?真是荒唐至极!"晋侯听到这话后不但不怪罪,反而很高兴,于是就恢复了曹伯的爵位。

晋国在这一年始建三行(háng)军制,荀林父统率中行军,先谷统帅右行军,先蔑统帅左行军。这是晋国在上中下三军之外,另外创设的三只步兵建制。

七年(前630年),晋文公、秦缪公联合包围了郑国。他们攻打郑国有两个原因,一是文公当初逃亡路过郑国时,郑国对文公很不礼貌;二是城濮之战中郑国帮助了楚国。其实,晋国包围郑国是想得到叔瞻,叔瞻听说后就自杀了。郑人于是就带着叔瞻的尸体来见晋君。晋君却说:"一定要得到郑君才甘心。"

郑国人听到这话后很害怕,于是就暗中派使者对秦缪公说:"如果灭亡了郑国,晋国的势力就会增强,晋有所收获,而秦国却什么好处都得不到。您不但应该放弃攻打郑国,而且应该与郑国盟好。"秦伯觉得这话有道理,于是就撤走了军队。晋国因失去了盟友,随后也撤了军。

九年（前 628 年）冬季，晋文公逝世，儿子襄公欢即位。当年郑伯也去世了。这一年，郑国有人向秦国出卖自己的国家，秦缪公便不顾路途遥远，派军攻打郑国。十二月，秦国军队路过晋国。第二年初，即襄公元年（前 627 年）春季，秦军路过周都。当时秦军傲慢无礼，王孙满讥讽了秦国，并料定秦军必败。秦军开到滑，郑国商人弦高路遇秦军，谎称郑国已经知道秦军来进攻，派他用十二头牛犒劳秦军，秦军大吃一惊，顺手灭掉滑后返回。

晋国的先轸说："秦伯不听蹇（jiǎn）叔的话，违反民意，可以截击它。"栾枝说："我们不报答秦对先君的恩惠，反过来还要攻打它，这恐怕不行吧。"先轸说："秦国不顾晋君去世，欺侮刚刚立位的新君，又讨伐晋国的同宗国家，还有什么要报答的？"于是襄公穿着黑色丧服，亲率军队攻打远征的秦军。四月，晋在崤山打败了秦军，俘虏了秦国的孟明视、西乞秫、白乙丙等三员大将。

文公的夫人是秦国人，她对襄公说："由于这三元大将辱没了秦国的尊严，秦国就想杀死这三员大将，我们不如把他们送回秦国，让秦国人来处置吧。"襄公于是就送走了三员大将。先轸听说后说："这是在留祸患啊。"于是就去追赶三员大将。三员大将这时已乘船离开了黄河河岸，他们看到先轸便磕头道谢，一去不回了。三年以后，秦国果然派孟明视复仇，他们攻下晋国汪地后撤兵。

四年（前624年），秦国又去攻打晋国，他们渡过黄河，攻下王官，在殽山给当年阵亡的将士修筑了坟墓，举行了隆重的纪念仪式后离去。当时晋国举国惶恐不敢出战。五年（前623年），晋国又攻打秦国，夺回了新城，报了王官战役之仇。六年（前622年），赵衰成子、栾贞子、咎季、子犯、霍伯都去世了。赵盾接替赵衰辅佐晋国政务。

　　晋襄公七年（前621年）八月，襄公去世，当时太子夷皋还很年幼，晋国人因为饱受王位更迭而带来的混乱之苦，就想立年龄大一点的君王。赵盾首先说："应该立襄公的弟弟雍，他年龄较大，温和善良，先君喜爱啊。他又亲近秦国，秦国与我们的关系也一直很好，我认为立善良的人国家就稳固，立年长的人国家就顺利，立先君喜欢的人就是孝顺，与旧日的朋友交好就能安定。"

　　贾季（孤射姑）说："雍不如他弟弟乐。辰嬴被两位国君宠爱，立她的儿子，百姓一定放心。"赵盾说："辰嬴卑贱，地位排在九个嫔妃之后，她的儿子有什么威严！况且他母亲被两位国君宠爱，这是淫乱；乐作为先君的儿子，不能投靠大国而出居小国，这是孤僻。母淫子僻谈何威严！陈国既小又远能给晋国什么援助！这样的人怎么可以立为国君呢？"两人就这样唇枪舌剑，互不相让。

　　赵盾派士公到秦国迎接公子雍，贾季也派人到陈国回召公子乐。赵盾以贾季杀了阳处父为由，就废掉了贾季。十月，晋国埋葬了襄公。十一月，贾季逃到了翟。当年，秦缪公也逝世了。

次年（前 620 年）四月，秦康公（秦穆公之子，晋文公的外甥）说："先前文公回到晋国时没有卫士，所以就有了吕、郤之祸患。"所以公子雍临走时，秦国就给了他很多卫士让他带回晋国。这时，太子夷皋的母亲缪嬴开始发难，她怀抱太子夷皋到朝廷号哭说："先君有什么罪？他的继承人有什么罪？你们丢弃嫡子却到外边找君主，这是安的什么心？你们想把太子往哪放？"然后又抱着太子去找赵盾。

她在赵盾面前磕头说："先君把这个孩子嘱托给您时说'这孩子成了材，就是我受了您的恩惠，不成材，我就怨恨你。'现在先君刚刚去世，您却要废掉他，这是什么道理？"赵盾和大臣们都很忌讳缪嬴的说辞，于是就放弃了迎接雍为晋君的计划，立了太子夷皋，夷皋就是灵公。

这样，赵盾又不得不派军队去阻拦公子雍，他们在令狐打败了秦军，阻挡住了公子雍，但先蔑、随会却逃到了秦国。这年秋季，齐、宋、卫、郑、曹、许等国国君因为晋国新君即位拜会了赵盾，并在扈地与晋国会盟。

四年（前 617 年），晋国攻打秦国，夺取了河西少梁，秦也夺走了晋国的肴。六年（前 615 年），秦康公讨伐晋国，夺取了羁马。晋侯很生气，派赵盾、赵穿、郤缺去攻打秦国，两军在河曲大战，赵穿立了大功。

七年（前 614 年），因逃亡到秦国的随会常常给晋国制造混乱，晋国的六卿们大为恼火，于是就让魏寿余以反晋为名佯装投靠秦国。秦国果

然上当,让随会到了魏国,晋国因而把随会抓住带回了晋国。

八年(前 613 年),周顷王去世,由于周王室财力枯竭,公卿们又争权夺利制造混乱,所以周室就没有给诸侯们发讣告。晋国于是派赵盾率八百辆战车平息了周王室的乱局,拥立了匡王。这一年,楚庄王刚即位。十二年(前 609 年),齐人杀死自己的国君懿公。

十四年(前 607 年),灵公长大成人了,但他非常奢侈和顽劣。为了满足自己的欲望,灵公加重赋税,搜刮民财,用彩画把宫墙装饰得富丽堂皇;他站在高台上用弹弓射人,以观赏人们避开弹丸的滑稽样子取乐;厨师没把熊掌煮烂,灵公就杀死了厨师,然后让宫女们把厨师的尸体抬出去抛弃了。当宫女们簇拥着、旁若无人地把厨师的尸体抬出路过朝堂时,赵盾、随会两人并不知内情,只是对宫女们有失朝规的行为很恼火,于是前去劝告灵公,但灵公根本不听。此后两人又看见了死人的手,于是又前去劝告。

灵公也忌讳他们俩,竟让鉏(chú)麑(ní)刺杀赵盾,赵盾内屋的门敞开着,鉏麑看见赵盾的居室极其简朴,于是便有了怜悯之心,他退出来叹息道:"我杀死忠臣是死罪,违背君命也是死罪。"于是以头撞树而亡。

赵盾曾在首山打猎时看到桑树下有个极其饥饿的人。这个人叫示

(qí)眯明。赵盾给了他一些食物,他只吃了一半。赵盾问他为什么不吃完,示眯明回答说:"我已经出门为奴三年了,不知母亲是否在世,想把剩下的一半留给母亲。"赵盾见他很孝敬,就又给他一些食物。后来示眯明做了晋君的厨师,赵盾对此却一无所知。

九月,晋灵公想借宴请朝臣之机杀死赵盾,于是就准备了很多刀斧手。这件事被示眯明知道了,他恐怕赵盾酒醉起不来身,于是就对赵盾说:"君王赏赐您酒,您只喝三杯就可以走了。"赵盾喝了三杯酒后离去,这时灵公的刀斧手还未集合到位。于是灵公就放出一条叫敖的恶狗去追咬赵盾,不料示眯明却上前杀死了这条恶狗。赵盾说:"用狗不用人,再凶恶也没用!"但赵盾并不知道示眯明是有意保护他。

不一会儿,灵公得刀斧手到齐了,灵公就让他们追杀赵盾,示眯明又出来和这些人搏斗,使他们不能前行,赵盾这才得以脱身。赵盾问示眯明为什么救自己,示眯明说:"我就是桑树下那个饿汉。"赵盾问他的姓名,他笑而不答。示眯明此后就隐遁而去。

赵盾也逃走了,但他没有离开晋国。乙丑日,赵盾的弟弟赵穿在桃园杀死了灵公,迎回了赵盾。赵盾在晋国一向深得民心,人们都很尊重他;而灵公年纪不大又奢侈,百姓根本不买他的账,所以灵公被杀并没有引起什么反响。赵盾又恢复了先前的官职。

晋国的太史董狐在史书上这样写:"赵盾杀死了自己的国君。"并在朝堂上给大家传看。赵盾说:"杀国君的是赵穿,我没罪。"太史说:"你身为正卿,逃跑后又没逃出晋国,回来后也没有处置杀死灵公的人,不是你弑君还能是谁?"后来孔子听到这件事说:"董狐是古代优秀的史官,据法直书,无所隐瞒;宣子(赵盾)是优秀的大夫,为遵守法制甘愿承受坏名声。可惜呀,如果赵盾逃出国境,罪名就可以免除了。"

赵盾让赵穿从周都迎回了襄公的弟弟黑臀,让他即位,他就是成公。成公是文公的小儿子,他的母亲是周王室的女子。壬申日,成公到武宫朝拜了祖宗,接替了君位。成公于元年(前 606 年),赐赵氏为公族大夫;这年晋国因为郑国背叛了晋国,就讨伐了郑国。

三年(前 604 年),郑伯即位不久就归附了晋国,背弃了楚国,楚王一怒之下就去讨伐郑国,晋国前往救援。六年(前 601 年),晋国攻打秦国,俘虏了秦国将军赤。

七年(前 600 年),晋成公与楚庄王争夺霸权,晋君在扈邑会盟诸侯。陈国因畏惧楚国没有赴会,晋国就派中行桓子讨伐陈国,进而与楚国交战救援郑国,晋君打败了楚军。是年,成公去世,儿子景公据即位。

景公元年(前 599 年)春,陈国大夫夏徵舒杀死了自己的国君灵公。二年(前 598 年),楚庄王讨伐陈国,杀死了徵舒。三年(前 597 年),楚庄王围攻郑国,郑国向晋国求救。

晋国派荀林父统帅中军,随会统帅上军,赵朔统帅下军,郤克、栾书、先谷、韩厥、巩朔为辅佐,六月,晋军来到黄河岸边时楚国已降服了郑国,郑伯脱衣请罪,与楚国结盟,楚军班师回国了。

晋国荀林父想撤军,先谷却说:"我们的目的是来救郑国的,没有达到目的就不能撤军;否则,将帅们就会离心离德的。"于是晋军渡过黄河准备与楚国交战。然而,此时楚军势头正旺,也想饮马黄河,为名而战。

这样,晋楚两军便大战起来,郑国刚刚归附楚国,又惧怕楚国,反而帮助楚军进攻晋军。晋军大败,退到了黄河岸边,士兵争相乘船渡河,使渡船不能启动,军吏们于是就执刀乱砍,船中落下了很多被砍掉的手指,

场面一片混乱。这场战争中楚国俘虏了晋军大将智䓨。

晋军返回后，中军统帅林父说："我身为大将，兵败当诛，请诛杀我吧！"晋景公正要答应他，随会却说："过去文公与楚国在城濮作战，楚成王回到楚国后杀死了大将子玉，文公就高兴了起来。今天，楚国打败了我军，我们又杀死自己的将军，这是帮助楚国杀死他们的仇人啊。"晋景公因此赦免林父的死罪。

因为先谷的鼓动才使晋军追击楚军，导致晋军大败，先谷害怕被杀，于四年(前596年)逃到了翟国，与翟国谋划讨伐晋国。晋国发觉后就杀死了先谷的家族。先谷是大将先轸的儿子。

五年(前595年)，晋国因为郑国伙同楚军攻击晋军而讨伐了郑国。六年(前594年)，楚国就讨伐晋国的盟国宋国，宋国向晋国求救。晋国正欲援救，伯宗却说："楚国天运正开，势头正旺，难以阻挡，我们还是避开锋芒为好。"

晋国于是就另作打算，派解扬出使宋国，让他谎称救宋，稳住宋国的阵脚。不料，解扬在途中被郑国抓走，郑国把他交给了楚国。楚国对解扬赐以厚礼，让他给郑军喊反话，以便使宋国赶快败下阵来。解扬假装许诺，但却在阵前把晋君要他说的话喊给了宋军听。楚国想杀死他，有人劝谏，楚国便放回了解扬。

七年（前593年），晋国派随会灭亡了赤狄。八年（前592年），晋国派郤克出使齐国，齐顷公的母亲从楼上看见他后不由得笑了起来。原来，郤克是个驼背，鲁国使者跛足，卫国使者瞎眼，而齐君也派同样的残疾人去引导宾客。齐顷公的母亲原来为此发笑。

郤克很是生气，回到黄河岸边时发誓说："我要报复齐国，河伯来作证吧！"郤克一回到晋国就向晋君请求攻打齐国。晋景公询问了原因后说："你自己的怨气怎么能和国事混为一团呢？"晋君因而没有支持他。但此时魏文子因年迈请求辞职就推荐了郤克，郤克掌管国家的政务。

九年（前591年），楚庄王逝世。晋国讨伐齐国，齐国派太子强到晋国做人质，晋军才停止了进攻。十一年（前589年）春，齐国讨伐鲁国，夺取了隆地。鲁国向卫国告急，卫国和鲁国都通过郤克向晋国求救。晋国就派郤克、栾书、韩厥用八百辆战车和鲁国、卫国共同讨伐齐国。

这年夏天，晋国与齐顷公在鞌地交战，顷公受伤被困，为了求生，他与护右交换了座位，然后又下车去找水喝，这样才得以逃脱。齐军大败，晋国一直把齐军追赶到了齐国国都。齐顷公献上宝器求和，晋国没有答应。郤克说："必须得到萧桐叔的孩子做人质。"齐国使者说："萧桐叔的孩子是顷公的母亲，顷公的母亲就如同晋君的母亲，你们怎么一定要得到她呢？真是欺人太甚！我们不想谈了，请求继续交战。"这样，晋国才同意与齐国讲和。这一年，楚申公巫臣偷娶了夏姬逃到晋国，晋君让巫臣做了邢邑大夫。

十二年（前588）冬，齐顷公到了晋国，想尊晋景公为王，景公辞谢。这年，晋国开始设置六军，韩厥、巩朔、赵穿、荀骓、赵括、赵旃（zhān）都任大臣。智䓨也从楚国返回晋国。十三年（前587年），鲁成公朝拜晋君，晋君很不在乎鲁君，鲁君憋着气离开了晋国，此后就背叛了晋国。这年晋国讨伐了郑国，攻下了汜。十四年（前586年），梁山发生山崩。晋君就此事征询伯宗的看法，伯宗认为这很正常，不值得大惊小怪。

十六年（前584年），楚国大将子反怨恨巫臣偷娶了夏姬，就诛灭了巫臣家族。巫臣十分气恼，给子反写信说："我一定要让你饱受亡国奔命之苦!"此后,巫臣就建议晋国联合吴国夹击楚国,并请求让自己出使吴国,把自己的儿子留在了吴国教吴国士兵乘车打仗。吴、晋两国从此有了交往,并约定讨伐楚国。

十七年(前583年),晋国杀死了赵同、赵括,诛灭了其家族。韩厥说:"我们不能忘记赵衰、赵盾的功劳,断绝赵家的香火啊。"这样,晋君就让赵氏庶子赵武继承了赵氏的祭祀,并封给了他城池。十九年(前581年)夏,景公病重,立太子寿曼做国君,他就是厉公。一个月后,景公去世。厉公即位。

厉公元年(前580年),厉公想与诸侯求和,便与秦桓公隔着黄河订立了盟约。但各自回国后秦国就违背了盟约,和翟国商量攻打晋国。三年(前578年),晋国派吕相谴责秦国,顺势和诸侯讨伐了秦国。晋军一直攻击到了秦国的泾水流域,在麻隧打败了秦军,俘虏了秦国大将成差。五年(前576年),郤锜(qí)、郤雠(chōu)、郤至中伤伯宗,晋君杀了伯宗。伯宗忠诚,喜好直言劝谏,因此召来灾祸,百姓因而不再信任厉公。

六年(前575年)春,郑国背叛了晋国与楚国结盟,晋君十分生气。栾书说:"坚决不能让霸主的地位在我们这代人身上失去!"晋国于是就派军队攻打郑国,厉公亲自率军出征。五月,晋军就渡过了黄河,这时楚军也前来援救郑国。范文子请求厉公撤兵,郤至说:"遇到强敌就躲避,我们以后还怎么号令诸侯?"于是,军队继续前行,与楚兵短兵相接。

癸巳日,晋军射中了楚共王的眼睛,楚军在鄢陵失败。楚国子反收拾残兵,稳住了阵脚,欲再与晋军交战,双方剑拔弩张,气势汹汹。楚共王召见子反,子反的侍者竖阳谷给子反敬酒太多,子反因酒醉不能进见。共王一生气就怪罪了子反,子反自杀,共王于是带兵返回了楚国。晋国从此威振诸侯。

厉公有很多宠姬,为了讨好宠姬,他回国后就想免除所有大臣的职务,让宠姬的兄弟们来任职。有个宠姬的哥哥叫胥童,这胥童与郤至家有世仇,得势后就想加害郤至。大臣栾书也嫉恨郤至,因为攻打楚军时郤至没有采用自己的计谋,使自己失去了战功,他就暗中派人到楚国活

动,想与楚国一道离间郤至和晋君的关系。

楚国于是派人对厉公说:"鄢陵之战实际上是郤至让楚军来作战的,郤至作乱的目的是想迎立公子周(晋国公子,当时居住在周都)为晋国国君,只是因为郑国没有做好准备,不能及时赶来作战,所以郤至的叛乱才没有得逞。"厉公把这话告诉了栾书,栾书说:"可能就是这种情况,您不妨派人到周室秘密查访一下公子周。"厉公果然派郤至去了周都,以便暗中观察。栾书却让公子周会见了郤至。这些情况被厉公派去的人看到了,但郤至却不知道自己已被人出卖。厉公验证了这件事,于是就十分痛恨郤至。

八年(前 573 年),厉公外出打猎时与宠姬饮酒,郤至杀猪给厉公献肉时被宦者夺走,郤至一怒之下就杀死了宦者。厉公十分生气地说:"郤至欺人太甚,我一定要诛灭三郤(郤锜、郤犨和郤至)!"但这时郤锜也想攻击厉公,他说:"我知道我会死,但他也会遭殃!"郤至说:"忠信的人不反对君主;智慧的人不伤害百姓;勇猛的人不挑起乱子。失去了这三个信条,谁还会和我一道共事呢?我死了算了。"

十二月壬午日,厉公让胥童带领八百名士兵攻杀了三郤,然后又把栾书和中行偃抓到了朝堂。他对厉公说:"不杀死这两个人,国君您还会有灾祸的。"厉公说:"一个早上就杀死了三位卿士,我不忍心再多杀人了。"胥童回答说:"可别人忍心杀死您啊。"厉公不听,释放了栾书和中行偃,并说明他只是要惩治郤氏,让这两个人官复原位,让胥童担任大臣。

闰月乙卯日,厉公到匠骊氏家去游玩,栾书、中行偃和他们的党羽抓

捕并囚禁了厉公,杀死了胥童。六天后,又杀死了厉公,他们用一乘车陪葬,将厉公草草掩埋。厉公死去十天后的庚午日,智罃(kuàng)迎公子周归晋,在绛地立公子周为国君,公子周就是悼公。辛巳日,悼公到武宫祭拜,二月乙酉日,悼公即位。

悼公周的祖父捷是晋襄公的儿子,号为桓叔,桓叔最受晋襄公的怜爱,但他却没能够即位。桓叔生下惠伯谈,谈生下悼公周,周即位时才十四岁。悼公说:"祖父、父亲都未能在晋继位而落难到周,最终客死在周。我以为自己和晋国的朝堂已经疏远了,从未奢望过做晋国的国君。今天,大夫们不忘文公、襄公的恩德,拥立了桓叔的后代,这全仰仗祖宗和前大夫们的在天之灵。我继承晋国的祭祀,内心真地感觉到惶恐和敬畏,大夫们要好好地辅佐我啊!"

悼公驱逐了不忠于国君的七个大臣,他弘扬先人的德业,整饬政务,布施恩惠,抚恤了文公回晋时的各位功臣的后代。秋天,晋国讨伐郑国,郑军大败,悼公率军到了陈国。

三年(前570年),晋国会盟了诸侯。这年他在朝堂向大臣们征询可以任用的人才,祁傒推荐了解狐,解狐是祁傒的仇人。悼公又问还有谁能担当重任,祁傒又推荐了自己的儿子祁午。人们都说祁傒忠实正派,不接纳朋党,在外举荐不避仇人,在内举荐不避儿子。

会盟诸侯的事正在进行,悼公的弟弟杨干坐着战车扰乱军阵,魏绛就杀死了他的车夫。悼公听到此事后十分震怒,但有人劝谏悼公,悼公认识到绛是一个贤德之人,反而任用他主持政务,派他去平衡和犬戎的

关系，犬戎这才亲近了晋国。

十一年（前 562 年），悼公说："我任用魏绛以来，能够九次会盟诸侯，与戎翟的关系也得到了和解，这全是魏子的功劳。"于是，悼公赏赐给魏绛乐队，魏绛再三推辞后才谦恭地接受了。

这年冬天，秦国攻取了晋国的栎邑。十四年（前 559 年），晋国派六卿率领诸侯们讨伐秦国，晋军深入秦境，渡过泾河，把秦军打得大败，最后攻击到秦国的棫林才离去。十五年（前 558 年），悼公向师旷询问治国的道理。师旷说："仁义是根本啊。"冬季，悼公逝世，儿子平公彪即位。

平公元年（前 557 年），晋国讨伐齐国，齐灵公与晋军在靡下交战，齐军战败。晏婴对齐灵公说："大王的勇气不够啊，还是停止战争吧。"齐军于是就撤回去了。但晋国穷追不舍，包围了临淄，放火烧光了城郭，屠杀了城内的军民。东到胶水，南到沂水，齐军只能在城内守护，根本不敢出战，晋国于是退兵返回。

六年（前 552 年），鲁襄公朝拜晋君；晋栾书的孙子栾逞犯了罪逃到了齐国。八年（前 550 年），齐庄公派栾逞潜入曲沃，齐国又派大军跟随其后上了太行山。栾逞在曲沃与魏氏合谋反叛，他们袭击了都成绛，绛城毫无防备，城内一片混乱。平公想要自杀，范献子阻止了平公，派自己的家兵去攻击栾逞，栾逞失败逃回了曲沃。曲沃人又围攻栾逞，栾逞被杀。齐庄公听说栾逞失败，就攻取了

晋国的朝歌离去。其实齐国的目的是想报临淄一战之仇。

十年（前 548 年），齐国的崔杼杀了自己的国君庄公，晋国趁齐国混乱之机就派高唐去攻击齐国，他们打败齐军后就能离去了，目的是报太行山一战之仇。十四年（前 544 年），吴国延陵季子出使晋国，他与赵文子、韩宣子、魏献子约谈了很久。此后他说："晋国的政权最终要落到这三家人手中。"

十九年（前 539 年），齐国派晏婴到晋国，晏婴与叔向谈话。叔向说："晋国处于末世了。平公只管向百姓征收重税大兴土木，却不问政事，政客们把政事当做私家事来处理，这难道还能长久吗？"晏子表示同意。

二十二年（前 536 年），晋国讨伐燕国。二十六年（前 532 年），平公去世，儿子昭公夷即位。昭公于六年（前 526 年）去世，这时晋国六卿强大了，公室却弱小了。昭公的儿子顷公去疾即位。顷公六年（前 520 年），周景王去世，周王室各公子们争夺王位，晋国的六卿们平息了周王室的动乱，拥立周敬王即位。

顷公九年（前 517 年），鲁国季氏驱逐了自己的国君昭公，鲁昭公逃到了晋国的乾侯。十一年（前 515 年），卫国、宋国使者请求晋国护送鲁君回国。季平子私下贿赂了晋国六卿之一的范献子，献子接受贿赂后对晋君说："季氏没有罪。"这样，鲁昭公最终没有能够回国。

十二年（前 514 年），祁傒、叔向都是晋国公的族臣，祁傒的孙子与叔向的儿子闹矛盾，他们就在晋君面前互相诋毁。晋国六卿想削弱国君的力量，于是便依法诛灭了他们两家，并把他们的封邑划分成了十个县，让六卿自己的儿子去这些地方做大夫。这样，晋君力量就更加弱小了。

十四年（前 512 年），顷公去世，儿子定公午即位。定公十一年（前 501 年），鲁国名臣阳虎逃到了晋国，赵鞅简子留宿了他。十二年（前 500

年),孔子做了鲁国的宰相。

十五年(前497年),赵鞅与邯郸大夫赵午协商,要将卫国进贡的五百户人迁到晋阳,邯郸午的父兄没有答应,赵鞅便想杀死午。午和中行寅、范吉射(yì)率兵攻打赵鞅,赵鞅从绛城逃回晋阳防守。定公率晋军包围了晋阳。但荀栎、韩不信、魏侈与范吉射、中行寅有仇,就调军队攻打范吉射和中行寅。从此叛乱又演变成了晋国六卿之间的混战。

范吉射、中行寅反叛定公,晋军又转头攻打他们,范吉射、中行寅逃到朝歌据城自保。韩不信、魏侈替赵鞅向晋君道歉,于是晋君赦免了赵鞅,恢复了他的地位。二十二年(前490年),晋国打败了范吉射、中行氏。这两个人于是就逃到了齐国。

三十年(前482年),定公与吴王夫差在黄池会晤,赵鞅当时从行。两人争当盟主,吴王最终胜出。三十一年(前481年),齐国田常杀死了自己的国君简公,立简公的弟弟骜做平公。三十三年(前479年),孔子去世。三十七年(前475年),定公去世,儿子出公凿即位。

出公十七年(前458年),知伯与赵鞅、韩不信、魏侈共同瓜分了范吉射、中行寅的领地,六卿斗争告一段落。出公对此十分生气,于是就请求齐国、鲁国讨伐四卿。四卿反击攻打出公,出公在逃往齐国的路上死去。知伯就立昭公的曾孙骄做了晋君,是为哀公。

哀公的祖父是雍,雍是晋昭公的小儿子,号戴子。戴子生下了忌。忌与知伯关系密切,但他过早地去世了。正因为如此,知伯这时才没有吞并晋国,立了忌的儿子骄做了晋君。但这时晋国的政务完全由知伯决定,晋哀公并不能控制局面。

知伯占有了范吉射、中行寅的领地后,他的实力在六卿中就最为强大。哀公四年(前453年),赵襄子、韩康子、魏桓子共同杀死了知伯,又瓜分了他的土地,晋国六卿这时就只有赵、韩、魏三家了。十八年(前439年),哀公去世,儿子幽公柳即位。

幽公当政时晋国公室就十分衰弱了,晋君常常本末颠倒去朝拜韩、赵、魏的君王。晋君能控制的地方仅仅是绛、曲沃两城之地。十五年(前423年),魏文侯即位。十八年(前420年),幽公淫会妇人,夜间私自出城被人所杀。魏文侯派兵平息了晋国的内乱,立幽公的儿子止为国君,是为烈公。烈公十九年(前401年),周威烈王赐封赵国、韩国、魏国为诸侯。

二十七年(前393年),烈公逝世,儿子孝公颀即位。孝公九年(前384年),魏武侯刚刚即位就去攻击邯郸,但未能取胜。十七年,孝公去世,儿子静公俱酒即位。这一年是齐威王元年。静公二年,魏武侯、韩哀侯、赵敬侯灭亡了晋国,三家三分晋地,静公成了平民,晋国祭祀断绝。

太史公说:"晋文公是古时所说的明君,他在外流亡十九年,受尽了人间的困苦和磨难,但即位后行赏时却忘记了介子推,更何况那些骄横的君主呢?灵公被弑后,成公、景公先后即位,他们都十分严厉。厉公即位后更加刻薄,大臣们害怕被杀,就发生了动乱。从悼公开始,晋国公室的势力就一步步衰弱了,六卿逐渐掌握了国家大权。驾驭臣下本来就不容易啊!"

楚世家第十
人物像

祝融

熊渠

楚庄王

楚文王

楚成王

楚世家第十

楚国是颛顼帝高阳的后裔所建立的国家。高阳生下称，称生下卷章，卷章生下重黎。重黎在帝喾高辛时期担任火正之职，他使人们在黑暗中见到了光明，在生冷的世界里有了熟食，帝喾对他作出的贡献大加赞赏，于是就命名他叫祝融，意思是让他负责对火的祭祀，并以火施化。

共工氏发动叛乱，帝喾派重黎去讨伐，但重黎把战事进行得很不彻底。于是，帝喾就在庚寅日那天杀死了重黎，让重黎的弟弟吴回继承了重黎的火正之职，并承袭祝融氏的名号。吴回生下陆终，陆终生了六个儿子，这六个孩子都是母亲破腹而生的。他们依次是昆吾、参胡、彭祖、会人、曹姓、季连。季连姓芈（mǐ），他是楚国先王的直接祖先。

昆吾氏在夏朝时曾经为侯伯，夏末昆吾氏被商汤灭亡；彭祖氏在殷朝时曾经为侯伯，殷末被灭亡。季连生下附沮，附沮生下穴熊。此后，季连的后代们中途衰落,有的居住在中原,有的居住在蛮夷地区,史书没有记载他们的世系。

　　周文王的时候,季连的后裔叫鬻(yù)熊。鬻熊侍奉周文王,去世得较早。他的儿子叫熊丽。熊丽生下熊狂,熊狂生下熊绎,熊绎生活在周成王的时代。成王分封文王、武王时期功臣的后裔,熊绎被封在了南楚蛮荒之地,侯国等次为子男(侯国等次的末位),赐姓为芈氏,居丹阳。那时,楚熊绎和鲁公伯禽、卫康叔子牟、晋侯燮、齐太公子吕伋一同侍奉周成王。

　　熊绎生下熊艾,熊艾生下熊黑旦,熊黑旦生下熊胜。熊胜让弟弟熊杨做了继承人。熊杨生下熊渠,熊渠生有三个儿子。周夷王时周王室衰败,有的诸侯就不来觐见了,他们互相攻伐,周王不能制止。但熊渠却深得长江、汉水一带民众的拥戴,于是就起兵攻伐庸、杨粤等国,一直打到了鄂地。

　　熊渠说:"我们是蛮夷之邦,名称谥号就不必承袭中原那一套了。"于是立他的长子康为句亶王,次子红为鄂王,小儿子执疵为越章王。周厉王时期,熊渠害怕残暴的厉王来讨伐,于是又去掉了儿子们的王号。

　　熊渠的长子叫熊毋康,因为毋康死得早,所以熊渠去世后就由次子熊挚红继位。挚红去世,弟弟熊延杀害了挚红的儿子后自己即位。熊延生熊勇,熊勇在位第六年(前 841 年),周人围攻周厉王,厉王逃到了彘地。熊勇在位十年(前 837 年)去世,弟弟熊严继位。熊严有儿子四人,老大叫伯霜,老二叫仲雪,老三叫叔堪,老四叫季徇。熊严在位十年去世,长子伯霜继位,他就是熊霜。

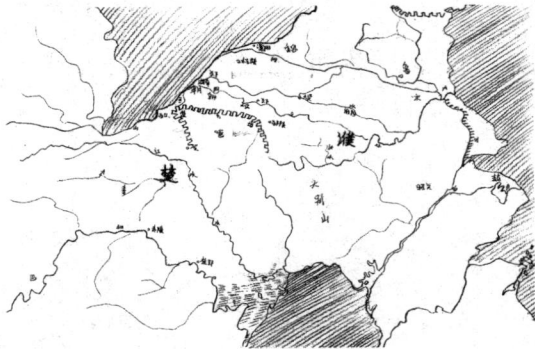

熊霜元年(前 827 年),周宣王即位。熊霜在位六年去世,三个弟弟为争夺爵位发生内讧,结果仲雪死去,叔堪逃亡到濮地,小弟季徇才得以即位。熊徇十六年(前 806 年),郑桓公被封于郑地。二十二年(前 800 年),熊徇去世,儿子熊咢即位。熊咢在位九年(前 791 年)去世,儿子熊仪即位,他就是若敖。若敖二十年(前 771 年),周幽王被犬戎所杀,周王室向东迁移,秦襄公开始被列为诸侯。

若敖在位二十七年(前 764 年)去世,儿子熊坎即位,他就是霄敖。霄敖在位六年(前 758)去世,儿子熊眴即位,他就是蚡冒。蚡冒十三年(前 745

年),晋国因昭侯将叔父成师封在曲沃之故开始出现动乱。蚡冒在位十七年（前 741 年）去世,弟弟熊通杀死蚡冒的儿子自立为王,是为楚武王。

楚武王十七年（前 724 年）,晋国曲沃庄伯杀死国君晋孝侯。十九年（前 722 年）,郑伯的弟弟段发动叛乱。二十一年（前 720 年）,郑人侵占了周天子的王田。二十三年（前 718 年）,卫人杀死自己的国君卫桓公。二十九年（前 712 年）,鲁人杀死自己的国君鲁隐公。三十一年（前 710 年）,宋国太宰华督杀死了其国君宋殇公。

武王三十五年（前 706 年）,楚人出兵攻伐随国。随侯说:"我没有罪啊,为什么来攻伐我?"楚武王说:"中原诸侯都背叛天子而互相攻伐,我虽是蛮夷,但有一支不像样的队伍,也想参与中原的事务,请您告诉周王,让他也给我封个名号吧。"随国人于是请天子尊封楚王名号,但周王没有应允。随国人回来就报告了楚王。

三十七年（前 704 年）,楚君熊通发怒说:"我的先人鬻熊是周文王的老师,他积劳成疾英年早逝,而周成王封赐文王、武王时的功臣,仅仅给了我的先公子男等级的爵位,让我们居住在楚蛮之地。今天蛮夷部族都归顺于楚,而周王室还不加升我们的爵位,我只好自称尊号了。"于是自封为武王,与随侯订立盟约后离开随国。从这时开始,楚国便开始开发百濮之地据为己有。

五十一年（前 690 年）,周天子召见随侯,责备他擅自与楚盟约,尊楚为王。楚武王听后大怒,认为随侯背叛了自己,于是便出兵攻打随国。结果楚武王死在了讨伐随国的途中,楚军也因而罢兵而去。此后，楚武王的儿子楚文王熊赀（zī）即位，开始建都于郢。

楚文王熊赀二年（前688年），楚国出兵攻打申国，他们途经邓国时，邓国大臣对国君说："楚王容易捉到，我们不妨试试吧。"邓侯没有答应。六年（前684年），楚文王攻伐蔡国，俘虏了蔡哀侯，但不久又将他释放。

楚人强悍，欺凌长江和汉水之间的弱小国家，小国君主们提起楚国都十分畏惧。十一年（前679年），齐桓公开始称霸，楚国也开始强大起来。

十二年（前678年），楚国出兵灭亡了邓国。十三年（前677年），楚文王去世，儿子熊囏（jiān）即位，他就是庄敖。庄敖五年（前672年），庄敖想杀掉弟弟熊恽，熊恽逃到了随国。此后熊恽便与随国人袭杀了庄敖而自立为王，是为楚成王。楚成王恽即位后广赐仁德、恩惠臣民，与各国诸侯结盟修好，向周天子进献贡品，周天子就赐给他祭肉，并说："你的任务是镇守南方，平定百越，不准侵犯中原。"于是楚国的疆土扩到千里之外。

十六年（前656年），齐桓公领兵攻伐楚国，齐军到达陉山后，楚成王派将军屈完率军抵御。结果楚国和齐桓公订立了盟约，齐桓公当面指责楚国不尊重周室，不向周王缴纳贡赋，楚成王承认了错误，齐军这才撤军离去。十八年（前654年），楚成王领兵北上攻伐许国，许君袒露上身向楚君谢

罪,楚国才宽释了他。二十二年(前650年),楚军攻伐黄国。二十六年(前646年),又攻灭了英国。

三十三年(前639年),宋襄公不顾国力弱小和朝臣反对,竟异想天开会盟诸侯。他给楚成王发出了会盟文书,楚成王发怒说:"竟敢召见我,看我怎么羞辱你。"楚成王假装答应了宋国,却在会盟时在盂地拘捕了宋襄公。三十四年(前638年),楚成王北上攻伐宋国,在泓水击败宋军,宋襄公的腿部被箭射伤,后来竟因箭伤复发而死,这年郑文公朝拜了楚国。

三十五年(前637年),晋国公子重耳路过楚国,楚成王用招待诸侯的礼仪接待了重耳,并赠重耳厚礼,送他前往秦国。三十九年(前633年),鲁僖公请求楚国攻伐齐国,楚成王派申侯领兵前往,申侯打败了齐军,夺取了谷地,将齐桓公儿子雍安置在了谷邑。齐桓公的七个儿子逃奔到楚国,楚成王把他们都封成了大夫。这年,楚君因为夔君不祭祀祖宗祝融、鬻熊的缘故,就攻灭了夔国。

三十九年夏天,楚军攻伐宋国,宋人向晋国求救,晋国出兵救援,楚成王因此撤军返回。此后,楚国将军子玉请求出战,成王说:"重耳流亡在外很久,能返回晋国继位这是天意,我们不要抵挡了。"子玉再三请求,成

王于是给了他少量部队后离去。晋军果然在城濮打败了子玉。成王发怒,诛杀了子玉。

四十六年(前626年),当初成王把要立商臣为太子的事告诉了令尹子上。子上说:"楚国常常立年少的儿子为太子,现在国君您的年龄还不算很大,您又有许多宠爱的妻妾,将来如果再废黜已立太子就会出乱子的。再说商臣的眼睛像黄蜂,声音像豺狼,是个残忍的人,不可立为太子。"成王不听,执意立了商臣为太子。后来,成王果然想废黜太子商臣,要立公子职为太子。

商臣为了证实成王改立太子的消息是否属实,就问他的师傅潘崇说:"怎么能得到这件事的确切消息呢?"潘崇说:"您去宴请成王宠爱的姬妾江芈,到时您故意怠慢她,这样您就会得到实情。"商臣按计行事,江芈果然发怒说:"难怪大王要杀你而立职为太子!"

商臣告诉潘崇说:"事情得到了证实。"潘崇问商臣:"您能屈身做臣子吗?"商臣回答说:"不能。"又问:"您能逃走离开这里吗?"回答说:"不能。"又问:"您有能力发动政变吗?"商臣回答:"有。"冬季十月,商臣率领宫中卫兵包围了成王。成王请求吃了熊掌后再死,商臣不准。丁未日,楚成王悬梁自尽。此后商臣即位,是为楚穆王。

楚穆王即位后,把他做太子时的宫室赐给了潘崇,让潘崇做了太师,并掌管国家政事。穆王三年(前623年),穆王攻灭了江国。四年(前622年),又攻灭了皋陶后裔的封国六国和蓼(liǎo)国。八年(前618年),又去攻伐陈国。十二年(前614年),楚穆王去世,儿子庄王侣即位。

楚庄王即位三年来没有发布任何政令，他整日寻欢作乐不理政事，还下诏给国人说："胆敢向我进谏者格杀勿论！"伍举入宫进谏，庄王正一手拥着郑姬，一手抱着越女，坐在歌舞乐队中间寻欢作乐。

伍举说："有谚语说：'山上有只鸟，三年不飞又不叫。'不知道这是什么鸟啊？"庄王说："三年不飞，一飞冲天；三年不鸣，一鸣惊人。你出去吧，我知道你的意思。"又过了几个月，庄王更加放纵了。

大夫苏从入宫进谏，庄王说："难道你不知道我的命令吗？"苏从说："如果杀臣之身来使国君贤明，臣下愿意舍弃性命！"从此，庄王停止了纵欲取乐，开始处理政事，他诛杀了几百名奸邪之臣，任用提拔了几百名忠义之臣，伍举、苏从就在其中，国人皆大欢喜。当年，庄王就攻灭庸国。六

年（前608年），庄王攻伐了宋国，缴获了五百辆战车。

八年（前606年），楚庄王领兵攻伐陆浑戎，部队路过周都洛邑时，他在洛邑郊外进行了阅兵。周定王派王孙满慰劳楚庄王，楚庄王挑衅地问起了王室九鼎的大小和重量。王孙满回答说："拥有天下在于德而不在于

鼎，您问它干什么？"楚庄王说："你不要以为九鼎在手就能拥有天下，楚

国折下戈戟的尖尖，就能铸造成九鼎！"

王孙满说："君王您也太健忘了吧，虞、夏兴盛之际，九州民心归附，他们不分远近，纷纷敬献金银铸成宝鼎，这宝鼎寄托着民心，承载着天意。九鼎上饰有天下万物的图像，告诉人们什么是神灵，什么是邪恶。夏桀败坏德业，九鼎便迁移到殷人手中，殷朝拥有九鼎，施行德政，殷朝便延续了六百年。殷纣王残暴肆虐，九鼎又转移到了周人手中。因此，德厚而鼎重，德轻而鼎失，这与九鼎的大小轻重没有关系。周成王把九鼎安放在郏鄏（jiá rǔ）时就占了卜，卜辞说周朝的王位世系有三十代，年数有七百年。虽然周朝现在有些衰败，但天命还在！"

九年（前605年），楚庄王任命若敖氏为相，有人向楚庄王谗言若敖氏，若敖氏害怕被杀就先发制人反动叛乱，庄王于是诛灭了若敖氏家族。十三年（前601年），庄王攻灭了舒国。十六年（前598年），楚国因陈国大夫夏徵舒杀死了国君而攻伐陈国，他们杀了夏徵舒，把陈国作为楚国的一个县而占有。群臣都来祝贺，唯刚刚出使齐国归来的大夫申叔不来祝贺。

楚庄王问他为什么不来祝贺，申叔回答说："有一则寓言说，有人牵牛经过别人的田地，踩坏了别人的庄稼，田主人就抢走了那人的牛。在我看来，踩坏别人的庄稼固然不对，但因此就夺取人家的牛不也太过分了吗？大王因为陈国弑君而攻伐陈国，但却因此就占有了陈国，这和因牛踩了庄稼就抢走人家的牛有什么两样？大王今后还怎么给天下诸侯发号施令呢！"庄王于是就让陈国复国了。

十七年（前597年）春，楚庄王率兵攻打郑国，三个月后就攻克了郑都。楚庄王从皇门进入郑国都城，郑伯袒露上身，手牵绵羊低头认罪。他说："我违背天意惹您生气了，您来到我这破败的小国我将惟命是从！您把我放逐到南海，或者把我作为奴隶赐给诸侯，这都不过分啊。假如您看在周厉公、周宣王和郑桓公、郑武公的份上不灭绝郑国，让我来侍奉您，这是我最大的愿望，但我不敢有此奢求啊，只是向您表白一下心机。"

楚国群臣都说："君王不能答应他。"庄王说："郑国国君能这样屈身下人，必定也能取信其民，怎么可以随便灭绝他的国家呢？"于是就答应了郑国国君的请求，并亲自举起旗帜，让军队后撤了三十里驻扎下来。然后庄王派大夫潘尪（wāng）入城与郑国缔结了盟约，郑国子良做了楚国的人质。

六月，晋军救援郑国，晋楚两军在黄河岸边大战，楚军大败晋军，一直把晋军追赶到衡雍才停止了进攻。

二十年（前594年），宋国杀了楚国使者，楚国因此攻打宋国。楚军把宋国都城围困了五个月，宋国都城粮食断绝，城内居民易子而食，拿人骨当柴烧。宋国大夫华元出城向楚国将领报告了城中的实情，要求楚庄王撤军。庄王说："这个华元是位君子啊！"于是便撤军离去。

二十三年(前591年),楚庄王去世,儿子共王审即位。楚共王十六年(前575年),晋军攻伐郑国,郑人向楚求救,楚共王出兵救援郑国。楚军与晋军在鄢陵交战,晋军打败了楚军,共王的眼睛也被箭射伤。楚共王在军中召见将军子反,子反嗜酒如命,这时因侍从竖阳谷多劝了他几杯,他喝得酩酊大醉,不能前往,共王发怒,就杀了子反,然后撤兵返回。三十一年(前560年),楚共王去世,儿子康王招即位。康王在位十五年(前545年)去世,儿子员即位,他就是郏敖。

当初楚康王对其弟弟公子围、子比、子皙、弃疾等比较宠爱。郏敖三年(前542年),他任用叔父公子围做令尹主管军事。四年(前541年),公子围出使郑国,途中听说郏敖患病而返回。十二月己酉日,公子围借入宫探视郏敖病情之机,用帽子上的带子勒死了郏敖,接着杀死了郏敖的儿子莫和平夏。然后派使者去郑国报丧,伍举问使者:"谁为继承人?"使者回答说:"敝国大夫公子围继承。"伍举更正说:"共王的儿子公子围最年长,长者继位。"子比逃到了晋国,公子围即位,是为楚灵王。

灵王三年(前538)六月,楚国使者告诉晋国他们想会盟诸侯,地点在申地。伍举对灵王说:"夏启召集诸侯时在钧台设宴,商汤在景亳诰命,周武王盟津誓师,成王岐阳会猎,康王有丰宫的朝见,穆王有涂山会合,齐桓公在召陵盟军,晋文公在践土结盟,您打算采用哪一种方式会盟诸侯呢?"楚灵王说:"用齐桓公的方式吧。"当时郑国子产在场。晋、宋、鲁、卫四国没有参加会盟。

楚灵王自从盟会诸侯后就骄傲起来，常常得意之情溢于言表。于是伍举就说："夏桀的有仍之盟后缗国就背叛了他；商纣举行了黎山之盟后东夷就背叛了他；幽王太室山之盟后戎、翟就背叛了他，您要慎重考虑后果啊！"

七月，楚国率领诸侯军队攻打吴国，八月，攻克了吴国的朱方，抓住了庆封。楚国灭掉了庆封的家族，并把庆封拉出去示众，他们对众人说："齐国的庆封杀害自己国君，欺凌自己的幼主，挟持大夫和他结盟！"庆封反唇相讥说："楚共王的庶子围杀害了自己的国君及兄长的儿子员，而取代员为国君！"楚灵王听到这话十分害怕，于是就立即杀了庆封。

七年（前534年），楚国举全国之力建成了大型宫殿章华台，灵王下令把逃亡人员都抓来安置在其中服役。八年（前533年），楚灵王派公子弃疾领兵灭亡了陈国。十年（前531年），楚灵王召见蔡侯，蔡侯喝醉酒后被杀。又派弃疾领兵平定了蔡国，封弃疾为陈蔡公。十一年（前530年），楚军攻打徐国威胁吴国。这时楚灵王把军队驻扎在乾溪，在这里等待讨伐徐国的楚军归来。

灵王说："齐、晋、鲁、卫等国被封立时都得到了传国宝器，唯独楚国没有。我想派使者向周王要九鼎，他会给我吗？"大夫析父回答说："应该会的！我们的先王熊绎当初被封在荆山，他乘坐着简陋的柴车，穿着破烂的衣裳，居住在草莽之中，还跋山涉水去侍奉天子。那时他连桃木做成的弓、棘木做成的箭都供奉给了王室，但却得不到周王的分赐。齐君是周王的舅父，晋君、鲁君、卫君都是周王的同母弟，他们都有宝器分赐，这很不公平。如今他们都服从君王，对君王唯命是从，周王岂敢吝惜九鼎？"

灵王说："许地过去是我的皇祖伯父昆吾的家，现在郑国人却占了那里的土地不肯给我，我想去要，不知郑国会给我吗？"析父说："周天子都不吝惜九鼎，郑国人哪敢贪占土地？"灵王说："过去诸侯们惧怕晋国而疏远我们，现在我国比较大的城池如陈、蔡、不羹都拥有千乘战车，诸侯们都怕我吗？"回答说："怕呀！"灵王于是高兴地说："析父对古时候的事很精通啊。"

十二年(前529年)春,楚灵王在乾溪寻欢作乐不愿离去,但国人却深受徭役之苦不断反抗。楚灵王当初在申地与诸侯会师时侮辱了越国大夫常寿过,杀死了蔡国大夫观起。现在,观起的儿子观从流亡在吴国,这时就想报复灵王。

观从劝吴王攻伐楚国,离间越国大夫常寿过与越国的关系,让他在越国反叛作乱,充当吴国间谍。观从派人假冒公子弃疾的命令从晋国召公子比,公子比到蔡国后,就让他准备和吴国、越国军队袭击蔡国。在这种形势下,又迫使正在蔡国的公子弃疾和公子比会面,他们在邓地订立了盟约反楚。一切安排就绪,他们就进入王宫杀死了灵王的太子禄,拥立公子比为楚王,公子子皙出任令尹,公子弃疾任司马。

清除完王宫后,观从随同军队到乾溪向楚军将士说:"国中已有君王,先返回国都的保留其爵位、封邑及财产;后返回国都的一律流放。"这样,灵王带领的楚军就纷纷离开灵王返回国都了。

灵王听到太子禄被杀的消息后竟跌倒在了车下,他说:"人们都像我一样爱自己的儿子吗?"侍从说:"别人比您更爱自己的孩子。"灵王说:"我杀死别人的儿子也太多了,能不落到这般下场吗?"右尹说:"再别说了,请到国都外听从国人的处置吧。"灵王说:"众怒不可冒犯啊。"右尹又说:"那就投奔到大县躲避吧。"灵王说:"大县都背叛我了。"右尹又说:"那就只有投奔诸侯,图谋东山再起了。"灵王说:"机会不会再降临了,那样只会自取其辱。"灵王想乘船进入鄢城,右尹认为灵王不会采纳自己的计谋,跟着他会去送死的,因此就离开了灵王。

楚灵王独自一人在山中徘徊,乡野之民没人敢亲近他。灵王继续前行,终于遇到了一个逃散的宦官,灵王说:"赶紧给我找点食物吧,我已经三天没有吃饭了。"宦官说:"新的君王已下令,有敢送你食物者及随从者诛灭三族。再说这地方也弄不到食物呀。"无奈之下,灵王就枕着宦官的大腿躺下了,宦官却趁灵王入睡时抽出了自己大腿逃走了。

灵王醒来后已经饿得不能起身了,身边又不见了宦官,情形甚是可怜。芋尹申无宇的儿子申亥说："我的父亲两次犯了王法,灵王却不加诛杀,我必须报答他。"申亥在釐泽找见灵王后就把他接回了家。五月癸丑日,灵王死在了申亥的家中,申亥让两个女儿殉葬,安葬了灵王。

公子比即位后始终没有得到灵王的消息,因而十分担心灵王反扑。观从对楚王比说："不杀死弃疾国家是不会安宁的。"楚王说："我不忍心啊。"观从说："您不忍心杀别人,可别人忍心杀您啊。"楚王没有听从,观从于是离去了。

弃疾返回国都后看到国人因害怕灵王反扑都十分惊恐,夜晚常常无端地惊喊:"灵王入城了!"为了制造混乱,弃疾就在乙卯日夜里派船夫从长江边上边跑边喊:"灵王来了! 灵王来了!"这样,国人的惊恐心理愈发加剧,国人惶惶不可终日。此后,弃疾派曼成然告诉新王比和令尹子皙说:"灵王马上就来了! 国人将要杀死你们,司马弃疾也要到了! 君王早点儿自谋后路吧,不要自取其辱了。众人的愤怒像水火一样凶猛而无情,谁也无法阻止。"新王和令尹子皙听到这话后就自杀了。

丙辰日,弃疾即位为王,改名熊居,是为平王。楚平王使用欺诈手段杀死了两位国君,因此十分害怕国人和诸侯的反对。为了稳定政局,他恢复了陈国、蔡国的领地,封立了他们的后裔为君;归还了先前侵占郑国的土地;向百姓施舍恩惠,慰问抚恤国中臣民;修明法度,倡导教化。楚平王让观从随自己的意愿挑选官职,观从想当卜尹,平王就答应了他。吴军这时趁楚国混乱之机,俘获了楚军的荡侯等五名将领后撤军回国了。

当初楚共王有五个儿子,但都不是嫡长子,究竟让谁继承王位? 共王拿不定主意,于是只好让神灵来决断此事。他和巴姬在祖庙里放了一块璧玉,然后让五位公子斋戒入内祭祀祖灵,康王跨过了玉璧,灵王手肘放在了玉璧上,子比、子皙都远离玉璧,平王年幼,由人抱着上前跪拜,正好压在了玉璧的纽上。这事后来果真得到了应验:楚康王凭年长即位,但到他儿子时便失去王位;公子围成为灵王,但为王时被杀;子比只做了十几天的王,子皙不得即位,后来他们又一同被杀。这四位公子都没有后代,唯独弃疾最后即位了。

当初子比从晋国回国,晋国的韩宣子问叔向:"子比能达到目的吗?"叔向说:"不能。"韩宣子说:"子比和国人都憎恶楚灵王,他们就像商贾作交易一样有着共同的利益,为什么不能成功呢?"叔向说:"没有人和子比有共同的追求,又有谁和他有共同的憎恶呢?取得国家有五难:有君主的宠幸但没有辅佐的贤人是一难;有辅佐的贤人而得不到君主的赏识是二难;有内外依靠而没有谋略是三难;有谋略而没有民众的拥护是四难;有民众的拥护而没有德行是五难。

叔向接着说:"子比在晋国十三年,晋国、楚国的随从没听说过有出名的,他缺乏辅佐的贤人;族人被灭,亲戚背离,他没有靠山;时机不成熟却轻举妄动,他没有谋略;在外一辈子,缺少和国人联系,他没有民众基础;流亡在外而无人挂念,他缺乏仁德。灵王虽暴虐但不刻薄,子比有五难而想弑君犯上,谁愿意和他同舟共济呢!"

叔向继续说:"在我看来,能拥有楚国的只有弃疾了!他主宰着陈、蔡之地,安抚于方城之外,这里苛刻邪恶的事情没有发生,盗窃抢劫之人销声匿迹,他虽有私人欲望却不违背道义,因此民众不怨恨他。现在祖宗神灵授命于他,国家民众信任于他,这是天意啊。楚国有乱,常常是年小的立位,这是规律啊。"

叔向说:"子比的官位只是右尹,地位只是个庶子,神灵授意远离玉璧,加之民众不怀念他,他靠什么来即位呢?"韩宣子说:"齐桓公、晋文公不也这样吗?"叔向回答说:"齐桓公是卫姬的儿子,母子俩都得到了齐僖公的宠爱,他有鲍叔牙、宾须无、隰朋作为辅佐,有莒国、卫国作为外援,有高子、国子作为依靠,他乐于听取不同意见,且从善如流,施恩惠不知疲倦,齐桓公能有齐国不应该吗?"

叔向说:"我们的晋文公是狐季姬的儿子,得到了晋献公的宠爱,他好学而不知疲倦,十七岁时就有贤士五人,先大夫子余、子犯为心腹知己,魏犫、贾佗为左膀右臂,齐国、宋国、秦国、楚国在外支持,栾氏、郤氏、狐氏、先氏鼎力相助,流亡在外十九年矢志不移,这是多么难能可贵啊。

晋惠公、晋怀公离弃百姓，百姓都追随和帮助晋文公，晋文公享有国家不也很应该吗？子比对百姓没有施舍，在外没有援助，离开晋国，晋人不护送；回归楚国，楚人不迎接。他怎么会有国家呢！"

楚平王二年（前527年），平王派遣费无忌去秦国为太子建娶妻迎亲。迎亲的队伍到半路时，费无忌自己先赶着回去给平王说："那个秦国女子长得太漂亮了，大王可以把她留给自己为妾，给太子另娶一位就是了。"平王听从他的话，就自己娶了那个秦国女子。那个秦国女子后来就为平王生了个儿子叫熊珍。

当时，伍奢任太子太傅，费无忌任少傅。费无忌因不受太子建的宠爱，所以经常去诬陷太子建。加之太子建的母亲不受平王的宠爱，所以平王就逐渐疏远和排斥太子建。太子建的母亲是蔡国人，太子建当时已十五岁了。

六年（前523年），楚平王派太子建去城父戍边，费无忌就有了更多的向平王说太子建坏话的机会。他多次给平王说："自从纳了秦国女子为妾后，太子就怨恨我，也怨恨大王，大王对此要多加防范。现在太子居住在城父，他独揽兵权，

对外交结诸侯，准备入宫为王。"平王于是就责备了太傅伍奢。伍奢知道费无忌在挑拨是非，于是就对平王说："大王怎么能因为小臣的话而疏远自己的骨肉呢？"而无忌却说："如果现在不听我的话，大王您日后会悔恨的。"于是平王就囚禁了伍奢，命令司马奋扬召见太子建，准备诛杀太子。太子闻讯后就逃亡到了宋国。

无忌又对平王说:"伍奢有两个儿子,如果不杀了他们,他们就会成为楚国的后患。大王可用免除他父亲死罪的名义召见他们,他们就一定会来。"于是平王派使者对伍奢说:"你把你的两个儿子叫来你就能活,不然就杀了你。"伍奢说:"伍尚会来,伍胥不会来。"平王问为什么,伍奢说:"伍尚清廉而有志节,慈孝而追求仁义,听到召他来能免除父亲的死罪,他就不会顾及自己的性命而来救赎父亲的。伍胥聪慧而有谋略,勇敢而有大志,知道来了一定会死,所以他不会来。"

平王派人去召见他们说:"你们如果来就能赦免你们的父亲。"伍尚对伍胥说:"听到父亲能被赦免而不前去是不孝;父亲被杀而不去报仇是无谋;能根据实情安排事情是智慧。你逃走吧,我去赴死救父。"伍尚于是就来了。伍胥挽弓搭箭出来见使者说:"父亲有罪为什么要召见儿子呢?"说着就要射杀使者,使者抱头鼠串,伍胥于是逃到了吴国。伍奢闻讯后说:"伍胥流亡在外楚国就危险了。"楚王还是杀了伍奢和伍尚。

十年(前519年),楚太子建的母亲住在居巢,她暗通吴国,吴国便派公子光攻伐楚国。吴国打败了陈国和蔡国,把太子建的母亲接到了吴国,楚国十分害怕,就加固郢城城墙进行防御。

吴国边境城邑卑梁和楚国边

境城邑钟离的小孩们争夺桑葚,引发了两家大人的仇攻,卑梁人被杀,卑梁的大夫发怒,派遣邑兵攻打钟离。楚王听到消息后大怒,派遣楚国军队灭掉了卑梁。吴王听到消息后也大怒,就让公子光以太子建的母亲家在居巢为由攻打楚国。吴国一举攻下钟离、居巢两邑,楚国因此加固了郢城城防。

十三年(前516年),楚平王去世,将军子常想立令尹子西为王。他说:"太子珍年纪太小,况且他的母亲本来就是为前太子建所迎娶的,他不能继承王位。"子西是楚平王的庶出弟弟,他很讲仁义。子西说:"国家有法度,改立他人为王就会乱了法度而出乱子,谈论这种事会招致杀身之祸的。"于是拥太子珍为王,是为楚昭王。

楚昭王元年(前515年),因为费无忌的谗言让太子建流亡在外;伍奢父子和郤宛被杀;郤宛的宗亲伯氏的儿子嚭(pǐ)和子胥都出奔到吴国;吴国军队又多次攻伐楚国,楚人因此怨恨费无忌。为了取悦于群臣,平息国人的情绪,楚国令尹子常便诛杀了费无忌。四年(前512年),吴国的三位公子又逃奔到了楚国,楚昭王就让他们抵御吴军。五年(前511年),吴军攻取了楚国的六、潜两地。七年(前509年),楚昭王派遣子常攻伐吴国,吴军在豫章大败楚军。

十年冬天(前506年),吴王阖闾、伍子胥、伯嚭率领吴军和唐国、蔡国军队一起攻伐楚国。楚昭王派遣子常领兵迎敌,两军隔着汉水布阵,吴军乘楚军半渡而击,打败了楚军。吴军乘胜追击,在追杀中经过了五次战役后

攻进了郢都。吴军为报伍子胥父兄之仇，挖开了楚平王的墓，对楚平王进行了鞭尸和凌辱。楚将子常逃到了郑国，楚昭王逃亡到云梦。云梦人不知道他是楚王，竟用箭射伤了他，他最后逃奔到郧县。

郧公的弟弟斗怀说："平王杀死我们的父亲，现在我要杀死他的儿子。"郧公阻止了他。但还是害怕斗怀对昭王下手，于是就和昭王逃奔到随国。吴王听说昭王前往随国，就立即进兵攻击随国。昭王的随从子綦把昭王隐藏起来，自己装扮成昭王对随国人说："把我交给吴国吧。"随国人对此进行了占卜，认为把他交给吴国不吉利，于是就向吴王说昭王早已逃走了，现在已经不在随国了。吴军要求进城搜查，随国拒绝，吴军也就没有再追究就撤军离了。

楚昭王逃出郢都的时候，派大臣申鲍胥到秦国请求救援。秦国出动战车五百辆援救楚国，楚人也收集散兵配合秦军攻击吴军。十一年（前505年）六月，在稷地击败了吴军。吴王的弟弟夫概看到吴军战败，就返回吴国自立为王。阖闾闻讯就领兵

离开楚地回国攻击夫概。夫概战败后逃奔楚国，楚昭王把他封在堂谿（xī），号称堂谿氏。这年楚昭王灭掉了唐国。九月，楚昭王回到楚国郢都。

十二年（前504年），吴军再次攻伐楚国，夺取了番地。楚昭王被迫将都城从郢往北迁到都邑。十六年（前500年），孔子在夹谷之会中担任鲁国的赞礼官。二十年（前496年），楚国灭亡了顿国，此后又灭亡胡国。二十一年（前495年），吴王阖闾攻伐越国，越王勾践用箭射伤了吴王，吴王阖闾死去，吴国从此怨恨越国而不再向西攻击楚国。

二十七年（前489年）春，吴军攻伐陈国，楚昭王屯兵城父救援陈国。十月，昭王在军中生了病。这时，天上的一朵彩云像鸟一样绕太阳飞翔，昭王问询于周太史，太史说："这云气危害楚王，但可以转移到将相身上。"昭王说："将相是我的左膀右臂，把灾祸移给他们，这和把灾祸留在我身上有什么两样？不能这样做。"

占卜后知道这是河神在作祟，大夫请求祭祀黄河。昭王说："先王受封祭祀的范围是长江和汉水流域，黄河不是我该获罪的河流啊。"于是就拒绝了祭祀黄河的请求。孔子当时在陈国，他听到这话后说："楚昭王已通晓大道，他没有失去国家是应该的！"

昭王的病情日益加重，他召集公子大臣们说："我无德无才，两次让楚国军队蒙辱，现在居然能享有天年，这已经很幸运了。"于是传位于弟弟公子申，公子申不答应，要让位给二弟公子结，公子结也不答应，又让位给三弟公子闾，公子闾五次推让，不得不应允为王。

庚寅日，楚昭王在军中去世。子闾说："昭王病重时没有考虑让自己的儿子继位，而是让位给我们这些臣子，我之所以答应昭王，是为了宽慰昭王的心。现在君王已经离世，我怎能辜负于君王！"于是与子西（公子申）、子綦（公子结）商量后就埋伏军队封锁了道路，迎接昭王和越女所生的儿子章为王，是为惠王。然后撤兵返回安葬了楚昭王。

楚惠王二年（前487年），子西从吴国召回原平王太子建的儿子胜，任命他为巢邑大夫，号为白公。白公喜欢用兵又能礼贤下士。白公的父亲建（太子建）当初逃亡在郑国时，郑国人杀害了他，白公于是怨恨郑国，这时就想为父亲报仇。楚惠王六年（前483年），他向令尹子西请兵攻打郑国，子西含糊其辞，只答应不发兵，白公于是怨恨子西。

八年(前 481 年),晋军攻打郑国,郑人向楚告急,楚惠王派子西领兵救援,子西接受贿赂后救郑。白公胜大怒,于是就和勇士石乞等人在朝堂上袭杀了令尹子西、子綦,把惠王劫持后囚禁在了高府准备杀死。惠王的侍从屈固背着惠王逃奔到昭王夫人宫中躲避。白公于是自立为王。一个多月后,叶公救援楚国,楚惠王的党徒跟叶公一起攻杀了白公,惠王恢复了王位。这一年,楚国灭亡陈国,把陈国作为一个县纳入了楚国的版图。

十三年(前 476 年),吴国国势到了顶盛时期,他们凭着强大的军事实力欺凌齐国、晋国,讨伐楚国。十六年(前 473 年),越国灭了吴国。四十二年(前 447 年),楚灭了蔡国。四十四年(前 445 年),楚国灭了杞国后与秦国讲和。越国虽然灭了吴国,但势力还不能影响到长江、淮河以北地区;楚国于是向东边扩张,将地盘扩大到泗水流域。五十七年(前 432 年)楚惠王去世,儿子简王中即位。楚简王元年(前 431 年),楚国出兵北上灭亡了莒国。八年(前 424 年),魏文侯、韩武子、赵桓子受封列为诸侯。

二十四年(前 408 年),楚简王去世,儿子声王当即位。楚声王六年(前 402 年),声王被盗贼所杀,儿子悼王熊疑即位。悼王二年(前 400 年),韩、赵、魏三国攻伐楚国,一直攻到了乘丘。四年(前 398 年),楚军攻伐周王室;郑国人杀死了国相子阳。九年(前 393 年),楚军攻伐韩国,占领了韩国的负黍。十一年(前 391 年),韩、赵、魏三国再次攻伐楚国,他们在大梁、榆关打败楚军。楚国只好用厚礼贿赂秦国,与秦国议和。

二十一年（前 381 年），楚悼王去世，儿子肃王臧即位。楚肃王四年（前 377 年），蜀国军队攻伐楚国，夺取了兹方，楚国筑建捍关抵抗蜀军。十年（前 371 年），魏军夺取楚国鲁阳。十一年（前 370 年）肃王去世，肃王无子，就立了他的弟弟熊良夫为王，是为楚宣王。宣王六年（前 364），周天子恭贺了秦献公。这时秦国再次强大，但三晋势力更强，尤其是魏惠王、齐威王堪称强中之强，天下进入了诸强并立时代。

三十年（前 340 年），秦国把商地封给了卫鞅；出兵南下侵犯楚国。这年楚宣王去世，儿子楚威王熊商即位。楚威王六年（前 334 年），周显王把祭祀周文王、武王的胙肉赐送给了秦惠王。

七年（前 333 年），齐国孟尝君的父亲田婴欺骗了楚国，楚威王就率兵攻伐齐国。楚军在徐州击败齐军后，要挟齐国驱逐田婴，田婴十分害怕。这时张丑又欺骗楚威王说："大王之所以能战胜齐军，是因为齐国没有起用田盼子，田盼子对齐国有功，齐国百姓都愿意为他效力，但田婴和田盼子有矛盾，因此不重用田盼子而任用了申纪。申纪这个人不亲睦大臣，百姓也不愿意为他效力，所以大王才战胜了齐军。如果大王驱逐了田婴，田盼子就一定被重用，那么齐人要是再与大王交战，那胜负就不好说了。"楚王因此不再要求驱逐田婴。

十一年（前 329 年），威王去世，儿子怀王熊槐即位。魏国听到楚国有国丧，便发兵攻伐楚国，夺取了楚国的陉山。怀王元年（前 328 年），张仪开始任秦惠王的国相，四年（前 325 年），秦惠王开始称王。六年（前 323 年），楚国派柱国昭阳领兵攻打

魏国，在襄陵打败魏军，占领了魏国的八座城邑，接着又去攻打齐国，齐王非常担心。这时陈轸正为秦国出使齐国，齐王问陈轸如何是好？陈轸说："大王不必担心，我去劝他们撤兵。"陈轸立即前往，在军中见到了楚

国柱国昭阳。

陈轸说："我想请教一下楚国军法中对上等军功如何奖赏？"昭阳说："让他做上柱国的官，封给他上等爵位，有资格执持玉圭。"陈轸说："还有比这更尊贵的奖赏吗？"昭阳说："叫他做令尹。"陈轸说："可您现在已经是令尹了，是楚国最高的官职啊。"陈轸接着说："有人给他的舍人们留下了一卮酒，这一卮酒太少，舍人们如果每人分一杯就不够分。于是有人就建议进行画蛇比赛，按画完蛇的先后顺序喝酒。很快就有人画好了，那人端起酒杯得意地说：'我再为蛇添上足。'但等他添好了蛇足后，后画成的人夺过了他手中的酒杯说：'蛇本无足，你却为蛇添足，你画的不是蛇，我来喝酒！'如今您打败了魏军，立了很大的功劳，官位已经无法再升加，现在您却又要进攻齐国，这不是画蛇添足是什么？攻打齐国如果胜利了，您的官职爵位也不会超过令尹；如果不胜，就有战死和被剥夺爵位的可能，还有损于楚国。您不如带兵离去，并施恩德给齐国，这才是上上策啊！"昭阳说："好。"于是领兵离去。

这一年，燕君、韩君也开始称王。秦王派遣张仪和楚人、齐人、魏人会晤，在啮桑订立盟约。十一年（前318年），苏秦联合崤山以东六国，采取合纵策略攻伐秦国，楚怀王担任了这次行动的首领。联军到达函谷关下，秦国出兵迎战，六国军队畏惧不敢攻击，于是就先后回撤了，齐国军队走在了最后。十二年（前317年），齐湣王打败赵军、魏军，秦国也打败了韩军，秦国与齐国争当霸主。

十六年（前313年），秦国准备攻打齐国，但楚国和齐国合纵为盟，秦惠王十分担忧。为了打破其联盟，秦惠王就免去了张仪的国相职务，然后派张仪南下拜见楚王，实施离间。张仪对楚王说："我国君王最喜欢的人就是大王您了，我张仪即使给大王您做看门的仆人也会觉得光荣;我国君王最憎恨的人就是齐王了,我张仪最憎恨的人也是齐王。然而大王与齐王和好,因此我国国君王不能侍奉大王,张仪我也不能为您看门当差。

张仪继续说:"大王若与齐国断交,今天就可以派人跟我到秦国去,秦国愿意把楚国商於六百里之地还给楚国。这样您就能向北削弱齐国,向西有恩于秦国,独占商於之地而收取财富,真可谓一计而三利呀!"怀王大喜,于是把国相印玺交给了张仪,天天与他摆宴饮酒,并说:"我又得到了我的商於之地了。"大臣们都来向楚王祝贺,唯独陈轸一人表示悲哀。

楚怀王问陈轸为什么不高兴?陈轸回答说:"秦王之所以看重大王,是因为大王有齐国的支持。如今商於之地没有得到而与齐国断交,楚国就必然孤立了。楚国被孤立后秦国还会尊重楚国吗?如果先让秦国交出商於之地,然后与齐国断交,秦人的计谋就不能得逞。张仪一旦欺骗我们得逞,大王就会怨恨张仪,进而得罪秦国。这样一来,西边有了秦国的祸患,北边又与齐国结仇断交,我们夹在两强之间,两国势必会争夺我们,军队就必定会到达。臣下所以悲哀。"楚怀王利欲熏心,不听劝告,派人随张仪接收土地去了。

张仪到达秦国后就假装喝醉了酒从车上掉了下来,然后称病不出家门。三个月过去了,楚国无法得到商於之地。楚王说:"张仪可能认为我们与齐国断交还不够彻底。"于是就派勇士宋遗去羞辱齐王。齐王大怒,折断楚国的信符,转而与秦国联合。这时张仪才起身上朝对楚国使者说:"你为什么不去接受土地呢?从某地到某地,长宽各六里。"楚使者说:"臣所接受的使命是六百里,没听说过六里呀。"

楚怀王大怒，准备攻伐秦国。陈轸说："攻伐秦国不是上策。不如送秦国一座大城，一起与秦人攻伐齐国吧。我们这样做虽然丢失了土地城池给秦国，但却能从齐国得到补偿，国家还能保全。如今大王已经同齐国断交，而又去追究秦国的欺诈行为，我们这是在让秦齐两国交好，联合进攻楚国啊。"怀王不听，就发兵向西攻打秦国，秦国也发兵迎击楚军。

十七年（前312年）春，楚军与秦军在丹阳交战，秦国大败楚军，斩杀甲士八万，俘虏了楚国大将军屈、裨将军逢侯丑等七十多人，接着又攻取了汉中郡。楚怀王极为愤怒，于是倾全国之兵再次攻打秦军。两军在蓝田交战，秦军又大败楚军，韩国、魏国听说楚军战败，这时也趁火打劫袭击楚国。韩魏两国把军队开到了邓地，楚怀王只好退兵返回了。

十八年（前311年），秦国派使者再次与楚国通好，并许诺分出汉中郡的一半来给楚国。怀王说："希望得到张仪，不愿意得到土地。"张仪闻讯后请求前往楚国。秦王说："楚王正想抓您，您还敢去？"张仪说："臣与楚王近臣靳尚关系较好，靳尚又得以侍奉楚王宠妾郑袖，而郑袖的话怀王言听计从，靳尚会用着关系帮助我的。再说我违背了给楚国商於之地的约定，使秦国、楚国结下了冤仇，臣若不当面向楚王道歉就不能使两家和解。况且有大王您在，楚王也不敢杀我的。只要对国家有利，我死不足惜。"

张仪到了楚都，怀王就立即囚禁了他，并准备杀他。他暗中勾结靳尚，靳尚为张仪向怀王请求说："拘留张仪，秦王必定发怒，各国看到楚国没有了秦国的支持，就一定会轻视大王的。"靳尚又对郑袖说："秦王非常

喜爱张仪，但大王要杀他，为了解救张仪，秦王正准备用上庸的六个县贿赂大王，把美女许配给楚王，将宫中能歌善舞的女子陪嫁给楚王。楚王看重土地，秦国美女必能得宠，这样夫人就会被疏远了，夫人不如说情让楚王释放了张仪。"这样，楚王就释放了张仪，还客气地款待了他。张仪却趁机游说楚王背弃合纵盟约与秦国亲善，相约与秦结为婚姻。

　　张仪离去后，屈原出使齐国回来了，他问怀王为什么不诛杀张仪？怀王也很后悔，就派人追拿张仪，但没有追上。这年，秦惠王去世。二十年（前309年），齐湣王想当合纵首领，但又害怕楚国与秦国联合，于是就派使者送信给楚怀王说："我真担心您没有考虑到自己的名声和尊严。秦惠王去世后，张仪逃到了魏国，樗里疾、公孙衍受到了秦王重用，楚国在这时却要臣服秦国，我很不以为然。那樗里疾跟韩国友好，公孙衍跟魏国亲善，楚国若臣服秦国，韩国、魏国就会害怕，他们必将依靠樗里疾和公孙衍请求与秦国联合，那么燕国、赵国也会跟着臣服秦国，四国争着臣服秦国，那么楚国就要成为秦国的郡县了。"

　　齐湣王的信最后写道："您为什么不与我共同召集韩、魏、燕、赵四国，和他们结成合纵联盟而尊崇周王、号令天下，成就大王您的尊名呢？到那时，大王率领诸侯讨伐秦国，并一定能打败秦国！这样，大王便可夺取武关，占领蜀、汉，拥有吴、越财富，享有长江、东海之利；韩、魏两国还会割让上党之地，向西逼近函谷关，这样楚的国力就会增加百倍。再说大王受张仪欺骗，丧失了汉中的土地，军队在蓝田战败，天下人没有不替大王感到愤怒的，而您却想臣服秦国，这可要仔细考虑啊。"

　　楚怀王原想与秦国讲和，看到齐王的信后又犹豫了，于是就召集群臣商议。大臣昭睢说："大王虽然向东占取了越国的土地，但却不能洗刷耻辱，夺取秦国的土地才算洗刷耻辱啊！大王不如深交齐、韩两国，抬高樗里疾的地位,得到韩、齐两国的支持后向秦国要回土地! 秦国攻占了韩国的宜阳,而韩国仍然服事秦王,原因是韩王的祖陵在平阳,而秦国的武遂离平阳只有七十里,因此感到特别害怕秦国。韩国又处于大国之间,若秦国攻三川,赵国攻上党,楚国攻河外,韩国就必定灭亡。从目前的形势看,楚国救援韩国虽然不能保住韩国,但能保护韩国的却只有楚国了。

他接着说:"若楚国帮助韩国从秦国取得武遂,韩国就会以黄河、大山作为屏障保障国家安全。这样韩国就十分感恩大王您了,臣下认为韩国侍奉大王必定卖力。齐国信任韩国,是因为韩国的公子眛在齐国做齐相,韩国从秦国取得武遂后,大王要善待韩国,用齐国、韩国的力量加强樗里疾的地位,樗里疾获得了齐国、韩国的支持,秦君就不敢随便抛弃樗里疾了。如果楚国的力量再加入进来,樗里疾说话的底气就更足了,他必定会劝说秦王将侵占楚国的土地归还给楚国的。"于是楚怀王采用了昭雎的建议,疏远秦国,联合齐国,善待韩国。

二十四年(前305年),楚国又背叛齐国联合秦国。秦昭王厚礼贿赂楚国,楚国迎娶了秦国女人。二十五年(前304年),楚怀王与秦昭王在黄棘订立盟约,秦国归还了楚国的上庸。二十六年(前303年),齐、韩、魏三国因为楚国背叛合纵盟约而通好秦国,攻伐楚国,楚国派太子到秦国作人质请求救援。秦国派客卿通领兵救楚,三国于是退兵。二十七年(前302年),秦国一大夫与楚太子殴斗,楚太子杀死他后逃回楚国。二十八年(前301年),秦国与齐国、韩国、魏国进攻楚国,杀死楚将唐昧,夺取了楚国的重丘后离去。二十九年(前300年),秦军又大败楚军,楚军战死者达两万余人,楚国将军景缺被杀。楚怀王恐惧,急忙派太子作为人质向齐国求和。三十年(前299年),秦国又攻伐楚国,夺取了八座城池。

这年秦昭王写信给楚怀王说:"当初我与您相约结为兄弟,在黄棘订立盟约,您以太子作人质,大家极为欢悦。但太子杀了我的重臣,竟然不谢罪而私自逃回,我确实很气愤,一怒之下就派兵攻占了您的边境。现在听说您却令太子到齐国做人质求和,我深感遗憾。秦国与楚国接壤,又有姻亲关系,互相友好的时间已经很长了,但现在秦、楚却不亲睦,这怎么能号令诸侯呢? 我愿与您在武关会晤,当面订约,结盟友好。"

楚怀王看到秦王的信后心情十分复杂,想去武关又怕被欺骗,不去武关又怕被秦王指责。昭雎于是进谏说:"大王不要去,只管部署军队固守城池好了。秦国像豺狼一样不可相信。"怀王的儿子子兰劝怀王说:"怎么能拒绝秦王的好心呢!"于是怀王前往会晤秦昭王。

秦人让一位将军假扮成秦王迎接,让军队埋伏在武关,楚王一到,秦军就封死了关口,然后把楚怀王劫持到了咸阳。楚怀王在章台朝见秦昭王,昭王把怀王当藩臣一样对待,怀王十分生气,后悔没听昭雎的话。秦国扣留楚王,要挟楚王割让巫和黔

中的郡县,楚王想订立盟约,秦国却要先得到土地。楚王生气地说:"秦国欺骗我,又强迫要挟我割让土地,我不能答应!"秦王于是就长期扣留了怀王。

怀王被扣,楚国大臣十分担忧,他们商议说:"怀王在秦国不能回来,太子又在齐国作人质,如果齐、秦两国合谋,我们就要亡国了。"于是就想

另立怀王在国内的儿子为王,昭雎却说:"违背王命拥立庶子不合适。"这样,楚国只好诈称国丧,讣告齐国放回太子。

齐王对他的国相说:"不如扣留楚太子来要挟楚国割让淮北之地。"国相说:"不行,如果楚国拥立新王,我们只能拥有无用的人质而遭天下人耻笑。"有人又说:"郢都若拥立新王,我们就以为新王杀死太子为条件,要求楚国割让淮北土地,否则,我们将和秦、韩、魏三国共同拥立太子为王。这样淮北便唾手而得了。"齐王还是采纳了国相的计策送楚太子回国了。这样,太子横即位,是为顷襄王。楚人于是向秦国通告说:"依赖社稷神灵的保佑,楚国有新王了。"楚怀王就这样一直被扣留在了秦国。

顷襄王横元年(前298年),由于秦国没有达到扣留怀王索求土地的目的,就从武关发兵攻打楚国,楚军大败,被斩首五万,秦国夺取了析邑等十五座城池后离去。二年(前297年),楚怀王从秦国逃出时被秦人发觉,秦人就在通往楚国的路上设卡拦阻,怀王十分害怕,就从小路先逃奔到了赵国,赵国不敢接纳,楚怀王就打算逃奔到魏国,但不幸被秦兵追到。顷襄王三年(前296年),楚怀王死在了秦国,秦人这才将怀王的尸体送还给楚国。

六年(前293年),秦将军白起在伊阙山攻伐韩国大获全胜,斩杀韩国士兵二十四万。秦王于是给楚王书信说:"楚国背叛秦国,秦国将率领诸侯讨伐楚国,希望大王整顿军队,痛痛快快地打一仗吧。"楚顷襄王害怕,于是谋求重新与秦国和好。七年(前292年),楚人迎娶了秦国的女人,秦国、楚国重新讲和。

十一年(前288年),齐王、秦王各自称帝,一个多月后,又放弃帝号恢复称王。十四年(前285年),楚顷襄王与秦昭王在宛会盟。十五年

（前 284 年），楚顷襄王和秦国、三晋、燕国一同攻伐齐国，取得了淮北之地。十六年（前 283 年），楚王又与秦昭王在鄢会盟。这年秋天，楚王又和秦昭王在穰会晤。

十八年（前 281 年），楚国有个人善于用轻弓射猎大雁，顷襄王听说后就召见了他。那人说："小臣善射鶀（qí）雁、罗鸇（lóng），发的只是小箭，没有什么值得向大王炫耀的。若要展示楚国的强大，凭借的应该是大王的贤能，大王所要猎取的可不只是这些啊。从前夏、商、周三代圣王所猎取的是王道，霸主所猎取的是诸侯。所以秦国、魏国、燕国、赵国是鶀雁；齐国、鲁国、韩国、卫国是野鸭；驺、费、郯、邳等国只是小鸟。除此之外不值得射猎。"

那人说："面对这六对鸟，大王为什么不拿圣人当做弓，勇士当做箭，看准时机张弓发矢，把这六对鸟装袋载车占为己有呢？那种快乐可不是一时的快乐，那种收获可不是野鸭、飞雁之类的一般收获啊。大王应踏着晨曦，张弓搭箭，首先去射魏国大梁之南部，射伤它的右臂就直接牵动了韩国，中原地区的道路就会被断绝，上蔡各郡县就会不攻自破。然后大王可回头射击圉的东部，斩断魏国的左臂，再向外射击定陶，那么魏国东部将会被迫放弃，而大宋、方与两郡就可以收入囊中了。魏国丧失了东、西要地就会一败涂地，大王再从正面射猎郯国，这样就可得到大梁了。这时可在兰台收起弓箭，饮马西河，安抚魏国了，这是射第一箭的快乐。"

那人说："如果大王对射猎确实爱好而不厌倦，那就再拿出宝弓，扣上利箭，到东海去射击有钩喙的大鸟吧。然后环绕山河加筑长城作为防线，早上射东莒，晚上射浿（pèi）丘，夜里射即墨，反身猎获午道，则长城以东、泰山以北就是您的囊中之物了。这时您向西连接赵国，向北通达燕国，楚、赵、燕之地就如同张开翅膀的鸟，合纵局面就不用盟约而自然形成了。大王北上可以游览燕国的辽东，南下可以登山眺望越国的会稽，这是射第二箭的快乐。"

那人说："至于泗水沿岸的十二个小诸侯国，只要您放开手脚，一个早上就可以全部猎获。现在秦国打败了韩国，这其实成了秦国的长久的祸患，它得城池而不敢据守，伐魏国而无所功效，攻赵国反受其累，等到秦、魏两国的勇气实力都快耗尽了，楚国的旧有土地汉中、析、郦都就失而复得了。大王再拿出宝弓，涉足黾塞，继续等待秦国的疲困之时，到那时，山东、河内的广大地区就可以一战而得。这样大王就可以慰劳人民，休养士兵，南面称王了。"

那人说："说秦国是只大鸟，它背靠大陆而居，雄视东方而立，左手可掩赵国西南，右臂可遮楚国鄢都，正面直逼韩、魏，俯瞰中原，所处地势极佳，若奋翅鼓翼，可翱翔三千里外。秦国这只大鸟不能随便招惹啊，只能等待时机在夜间射杀啊。"

那人说："我们的先王被秦欺骗客死他乡，楚国没有比这更大的怨仇了。一个普通人有怨仇尚且能够报复大国的君王，更何况一个国家呢？白公和伍子胥就是很好的例证啊。现在楚国土地方圆五千里，拥有百万雄师，本可以驰骋疆场，然而却坐受其困，我私下认为大王不应如此啊！"于是顷襄王派遣使者到各国，重新策划合纵，攻伐秦国。秦国听到消息后就来攻打楚国。

楚王想和齐国、韩国联合攻伐秦国，进而图谋趁机灭周。周赧（nǎn）王派武公对楚相昭子说："这三国使用武力割取周室郊野的土地来方便自己，并把周室的宝器运到南方尊崇楚国，我认为这就大错特错了。杀害天下共同的宗主，背叛世代相传的君王，大国是不会答应的；依仗人多势众欺凌小国,小国岂会亲附!大国不支持,小国不依附,哪能得到想要的名声和利益?发无名之师,取非分之利,是不能打败别人的。有了图谋周室的名声,更不能号令诸侯!"

昭子说:"图谋周室是没有的事,即使真有这事,周室为什么不能图谋呢?"武公说:"不拥有五倍于敌的兵力不发动进攻,不拥有十倍于敌的兵力不可围城。周朝相当于二十个晋国,这您是知道的,但韩国二十万大军曾经在晋国城下受辱,打先锋的士兵战死,后续的士兵受伤,晋城却始终未被攻破。现在您根本拿不出百倍于韩国的兵力来图谋周室,这是天下人所共知的。"

武公继续说:"楚国想和东西周结怨,这就伤害了驺、鲁之地的人心;跟齐国断交,它的名声便会败丧于天下,这样做事太危险了!为了加强韩国的三川郡而去危害两周,方城之外的楚地必然会被韩国所拖垮。再说两周的土地是一块块拼揍起来的,方圆不过百里,周室又是天下的宗主,占有了两周的土地不足以强国,拥有两周的民众不足以强军,你们所能得到的只能是恶名,即使你们不攻打周王室,得到的名声还是弑君。"

他继续说:"天下好事之君,好战之臣,他们发布号令动用军队,没有一个不是以周王室为最终目标的。为什么呢?因为他们看到了传国的祭祀重器在周王室。他们想到的只是重器,忘却的却是弑君的罪名和祸患。如今韩国将把重器迁移放置到楚国,我恐怕天下会因此而对楚国群起而攻之。老虎肉又腥又臊,爪牙又尖又利,但有人还是想猎取它而谋取虎皮。假如让麋鹿披上老虎的皮,猎取它的人一定会比猎取老虎的人多万倍。"

他说:"割取楚国的土地,足以增强国力,谴责楚国的罪名,足以使国君荣耀。现在您想杀戮天下所尊的君王,占有夏、商、周三代传国的宝器,从而鲸吞九鼎,傲视群雄,这不是贪婪又是什么呢?《周书》上说:'如果你想站起来,最好是先坐稳。'宝器一旦南迁楚国,问罪之师就将紧随而来。"于是楚国就停止了行动。

十九年(前280年),秦军攻伐楚国,楚军战败后割让了上庸、汉水以

北之地给了秦国。二十年（前
279 年），秦将白起攻占了楚
国西陵，二十一年（前 278 年）
他又攻下郢都，烧毁了楚国先
王的墓园夷陵。楚军溃散后
撤向了东北的陈城。二十二
年（前 277 年），秦军又攻下楚
国的巫郡和黔中郡。二十三
年（前 276 年），楚顷襄王在东部地区收集散兵游勇十几万人重整旗鼓，
带领他们向西克复了楚国长江沿线的十五个城邑，并以此为依托抵御秦
军。二十七年（前 272 年），楚顷襄王派三万军队帮助韩、赵、魏三国攻伐
燕国。这年楚国与秦国讲和，将太子送入秦国做了人质，派左徒去秦国
侍陪太子。

三十六年（前 263 年），楚顷
襄王患病，逃亡太子回国。秋
天，顷襄王去世，太子熊元继位，
是为考烈王。考烈王任命左徒
为令尹，并把吴地封给了他，号
称春申君。考烈王元年（前 262
年），楚国向秦国求和，又割地给
秦国，楚国这时更加衰弱了。六
年（前 257 年），秦军围攻邯郸，赵国向楚国求救，考烈王派将军景阳领兵
前往救援。七年（前 256 年），楚军到达新中，秦军撤军离去。十二年（前
251 年），秦昭王去世，楚考烈王派春申君前往吊唁。十六年（前 247
年），秦庄襄王去世，秦王嬴政即位。二十二年（前 241 年），楚国同诸侯
各国攻伐秦国失败。楚国将都城东迁于寿春，将寿春命名为郢。

二十五年（前 238 年），楚考烈王去世，儿子幽王悍即位。这年李园
杀死了春申君。楚幽王三年（前 235 年），秦军、魏军攻伐楚国；秦相吕不

韦去世。九年(前229年),秦国灭亡韩国。十年(前228年),楚幽王去世,他的同母弟犹继位,是为楚哀王。楚哀王即位两个多月后,他的庶出兄长负刍的党徒袭击杀死哀王而拥立负刍为王。这一年,秦军俘虏赵王迁。

楚王负刍元年(前227年),燕国太子丹派荆轲刺杀秦王。二年(前226年),秦国攻伐楚国,楚国丢失了十余座城邑。三年(前225年),秦国灭亡魏国。四年(前224年),秦国将领王翦在蕲地击败楚军,杀死了将军项燕。五年(前223年),秦国将领王翦、蒙武接连击败楚国,俘虏楚王负刍,楚国灭亡。

太史公说:"楚灵王兴盛之时,他在申地会盟诸侯,杀死了齐国的庆封,修筑了规模宏大的章华台,甚至还觊觎起了周室的九鼎。那时他意气风发,志高而天下小,但当他在申亥家饿死时,却遭到了世人的耻笑。人一旦失去了节操和品行,那会是多么可悲的事啊!权势对人来说十分重要,我们对此能不谨慎吗?弃疾因内乱而即位,宠幸秦国女子几乎亡国!"

越王勾践世家第十一
人物像

越王勾践

吴王夫差

陶朱公范蠡

越王无强

伍员伍子胥

越王勾践世家第十一

越王勾践的先人是夏禹的后裔,是夏朝少康帝的庶出子。他当时被封在会稽,在此供奉着夏禹的祭祀。他按当地人的习俗剪发纹身,带领当地人开荒种田,逐渐建立起了自己的城邑。二十多代后宗谱传到了允常。

允常在位时与吴王阖闾产生怨恨,于是吴越之间就互相攻伐。允常去世后,儿子勾践即位,这就是越王。越王勾践元年(前496年),吴王阖闾趁允常去世、越王新立之机发兵攻打越国。

越王勾践派勇士挑战,勇士们抱定必死之心行进到吴军阵地前,然后大呼一声全体自刎。吴军被这突如其来的场面所震撼,都上前去围观;越军为之振奋,趁势掩杀,在檇李大败吴军,并射伤了吴王阖闾。阖闾在弥留之际告诫儿子夫差说:"你千

万不能忘记我们和越国的仇恨啊。"

越王勾践三年，勾践听说吴王夫差厉兵秣马，日夜练兵，要报檇李一箭之仇，便打算先发制人攻打吴国。

范蠡进谏说："兵戎相见是凶残的，用战争解决问题是不道德的。相互战争只能使仇恨加深，不能最终解决问题。争强好斗，把自己置身于冤冤相报之中，这是违背天道的，是不会有什么好结果的。"越王说："决定已经作出，我不会改变的。"于是就要兴兵进攻。

吴王率领全国精锐部队迎击越军，在夫椒大败越军。越王勾践率领残兵败将五千人逃至会稽，希望能在此栖身保命。吴王乘胜追击，将会稽团团包围。

越王对范蠡说："我真后悔当初未听先生之言，以至于兵败被围，穷途末路。现在真不知道该如何是好！"范蠡说："强盛之时要崇尚天道，盈而不溢；希望振兴之时要磨砺志节，发愤图强；穷途末路之时，只能委屈自己，顺应自然了。"

范蠡继续说："我们现在受制于人，只能派人带上贵重的礼物，谦卑地向吴王求和了。如果他不答应，您只有把自己抵押出去，先到吴国侍奉吴王吧。"勾践说："哎，看来也只有这样了。"

越王派大夫种去向吴王求和。大夫种跪在地上一步三磕头地觐见吴王。他说："您逃亡的臣子勾践，让陪臣种，大胆地向您手下的执事报告，勾践愿意做您的臣子，请求他的妻子做您的小妾。"吴王见他可怜，正要答应，子胥却对吴王说："吴国吞并越国是天意，请不要理他。"

种回去后,将情况告诉了勾践。勾践想杀死妻子儿女,焚烧宝器,亲赴疆场拼死一战。种阻止勾践说:"吴国的太宰嚭(pī)十分贪婪,我们可以用重金贿赂他,请允许我暗中去吴通融。"于是勾践便让种给吴国太宰嚭献上了美女、珠宝和玉器。嚭欣然接受,把越国大夫种引见给了吴王。

种叩头说:"希望大王能赦免勾践的罪过,越国将把世代相传的宝器全部送给您。如果这样还不能得到赦免,勾践将会杀死自己的妻子儿女,烧毁越国的宝器,率领五千名士兵与您决一死战,您也将会付出惨重的代价!"太宰嚭也劝吴王说:"是啊,如果赦免了他,让他当臣子,这将对我国有利。"吴王有些动心。

子胥说:"今天不灭亡越国,必定后悔莫及。勾践是贤明的君主,大夫种、范蠡都是贤能的大臣,如果有朝一日勾践返回越国,就必将作乱。"吴王不听子胥的谏言,终于赦免了越王,撤军回国了。

勾践被困在会稽时曾叹息说:"难道我真的要在此灭亡吗?"种说:"商汤被囚禁在夏台,周文王被囚居在羑(yǒu)里,晋国重耳逃到了翟,齐国小白逃到了莒,但他们最后都不是称霸天下了吗?我们今日的处境何尝不和他们一样吗?"

越王勾践回国后十分愤懑,他苦思冥想,决心一雪前耻。为了激励自己,他把苦胆挂到王座的旁边,为的是坐卧时都能仰头尝一尝胆的味道。他每次吃饭前都要先尝一下苦胆,然后告诫自己说:"你忘记会稽的耻辱了吗?"

他亲身耕作,夫人亲手织布;食不加肉,衣不重彩,与人交往委曲求全,招待宾客热情诚恳。他体恤百姓之苦,救济贫穷之人,躬身悼慰死者,与百姓共同劳作。他处处约束自己,以求国家兴旺。

越王想让范蠡管理国政，范蠡说："用兵打仗，种不如我；治理国家，亲附百姓，我不如种。"于是他把国家政务委托给大夫种，派范蠡和大夫柘稽到吴国做人质，以亲和与吴国的关系，从而麻痹吴国。两年后吴国就让范蠡回国了。

从会稽回国后，越王七年如一日地抚慰自己的士兵和百姓，时刻准备报仇雪恨。大夫逢同说："大王这样苛求自己，励精图治，必定会引起吴国的注意。引起吴国的注意就会灾难临头啊。我们应该像凶猛的大鸟攻击目标时一样，先要注意把自己隐藏起来，然后乘其不备，突然出击，这才能战胜敌人。"

他继续说："现在吴国屯兵于齐、晋边境，交恶于楚、越两国，借着军事优势扬威天下，亵渎周室；他德寡而威多，骄傲而蛮横，志大心野而目中无人。这样必然会失道寡助，盲目轻敌。越国应结齐，亲楚，附晋，厚待吴国以麻痹吴国，到时我们乘机联合三国攻伐吴国，吴国必败。"勾践说："很好。"

两年后，吴王要讨伐齐国。子胥进谏说："不行，我听说勾践秣兵励志，与百姓同甘共苦，吃饭时连菜都不多加，他一定是在为复仇作准备，此人不死，我心有余悸。越国是吴国的心腹之患，齐国只是吴国的一块疥癣，希望君王放弃齐国，先伐越国。"吴王不听。

于是吴国攻打了齐国，在艾陵大败齐军，俘虏了齐国的高子和国子。吴王得胜后责备子胥，子胥说："您高兴得过早了！"吴王听后大怒。子胥受气不过，想要自杀，吴王听到后连忙制止他。

大夫种对越王勾践说:"看来现在的吴王真是狂妄自大,目中无人啊!但我还想再进一步试探和揣摩一下他对越国的态度,请让我向他给越国借粮食,看他是什么心理?"于是种就向吴王借粮食,吴王想借,子胥建议不借,吴王不以为然,还是把粮食借给越国了。越王心中暗喜。

子胥说:"君王不听我的劝谏,三年后吴国将成为一片废墟!"太宰嚭听到这话后,就借机在吴王面前诽谤子胥说:"伍员表面忠厚,实际很残忍,他连自己的父兄都不顾惜,怎么能顾惜君王呢?君王上次想攻打齐国,伍员极力阻止,后来您取得了成功,他反而因此怨恨您。您如果不防备他,他一定会作乱的。"

太宰嚭出卖国家利益,他和越国的逢同阴谋,不断在吴王面前谗言诽谤子胥。吴王开始不相信,但谗言的次数多了,吴王也就有些动摇了。吴王派子胥出使齐国,当听说子胥把儿子委托给鲍氏时就大怒说:"伍员果真在欺骗我!"子胥回国后,吴王就派人赐给子胥一把叫"属镂"的剑让他自杀。

子胥大笑说:"我辅佐你父亲称霸,又拥立你为王,你当初要与我平分吴国,我没有接受,现在你却因谗言来杀害我。可怜啊,你担当不起国事啊!"子胥又告诉使者说:"我死后你把我的眼睛挖出来放置在东城门上,我要看看越军是怎样进入我们的城门的!"此后,吴王任用嚭执掌国政。

三年后,勾践召见范蠡说:"吴王杀了子胥后,吴国阿谀奉承的人就多了起来,现在可以攻打吴国吗?"范蠡说:"不行。"第二年春天,吴王带领了吴国的全部精锐部队到黄池去会盟诸侯。勾践又问范蠡是否可以进攻吴国了。范蠡说:"可以了。"

越王于是武装起了两千名囚徒，四万多民兵，带着各级将领千人，亲近他的志士六千人，举全国之力伐吴，吴军很快被打败了。越军攻进吴国都城，杀死了吴国的太子。

吴国使者向吴王告急，吴王正在黄池与诸侯会盟，他怕诸侯知道此事后引发不测，于是就严守了秘密。会盟结束后，吴王就派人带上厚礼向越国求和，越王也知道自己的实力不足以灭亡吴国，于是就与吴国讲和了。

又过了四年，因为吴国连年与齐、晋军队作战，士兵死伤惨重，百姓苦不堪言，越国就乘机进攻了吴国。越军进攻得手后就把吴国围困了三年，直到吴国最后失败。当时，越国把吴王围困在姑苏山上，吴王派公孙雄脱去上衣，露出胳膊，跪着向前行请求越王宽恕。

公孙雄说："孤臣夫差斗胆向您说出真心话：我从前曾在会稽得罪了您，但不敢违背您的命令，与您和谈后就撤军了。今天您迈着玉足前来惩罚孤臣，臣唯命是从。但我私下里仍然盼望您高抬贵手，能像当初我在会稽山对待您那样赦免了我夫差的罪过吧！"

勾践想答应吴王，但范蠡却说："会稽之时，上天已经把越国赐给了吴国，但吴国不要。今天上天又把吴国赐给越国，越国是不敢违背天命的。再说君王尝胆明志，谋划伐吴二十二年，才使越国变成了一颗茁壮的大树，您如果一旦放弃，那树干就会变成斧柄，祸乱就会再生。难道您忘记了会稽的伤痛了吗？"

范蠡随即大声对吴国使者说："君王已把政务委托给了我，吴国使者赶快离开，否则就对不起你了！"使者伤心地哭着走了。勾践怜悯吴王，就派人对吴王说："我安置您到甬东做一个百户侯吧。"吴王说："我已经老了，不能侍奉您了！"然后用头发遮住自己的脸又说："我没脸面见到子胥啊！"说完便自杀身亡了。

越王安葬了吴王，杀了太宰嚭，平定了吴国后在徐州与齐、晋两国会盟，向周王室进献了贡品。周元王赐给了勾践祭祀的胙肉，册命他为统领诸侯的"伯"。越王把淮河上游的土地送给了楚国，把吴国侵占宋国的土地还给了宋国，把泗水以东的百里土地给了鲁国。江淮一带听命于越，诸侯都来庆贺，越王成为霸主。

范蠡离开了越王，从齐国写信给种说："飞鸟尽，良弓藏；狡兔死，走狗烹。越王是长颈鸟嘴，只可共患难，不可共享乐，你赶快离开吧。"种于是称病告退。有人中伤种谋反，越王就赐给种一把剑说："你教了我七条计策，我只用了三条就打败了吴国，那四条计策请你到先王那里尝试吧！"种自杀身亡。

勾践去世，儿子王鼫(shí)与即位。王鼫与去世后，儿子王不寿继位。王不寿去世后，儿子王翁继位。王翁去世后，儿子王翳继位。王翳去世后，儿子王之侯继位，王之侯逝世后，儿子王无强继位。

越王无强时期，越国不断攻伐齐、楚，逐鹿中原。楚威王时，越国又发兵攻齐，齐威王派使者游说越王说："越国不攻打楚国，从根本上说不能算称王，从面子上说也和'伯'这个爵位不相称。那为什么不攻伐楚国呢？恐怕是因为得不到韩、魏两国的支持吧。其实，韩、魏是不想和楚国交战的。"

使者继续说："韩国若与楚国开战，韩国将会军队覆灭，将士被杀，叶、阳翟两地会被占领；魏国攻打楚国情况也是如此，它的陈、上蔡两地也不会安宁。韩、魏之所以侍奉越国，只是想靠越国牵制楚国以自保，他们根本不愿意和楚国开战。可您为什么还要指望韩国和魏国呢！"

越王说："我并非是要韩魏两国与楚国去拼杀，只要魏军集结在大梁城下，齐军集结在常、郯边界，楚军就不敢轻易南下。这样，淮、泗之间的楚军不再向东，而商、於、析、郦、宗胡等地的楚军不足以抗秦，江南、泗上的楚军不足以抗越，那么，齐、秦、韩、魏四国就可以瓜分楚国了。"

越王说："但韩魏不这样做，他们被齐秦两国利用，正在黄河与华山之间互相攻伐，他们如此失策，我怎么能依靠他们呢！"使者说："哎呀，原来如此。越国没有灭亡太侥幸了！这就像眼睛看东西，能见到别人的毫毛却见不到自己的睫毛。今天君王知道韩魏失策了，却不知道自己的过错。"

使者说："君王所期望的，原来是想分散楚军的兵力啊。现在，楚国的兵力已经分散了，何必再有求于韩魏呢？难道君王不知道楚国的三个大夫正在率领军队向北攻打曲沃、於中吗？他们的战线一直拉到了无假关，足有三千七百里长，景翠的军队又集结到北部的鲁国、齐国、南阳，天下哪有这样分散用兵的？

使者说："君王所要求的是韩魏来牵制楚国，韩魏不牵制楚国，越国就不出兵，这是只看到两个五，却看不到一个十啊。这时不攻打楚国还待何时呢？楚国的雠（chóu）、庞、长沙盛产粮食，竟泽陵盛产木材，您如果出兵打通无假关，就断绝了楚国郢都的物资来源，楚军就会不战自败的。"

使者说："只要有霸主的做派，即使成不了霸主，最少也能对的起'伯'这个爵位。如果一开始的所作所为就和'伯'这个这个爵位的名分不相称，那您就永远别想做霸主了。所以恳望您回头攻打楚国，以全霸主之名。"于是越国就放弃了齐国去攻打楚国。

这一计谋害苦了越国，越国对楚国的战争彻底失败。楚威王杀死了越王无强，东占吴地到浙江，北攻齐军取徐州；而越国这时分崩离析，子弟们争权夺位，有的称王，有的称君，只能居住在江南滨海之地向楚国称臣纳贡了。

七代后，越国的君位传到闽君摇，他那时跟随诸侯们推翻了秦朝，汉高帝又让他做了越王，继续越国的祭祀。东越、闽君都是越国的后代。

范蠡侍奉越王勾践二十多年，最终灭掉了吴国，然后他又辅佐越王渡兵淮水，使越王北上会盟齐晋，称霸中原，他自己被立为上将军。他认为盛名之下难以久安，于是，就给勾践写了辞别信说："主上有忧，臣下就要为其操劳分忧；君主受辱，臣下就没脸面再活下去。过去您在会稽受辱，我之所以不死，是为了报仇雪恨。现在会稽之仇已报，就请您赐予我死罪吧。"

勾践回复说："我正准备和先生平分越国呢，你如果不接受的话我就要杀掉您。"范蠡说："君主所依从的是律令，臣下所依从的是志节。"于是就带着细软珠宝，私自与随从从海上乘船离去，从此再也没有回到越国。勾践为表彰范蠡，就在会稽山上做了标记，说会稽山是范蠡的封邑。

范蠡到了齐国，更名改姓为"鸱（chī）夷子皮"。然后父子合力在海滨搞起了营生，不久，范蠡就积聚了千万财产。齐人听说他贤能，就让他做了国相。范蠡却叹息道："治家积累千金财产，做官达到卿相高位，这是布衣平民最得意的事了，长久享此尊贵是会引来祸害的。"

范蠡于是归还了相印，散发了家产，悄悄地带着贵重财宝又逃到了陶地。他认为陶地是天下的中心，是商品的集散地，在此经营可以致富。于是就自称为陶朱公，与儿子努力耕作，勤于经商，不久又积累了亿万资产。当时陶朱公的富有天下闻名。

朱公在陶地又生了小儿子，小儿子成人的时候，他的二儿子在楚国因杀人被收监。朱公说："杀人要偿命，这是常理。可是我听说家有千金的儿子不应该在大庭广众被杀。"于是就让小儿子去探望二儿子，并为他准备了一千镒黄金,让他到楚国去通融关系。

　　小儿子将要出发之时,他的长子却争着要去营救弟弟,但朱公坚决不同意。长子于是说:"家有长子您却要让小儿子去,这说明您不信任我,认为我没有担当,我还不如自杀算了。"朱公夫人也给大儿子帮腔,朱公于是不得不派长子去楚国。

　　儿子临走时他写了一封信,让儿子把这封信送给他旧日的好友庄生,并叮嘱儿子说:"到楚国后,要把千金送到庄生家,一切听从他的安排,千万不要与他发生争执。"长子走时,也私下携带了几百镒黄金。

　　长子到了楚国,来到了庄生家中后发现庄生家十分贫穷,但他还是把信和金子交给了庄生。庄生说:"你赶快离开吧,以后你弟弟释放了,请你不要打听释放的原因就是了。"长子不放心庄生,竟私自留在了楚国,用自己携带的黄金贿赂楚国主事的官员。

　　庄生廉洁正直闻名楚国,楚王以下的官员都以师礼尊崇庄生。其实庄生并非有心收下朱公的黄金,只是想事成之后再归还给他,以此打消朱公的疑虑。他对妻子说:"这是朱公的钱财,以后再如数归还朱公吧,但哪一天归还,现在还不得而知。咱们保管这笔钱,就像保管自己积攒的、准备看病的钱一样重要,坚决不能动用它。"

　　庄生找到一个合适的机会跟楚王说:"某星宿出现了异常变化,这将预示着楚国要出现祸害。"楚王平时十分信任庄生,于是就问该怎么办? 庄生说:"只有广赐恩德才能破除灾害。"楚王说:"那就按您说的办吧。"楚

王于是就派使者查封了储存三钱的府库。

楚国的主事官员急忙找到了朱公的长子，惊喜地对他说："楚王就要大赦囚犯了！"朱公长子问："您从哪里得到的消息？"那人说："每逢大赦，楚王就先封三钱府，昨晚楚王已派使者查封了三钱府了。"朱公长子认为既然大赦，弟弟自然可以释放了，一千镒黄金等于白给了庄生，于是又去找庄生。

庄生惊讶地问："你怎么还没有离开呢？"朱公长子说："我一直都没有离开，我是为弟弟一事来楚国的，今天楚国正商议大赦，弟弟自然得到释放，所以我特意来向您告辞啊。"庄生知道他是想拿回黄金，于是就说："那你到房间里把黄金拿去吧。"朱公大儿子便入室取走了黄金。

庄生被人戏弄后感觉很不是滋味，于是就又入宫拜见楚王说："我上次所说的星宿变化之事，您说想用广赐恩惠的办法来消灾除害。现在，人们都说陶朱公的儿子杀人后被囚禁，他家里人贿赂了您身边的人，这次大赦不是体恤百姓，是为了释放陶朱公的儿子。"

楚王大怒道："我虽然浅薄，但也不至于因为朱公儿子而大赦囚犯吧！"于是，就下令从速办理朱公儿子之案，杀掉朱公的儿子后再下达大赦命令。这样，朱公长子只能携带着弟弟的尸体回家了。

回到家后，母亲和乡邻们都十分悲痛，只有朱公笑着说："我早就知道长子救不了弟弟！他不是不爱自己的弟弟呀，他是舍不得花钱。他年幼时就和我生活在一起，经历了无数的艰辛，知道生活的艰难，所以把钱财看得太重太重了。"

朱公缓了一口气后接着说："至于他的小弟弟呢，他出生后满眼看到的就是财富，他只知道坐着豪华的车子，驱赶着剽悍的骏马，追逐嬉戏在田野之中，哪里知道钱财从何处来，所以他把钱财看得很轻。原来我打算让小儿子去，是因为他舍得钱财，但长子却不同意，最后害了自己的弟弟。哎，道理这么明白，你们还悲伤什么？这些天来，我一直都在等着丧车的到来呀！"

　　范蠡曾经三次迁居，每次迁居都有新的业绩，新的成功。他驰名天下，不仅仅是因为他懂得及时隐退，更重要的是他住在哪儿就能在哪儿成名，最后他老死在陶地，但满世界都传颂着陶朱公的大名。

　　太史公说："夏禹的功业太伟大了，他疏通了九条大河，安定了九州大地，使华夏境内至今平安。他的后裔勾践苦身焦思，终于灭了吴国，然后北进中原，尊奉周王，成为霸主。勾践不可谓不贤啊！这大概就是夏禹的遗风吧。范蠡三次迁居，每次都取得了新的业绩，赢得了新的声誉，使名声垂于后世。如果能这样处理君臣关系，怎么能不显贵呢？"

郑世家第十二
人物像

郑庄公

郑灵公

郑世家第十二

郑桓公名叫姬友，他是周厉王的小儿子，周宣王的弟弟。宣王即位二十二年，他被封到了郑地。他管理郑地三十三年后，郑地百姓安居乐业，黄河、洛水流域的人们因此爱戴他。幽王又任命他做司徒，他不负重托，励精图治，国家一片祥和。周人十分喜欢他，郑地人更加思念他。

他做司徒一年后，由于周幽王宠爱褒姒，不理朝政，致使王室邪恶之事不断发生，很多诸侯竟不听王命。郑桓公于是问太史伯说："王室问题太多，我如何才能摆脱困境，不至于受死呢？"太史伯说："洛水之东、黄河之南可以安居。"桓公问其原因，太史伯说："那一带邻近虢国和郐国，虢国、郐国的国君贪婪好利，老百姓不拥护他，如果您去那儿，虢国、郐国的国君就会因为您是司徒而分地给您，百姓也会因为您的贤明而归附您。"

桓公说:"我到南边的长江流域去如何?"太史说:"过去祝融替高辛氏掌管火政功劳甚大,但他的后代没有兴盛起来。如今他的后代建立了楚国,周王室衰弱后楚国一定会兴盛的,这对您在那儿发展并不是什么好事。"桓公说:"如果我向西去将会如何?"太史伯回答说:"那里的百姓贪婪好利,难以久居。"

桓公又问:"周王室衰弱后哪些国家将会兴盛起来?"太史伯说:"可能是齐、秦、晋、楚吧。齐国姓姜,是伯夷的后代,伯夷曾辅助尧帝掌管礼仪;秦国姓嬴,是伯翳的后代,伯翳曾辅助舜帝臣服了很多部落;至于楚国的祖先,他也曾建立过功业。尤其是周武王战胜殷纣王后,成王把唐地封给了叔虞,这里不仅占有山河之险,而且晋君继承祖德、推行仁政时周室正好走向了衰败,因此晋国一定能够崛起。"

桓公于是请求幽王把他的百姓迁到了洛水之东,虢、郐两国果然向他献出了十座城邑,他最终建立起了郑国。

他做司徒的第二年(前771年),犬戎在骊山杀死了幽王后也杀死了桓公,郑人于是就拥立了桓公的儿子掘突为君,他是郑武公。武公十年(前761年),武公娶了申侯的女儿为夫人,夫人被称作武姜。

武姜生太子时难产,所以太子出生后就取名叫寤(wù)生(寤生的本意就是逆生),武姜因此很不喜欢这个儿子。后来武姜又顺利地生下了叔段,武姜就十分喜爱叔段。二十七年(前744年),武公生了病,夫人就请求武公立叔段为太子,武公没有答应。这年武公去世,寤生即位,是为庄公。

庄公元年(前743年),他把弟弟叔段封到京,号称太叔。祭(zhài)仲说:"京比国都还大,不能这样封啊。"庄公说:"这是母亲武姜的主意,我不敢反对啊。"叔段到了京地后扩张军备，与武姜合谋攻击郑都。

二十二年（前722年），叔段袭击郑都，武姜做了内应，庄公派军还击，叔段战败逃走，庄公一直把叔段追赶到京，京地人也起来反对叔段，叔段只好逃跑到鄢城，鄢城百姓担心受到牵连和祸害，于是就纷纷溃逃。这样，叔段不得不逃亡到了共国。此后，庄公把他的母亲武姜迁到了城颍，并发誓说："不到黄泉，不与她见面。"

一年后，庄公又后悔自己说过的话，很思念自己的母亲。这时颍（yǐng）谷的考叔拿着礼物进献庄公，庄公赐给了他一些食物。考叔说："我家老母亲尚在，请您把食物赐给我的母亲吧。"庄公说："我也很思念我的母亲，但又因为她背叛我而感到生气，您说该怎么办？"考叔说："掘地至黄泉处，你们母子就可以见面了。"庄公就依照他的办法去做，终于见到了母亲。

二十四年（前720年）宋缪公去世，公子冯逃到了郑国；郑国侵夺了周室王田、收获了田里的庄稼。二十五年（前719年），卫国州吁弑杀桓公后即位；卫国以公子冯逃到了郑国为由，联合宋国讨伐郑国。二十七年（前717年），郑君对周桓王进行了迟到的朝拜，桓王对郑国抢夺王田、抢收庄稼一事很生气，没有按礼仪接待他。

二十九年（前715年），庄公因为周桓王接见他时很不礼貌，于是故意把天子用来祭祀泰山的专用地祊（bēng）、许两地和鲁国进行了调换。三十三年（前711年）宋国杀死了孔父。三十七年（前707年），庄公没有朝拜周桓王，周桓王率领陈、蔡、虢、卫等诸侯国军队讨伐郑国。

庄公和祭仲、高渠弥率兵迎击，打败了桓王的军队，祝聸射中了桓王的手臂。祝聸请求继续追击桓王，庄公阻止说："侵犯长者尚且要遭到谴责，何况欺辱天子呢？"于是就停止了追击。晚上庄公派祭仲看望了桓王。

三十八年（前 706 年），北戎攻打齐国，齐国派使者向郑国求救，郑国派太子忽率军救援。齐僖公想把女儿文姜嫁给太子忽。太子忽说："我国是个小国，和齐国结为婚姻不相称啊。"祭仲赶紧劝太子说："您就答应下来吧，太子没有大国做后盾是很难继承王位的。目前您的弟弟公子突和公子子亹（wěi）都有成为国君的可能，况且郑国国君有很多宠爱的姬妾，要防备节外生枝啊。"

四十三年（前 701 年）郑庄公去世。当初庄公信任祭仲，让他作了上卿，庄公又让祭仲为自己迎娶了邓国的美女生下太子忽，这时祭仲就立忽为国君，号为昭公；但庄公又娶了宋国雍氏的女子生下突。宋庄公听说祭仲让忽做了国君，就把祭仲骗到宋国，让他立突为君，否则就要杀死他。宋国同时还控制了公子突，以立他做国君为条件索取贿赂。祭仲不得不与宋国盟约应允。九月丁亥日，忽逃到了卫国。己亥日，突即位，是为厉公。

厉公四年（前 697 年），厉公怨恨祭仲专权，就密谋让祭仲的女婿雍纠去杀祭仲。祭仲的女儿知道此事后问母亲："父亲与丈夫哪一位更亲近。"母亲说："父亲只有一个，丈夫可以选择！"于是女儿就把厉公要杀父亲的事告诉了父亲。祭仲杀死了雍纠，厉公无可奈何地说："与妇人谋事，死去活该。"

这年夏天，祭仲把厉公赶到了边界处的栎邑，接回了昭公忽，六月乙亥日，忽重新即位。秋天，郑厉公依靠栎邑人杀死了栎邑大夫单伯而定居栎邑。诸侯们听说祭仲赶走了厉公，就出兵讨伐郑国，但没有能够打败郑国。宋国为了防止昭公的进攻，就给厉公留下了一些军队，让他坚守栎邑，郑国因此也没有再攻打栎邑。

昭公二年（前 695 年）十月辛卯日，高渠弥与昭公外出打猎时在郊野射杀了昭公。原因是昭公做太子时，父亲庄公想拜高渠弥为上卿，太子忽因厌恶高渠弥而反对，但高渠弥最终还是做了上卿。昭公即位后，渠弥担心昭公杀害自己，就先下手杀死了昭公。

昭公死后，祭仲和高渠弥便改立昭公的弟弟子亹为国君，他没有谥号，就称子亹。子亹元年（前 694 年）七月，齐襄公在首止会盟诸侯召会子亹，祭仲因为齐襄公做公子时曾与子亹相斗而结有冤仇，所以建议子亹不要去，子亹不听，祭仲就借口有病没有陪他前往。子亹说："齐国强大，厉公又虎踞栎邑，如果我不前往，齐国就会以此为借口攻打郑国，并让厉公回国为君。我不如前去，您想的那种情况也不一定会发生！"于是子亹就由高渠弥陪同前往。

子亹到首止后没有向齐侯道歉，齐侯十分生气，就设伏杀死了子亹。高渠弥逃回郑国后，与祭仲把子亹的弟弟婴从陈国接回立为国君，他就是郑子。

这一年，齐襄公让力士彭生杀死了情敌鲁桓公（文姜是鲁桓公的夫人，齐襄公的同父异母妹妹，文姜与齐襄公私通已久）。郑子八年（前 686 年），齐国管至父等人作乱，杀死了自己的国君襄公。十二年（前 682 年），宋国人万长杀死了自己的国君湣公。这年，郑国祭仲去世。

十四年（前680年），栎邑厉公突的从人派人诱劫了郑国大夫甫瑕，要挟甫瑕帮助厉公回国复位。甫瑕说："您放了我，我才能替你杀死郑子让你回国即位为君。"于是，厉公与他订立盟约后放了他。六月甲子日，甫瑕杀死了郑子和他的两个儿子，迎接厉公突回国即位。

　　厉公回到郑都后责备伯父原说："我失去国家久居在外，伯父竟无意接我回国，这也太无情了吧。"原说："侍奉国君不能有二心，这是做臣子应该操守的品节。我知道罪过了。"说完竟自杀身亡。厉公又对甫瑕说："你侍奉国君有二心。"并以此杀死了甫瑕。甫瑕临死时懊悔地说："不去报答郑子的大德，今天落下如此下场实在是太应该了！"

　　厉公复位元年（679年），齐桓公开始称霸。五年（前675年），燕国、卫国与周惠王的弟弟颓一起讨伐周惠王，惠王逃到了温，公子颓即位为周王。六年（前674年），惠王向郑国求救，郑厉公率军攻打周王颓，但未能取胜。厉公与周惠王撤回郑国后，让惠王住在栎邑。七年（前673年）春，郑厉公与虢叔袭杀死了颓，护送惠王回周都。秋季，厉公去世，儿子文公踕（jié）即位。

　　文公十七年（前656年），齐桓公打败了蔡国，进而攻打楚国，兵临召陵。二十四年（前649年），文公有一个叫燕姞（jí）的贱妾，她梦见上天给了她一株兰草说："我是你的祖先伯儵（yóu），用这株兰草做你的儿子，兰草之香将会遍及全国。"燕姞把此梦告诉了文公，文公便宠幸她，并赠给她兰草作为信物。此后燕姞生下了一个儿子，取名就叫兰。

　　三十六年（前637年），晋公子重耳逃亡路过郑国，郑文公没有按诸侯的礼仪接待他。郑大夫叔瞻对文公说："晋公子是贤明之人，晋国又与我们同姓，郑国是厉王之后，晋国是武王的后裔，关系如此亲近，我们不能怠慢他呀。"郑文公说:"各诸侯国逃出的公子太多了,我不可能都按礼仪接待他们!"叔瞻说:"那就不如杀掉他,免得他日后成为郑国的祸患。"文公没有采纳他的意见。

三十七年(前636年)春,晋文公重耳即位。秋季,郑国攻入滑国,滑国顺从了郑国。但不久滑国又亲附卫国,于是郑国又攻打滑国。周襄王让伯服替滑国说情,郑文公却因为周惠王曾落难到栎,父亲厉公帮助他恢复了王位,他却没有给予父亲厉公赏赐;又因为周襄王亲附卫国、滑国,所以文公不但没有听从襄王,反而囚禁了使者伯服。周襄王十分生气,就联合翟人攻打郑国,但没有取胜。

冬季,翟人攻打周襄王,襄王逃到了郑国,郑文公让襄王住在了池地。三十八年(前635年),晋文公护送周襄王回周都,恢复了周襄王的王位。四十一年(632年),郑国帮助楚国攻打晋国。四十三年(前630年),晋文公以郑国帮助楚国攻打晋国,以及文公逃亡路过郑国时郑君对文公重耳无礼为由讨伐郑国。晋文公与秦缪公联手包围了郑都,郑君十分恐惧和狼狈。

郑文公有三位夫人和五个爱子,但五个儿子都获罪早死。郑文公一时气昏了头,就把其余各位公子都赶到了国外。子兰被驱逐到晋国后受到晋文公的宠爱。晋文公这次围攻郑国就让子兰随行,打算将子兰送回郑国做太子。

晋国进攻郑国还还有一个目的,那就是想得到叔詹并杀死他。对此,郑文公十分担心,但不敢对叔詹说。而叔詹听到这个消息后就主动告诉郑君说:"我曾对您说过要杀死重耳,您不听我的意见,现在晋国终于成了我们的忧患,既然晋国包围郑国是因为我,如果我死能挽救郑国,我情愿一死。"叔詹自杀后郑人把叔詹的尸首送给了晋军。

晋文公却说:"我必须见到郑君,对他侮辱后再离去。"郑文公对此很犯愁,就派使者私下去见秦缪公。郑国使者对秦缪公说:"攻破郑国只能有益于晋国,对秦国一点儿好处也没有!"秦缪公接受了郑国使者的意见,便撤军回国。晋文公派人告诉郑文公,要求郑文公让子兰做太子。

郑国大夫石癸说:"我听说姞姓的女子是后稷的正妻,当初说他的后代应当有兴旺之人出现,现在子兰的母亲就是姞姓后裔啊。况且国君夫人生的儿子都已死去,庶出的儿子们都没有像兰那样贤能的。晋国围城甚紧,晋文公提出立子兰为太子后撤军,这对于目前的郑国来说还有什么比答应这个要求更实际的呢!"郑文公采纳了石癸的意见,答应立子兰为太子,并为此与晋国订立了盟约,晋文公这才撤军回国了。

四十五年(前 628)郑文公去世,子兰即位,是为缪公。这时,郑国都城的卫戍官缯贺把郑国的城防情况出卖给了秦国,让秦国攻打郑国。缪公元年(前 627 年)春,秦缪公派三位将军率军攻打郑国,秦军经过滑国时与郑国商人弦高不期而遇,弦高看到情势紧急,就诈称奉郑君之命用十二头牛犒劳秦军,秦军以为郑国已做好了防御准备,于是撤军回国了。但晋军却在崤山伏击了归途中的秦军。

二年(前 626 年),楚国太子商臣杀死了自己的父亲成王即位。三年(前 625 年),郑国派军跟从晋国攻打秦国,在汪地打败了秦军。二十一

年（前607年），楚国与宋国将军华元攻打郑国。华元宰羊犒劳士兵，却未给自己的驾车人喝上羊汤，作战时驾车人就直接把华元的战车赶到了郑国的军营，郑国俘虏了将军华元。宋国用重金去赎华元，华元却自己逃了回来。这年，晋国让赵穿率军攻打郑国。

二十二年（前606年），郑缪公去世，儿子夷即位，是为灵公。灵公元年（前605年）春，楚国人献给了灵公一只大甲鱼。恰巧公子归生（亦称子家）和上卿公子宋（亦称子公）前去觐见郑灵公，半路上，子公的食指不由自主地打颤，他就伸出手指边让子家看边说："往常我遇到这种情况，肯定就能尝到特殊的美味，估计今天也错不了。"

两人进宫后果然瞧见御厨正在做那只楚国奉献的大甲鱼。子公就冲着子家得意地大笑道："我说的没错吧！"子家也笑着点头。灵公问子公为何笑，子公把以上情况告诉了灵公。灵公觉得子公平日里就有些傲慢，今天的言行过于轻浮，于是就有些不高兴。

甲鱼烹制好了，灵公请各位大夫吃时人人都有份，就是没分给子公。子公一见没自己的份就发火了，起身来到盛甲鱼的鼎旁边，把他那根颤抖过的手指头伸进鼎里蘸了汤后就吮，而后扬长而去。灵公看到后更生气，就想杀死子公。子公知道后就想先下手杀死灵公。

夏季，子公撺掇子家杀死了灵公。郑人想立灵公的弟弟去疾为君，去疾谦让说："论贤能，我去疾无德无才；论排行顺序，公子坚比我年长，

就让他即位吧。"于是子坚即位为君,是为襄公。坚是灵公的弟弟,去疾的哥哥。

杀死灵公的子公属缪氏家族人。襄公即位后首先要做的事就是要诛灭缪氏家族。去疾说:"如果一定要诛灭缪氏家族,那我就离开郑国。"襄公这才作罢,让子公做了大夫。

襄公元年(前604年),楚国不明真相,以为郑国接受了宋国贿赂释放了华元,于是就去攻打郑国。郑国于是背离楚国投靠了晋国。五年(前600年),楚国又攻打郑国,晋国来救援了郑国。六年(前599年),子家去世,缪氏家族失去了权力依靠,郑人就把他们赶出了国都。因为子家杀死了灵公。

七年(前598年),郑国与晋国在鄢陵结盟。八年(前597年),楚庄王因为郑国与晋国结盟讨伐郑国,郑都被楚军包围了三个月后郑国投降。楚庄王从皇门进入郑国都城,郑伯袒露上身,手牵绵羊低着头说:"我违背天意惹您生气了,烦扰您来到了我这破败的小国。您把我放逐到南海,或者把我作为奴隶赐给诸侯,这都是我罪有应得啊,我没有任何怨言。如果您看在周厉公、周宣王和郑桓公、郑武公的份上不灭亡郑国,给我不毛之地让我来侍奉您,这是我最大的梦想,但我不敢有此奢求,只是向您表白一下心机。"

楚庄王于是让军队退却三十里安营扎寨。楚国大臣们说:"官兵们千里迢迢从郢来到这里不容易啊,已经打下的国家怎么能说放弃就放弃呢?"庄王说:"我们之所以讨伐,是讨伐那些不臣服我们的国君。现在人家已经臣服了,我们还有什么要求的呢?"不久楚军就撤回去了。

战争开始时郑国派人到晋国求援，晋军由于意见不统一而姗姗来迟，晋军到了黄河岸边时楚军已经离去。是战是撤，晋军又产生了分歧。就这样，晋军在争执中渡过了黄河准备攻打楚军。楚庄王听到消息后就转身攻击晋军，这是郑国反而帮助楚国攻打晋军，晋军大败。

十年（前595年），晋国因为郑国叛晋亲楚而攻打郑国。十一年（前594年），楚庄王讨伐宋国，宋国向晋国求救。晋景公想去救援，伯宗进谏说："楚国运势正开，现在打它不是时候。"晋国于是找了一位壮士，想让他出使宋国，让宋国稳住阵脚，不要投降，谎称晋军马上就到，借以消耗楚军。他是霍国人，名解扬，字子虎。但解扬路过郑国时，郑国人抓住他，把他解压给了楚国。

楚王给了解扬很多赏赐，让他给宋国说反话，叫宋国赶快投降。楚王多次要挟利诱，解扬才勉强答应了下来。于是楚王就让解扬站在楼车上给宋军喊话。解扬竟违背于楚王的约定，喊出了晋君让他说的话："晋国正召集全国的军队来援救宋国，宋国虽然形势紧迫，但千不要投降楚国，晋军马上就要赶到了！"楚王非常生气，要杀死解扬解恨。

解扬说："国君制定命令要义，臣子执行命令要信。我接受命令办事，宁死也不能让君命受损。"庄王说："你与我立约后又背约，你有什么信用可言？"解扬说："我之所以答应您，就是想借此完成我国国君的命令。"解扬临刑时回头对楚军说："做人臣的不要忘记为尽忠而赴死的人啊!"楚王的弟弟们听到这话后就一起劝楚王赦免解扬。解扬才得以回到晋国,晋国赏赐了他上卿的爵位。

十八年(前587年),襄公逝世,儿子悼公费即位。悼公元年(前586年),许灵公到盟主楚国那里告发郑国,悼公便让弟弟睔(gǔn)去楚申辩。结果申辩失败,弟弟睔被楚国囚禁。郑悼公一气之下就投靠了晋国。睔与楚国子反有私交,他通过子反说情回到了郑国。二年(前585年),楚国攻打郑国,晋军前来救援;这年悼公去世,弟弟睔即位,是为成公。

成公三年(前582年),楚共王认为他对郑成公有恩,便派人与郑盟约,成公就暗中与楚国结盟了。秋季,成公朝拜晋国,晋君责备郑成公背晋盟楚,于是就拘禁了成公,此后晋国还派栾书攻打郑国。四年(前581年)春,公子如立成公的庶兄繻(xū)做国君。晋国听说郑国立了新君,就让成公回国。郑人听说成公回国,就杀死了繻。晋军撤去。

十年(前575年),郑国背叛了与晋国的盟约与楚国结盟。晋厉公很生气,便派军攻打郑国。楚共王率军救援郑国,晋楚在鄢陵大战,结果楚军失败了,楚共王的眼睛被射伤,双方于是停战离去。十三年(前572年),晋悼公攻打郑国,驻军洧(wěi)上,郑军据城守卫,晋军离去。

十四年(前571年),成公去世,儿子挥即位,是为釐公。釐公五年(前566年),郑国国相子驷因釐公对自己傲慢无礼而生气,于是就让厨师用毒药毒死了釐公。国相子驷向诸侯们报丧说"釐公暴病身亡"。此后立釐

公儿子嘉为君，是为简公。简公当时才五岁。

简公元年（前565年），公子们想杀死国相子驷，子驷发觉后反而杀死了这些公子。二年（前564年），晋国讨伐郑国，郑国与晋国盟好，晋军撤军离去。冬季，郑国又与楚国订立了盟约。三年（前563年），子驷想篡夺君位，公子孔派尉止杀死了子驷。子孔想自立为国君，子产说："子驷自立为君，你如果杀了他，你就是仿效子驷啊，这样下去郑国的内乱何时才能平息？"子孔听从了子产的意见，就继续做郑简公的国相。

四年（前562年），晋国因郑国与楚国结盟而攻打郑国，郑国又与晋国结盟；楚共王救援郑国打败了晋军；简公想和晋国讲和，楚国却囚禁了郑国使者。十二年（前554年），简公恼怒国相子孔独揽大权就杀了子孔，子产做了上卿。十九年（前547年），简公到晋国说情想让卫君回国，当时子产陪同简公前往，子产表现得十分出色，简公封给了子产六个邑，子产辞让，只接受了三个。

二十二年（前544年），吴国派延陵季子到郑国，他与子产一见如故，对子产说："如今郑国的执政者大多奢侈腐败，灾难将要降临，您很快将会拥有大权。你当政后一定要以礼治国，否则郑国就会败亡。"子产热情招待了季子。

二十三年（前543年），各位公子为了争宠而相互残杀，他们甚至想杀死子产。有位公子就说："子产是仁爱之人，郑国之所以现在还能够存在，这完全是子产在郑国协调的结果，你们千万不要杀他！"公子们这才罢手。

二十五年（前541年），郑国派子产到晋国询问平公的病情，平公说："占卜说是实沈和台骀作怪，史官对此不能解释，我想冒昧地问问您？"子产说："高辛氏有两个儿子，长子叫阏伯，二子叫实沈，他们互不相容，居住在

大森林里相互攻伐,尧帝不喜欢他们,就让阏伯迁到了商丘主持祭祀辰星,商丘人因此沿袭他祭祀辰星,所以辰星称为商星。尧帝让实沉到大夏主持祭祀参(shēn)星,唐人也因此而沿袭祭祀参星,所以实沉是参星神。他们一直服侍夏、商两朝。"

他继续说:"唐的末世君主叫唐叔虞,武王夫人邑姜怀大叔时曾梦见天帝对她说:'我让你的儿子叫虞,把唐封给他,委托他祭祀参星,在那里繁育后代。'大叔生出后,手掌心果然有一个'虞'字,于是就给他取名叫虞。周成王灭唐后,就把唐封给了大叔。所以参星是晋国的星宿。"

他继续说:"过去金天氏有个叫昧的后裔,做水官,生了允格、台骀。台骀继承了祖业,住在太原,他疏通了汾水、洮水,给大泽筑固了堤防,颛顼帝因此嘉奖了他,把汾水流域封给了他。沈、姒、蓐、黄国实际掌管着他的祭祀。现在晋国拥有了汾水流域,灭亡了这一带的国家,所以台骀是汾水、洮水之神。"

他说:"这两位神灵都不会危害您的身体,至于山河神,在发生水旱灾害时应祭祀;日月星辰神,在雪霜风雨有违常规时应祭祀。您的病是饮食哀乐和女色所致。"平公及叔向听到子产这番话后说:"您真是知识渊博的君子啊!"并送给了子产很丰厚的礼物。

二十七年(前539年)夏,郑简公朝拜晋君;冬,郑国因害怕楚灵王,因此又朝拜了楚国,这两件事情子产都参与了。二十八年(前538年)郑君生病,子产代郑君会见诸侯,与楚灵王在申订立盟约。这年楚王杀死了齐

国庆封。三十六年(前 530 年)简公去世了,儿子定公宁即位。这年秋天,定公朝拜了晋昭公。

定公元年(前 529 年),楚国公子弃疾杀死了国君灵王自立为君,号为平王。平王即位后想以德感化诸侯,就把灵王时期侵占的郑国土地还给了郑国。四年(前 526 年)晋昭公去世,晋国的六卿势力壮大起来,晋王室的力量衰弱了。这年子产对韩宣子说:"管理国家要以德为先,不能忘记当初立国的意愿。"

六年(前 524 年),郑国发生了火灾,定公想祈祷神灵消灾,子产说:"不如修行德操好。"八年(前 522 年),楚国太子建逃到郑国。十年(前 520 年),太子建与晋国商议攻打郑国,郑国杀死了太子建,太子建的儿子逃到吴国。十一年(前 519 年),定公去了晋国,晋与郑谋划杀死了在周王室作乱的臣子,护送敬王回周。十三年(前 517 年),定公去世,儿子献公虿(chài)即位。

献公十三年,献公去世,儿子声公胜即位。这年晋国的六卿侵夺郑国的土地,郑国开始衰落。声公五年(前 496 年),郑国相子产去世,郑人十分悲痛,他们如同失去了自己的亲人一样而哭泣。子产是郑成公的小儿子,他为人仁慈,侍君忠实,孔子曾经路过郑国,与子产亲如兄弟,当听到子产去世的消息后,孔子哭道:"子产的爱是大仁大爱,古之遗风啊!"

八年(前 493 年),晋国的范氏、中行氏反叛晋国,晋向郑国求救,郑国救援了晋国。此后晋国又讨伐郑国,在铁地把郑军打得大败。十四年(前 487 年),宋景公灭亡了曹国。二十年(前 481 年),齐国田常杀死了自己的国君简公,田常做了齐国国相。二十二年(前 479 年),楚惠王灭了陈国。这年孔子去世了。

三十六年（前 465 年），晋国知伯讨伐郑国，攻取了郑国九个城邑。三十七年（前 464 年），声公去世，儿子哀公即位。哀公八年（前 455 年），郑人杀死了哀公，立声公的弟弟丑为国君，是为共公。共公三年（452 年），三晋消灭了知伯。三十一年（前 424 年）共公去世，儿子幽公即位。幽公元年（前 423 年），韩武子讨伐郑国，杀死了幽公。郑人立了幽公的弟弟为国君，他就是繻公。

繻公十五年（前 408 年），韩景侯讨伐郑国，攻取了雍丘。这年郑国在京地修筑了城墙。十六年（前 407 年），郑国讨伐韩国，在负黍打败了韩军。二十年（前 403 年），韩、赵、魏被册封为诸侯国。二十三年（前 400 年），郑国包围了韩国的阳翟。二十五年（前 398 年），郑君杀死了国相阳。二十七年（前 396 年），子阳的党羽杀死了繻公骀，立幽公的弟弟乙为国君。

郑君乙即位二年，负黍人反叛郑国，回归韩国。十一年（前 385 年），韩国讨伐郑国，夺下了阳城。二十一年（前 375 年），韩哀侯吞并了郑国，郑国灭亡。

太史公说："俗话说：'以权势相交者，权去而交散；以利益相交者，利尽而交绝。'这句话说的就是甫瑕。甫瑕劫杀了郑子，接厉公回国，但厉公却杀了他，这与晋国的里克有什么两样呢？荀息倒是坚守志节，但身死不能保住奚齐。因此说，发生变乱的原因是很多的啊！"

赵世家第十三

人物像

中衍

赵朔

韩厥

赵世家第十三

赵氏和秦人是同一个祖先，他们的祖先叫中衍。殷朝时太戊帝让中衍给他赶车，从此，中衍进入朝堂。中衍的后人蜚廉有两个儿子，一个叫恶来，一个叫季胜。恶来侍奉殷纣王，殷末被周人所杀，秦人是他的后代。季胜是恶来的弟弟，赵人是他的后代。季胜生了孟增，孟增受到周成王的宠信，号为宅皋狼。皋狼生了衡父，衡父生了造父，造父得宠于周缪王。

造父在桃林时得到盗骊、骅骝、绿耳等名马，这时他又选取了八匹好马，把它们一起献给了缪王。缪王让造父赶车到西方巡视，他们在那里见到了西王母，缪王心情愉悦，流连忘返。

不久，徐偃王发动叛乱，缪王乘车讨伐，造父驾车日行千里，徐偃王措手不及被打败。缪王因此把赵城赐给了造父，造父以城为姓，始为赵氏。

赵氏经过六代后传到了奄父，奄父字公仲。周宣王讨伐戎人，奄父给宣王赶车；千亩之战中奄父驾车使宣王脱险，立了大功。

奄父生了叔带，叔带后来由于周幽王无道就离开周王室到了晋国。

叔带侍奉晋文侯,赵氏家族由此在晋国立足并开始兴旺。此后经过五代后传到了赵夙。

晋献公十六年(前 661 年),晋国征讨霍、魏、耿三国,赵夙为将军征讨霍国,霍公求逃到了齐国。这一年晋国大旱,占卜说这是霍太山的山神作怪。于是,晋献公就派赵夙到齐国召回了霍国国君,让他主持霍太山的祭祀,此后庄稼就获得了丰收,这年,晋献公就把耿地赐给赵夙。

鲁滑公元年(前 661 年)赵夙生共孟,共孟的儿子叫赵衰(cuī),赵衰字子余,侍奉重耳。重耳由于骊姬之乱逃亡到翟,赵衰就随从到翟。翟人讨伐廧(qiáng)咎(gāo)如时得到两个女子,翟君就把年少的女子嫁给了重耳,把年长的女子嫁给了赵衰,此后赵衰和她生了赵盾。赵衰在晋国时,他和原配夫人生了赵同、赵括、赵婴齐。

赵衰跟随重耳在外逃亡十九年,回晋国后重耳即位为晋文公,赵衰做了原大夫,住在原城,主持国家政务。从晋文公流亡在外到回国,最后成为霸主,多采用赵衰的计策。

赵衰回到晋国后,夫人坚决要赵衰把他在翟娶的妻子接回来,并且让翟妻的儿子赵盾做嫡嗣,让自己的三个儿子侍奉他。晋襄公六年(前 662 年),赵衰去世,他的谥号是成季。赵盾接替成季主持国政。

两年之后,晋襄公去世,当时太子夷皋年纪尚小。由于国家多难,赵盾就想立襄公的弟弟雍为国君,雍当时在秦国,赵盾就派使臣去秦国迎接他。但太子的母亲日夜啼哭,叩头对赵盾说:"先君有什么罪过,为什么要抛弃他的嫡子而找其他人为国君?"赵盾害怕她的宗亲和大夫们攻杀自己,就立太子为君,是为晋灵公。这样,赵盾又不得不派兵去拦截襄公弟弟雍入晋。灵公即位之后,赵盾独揽晋国政事。

灵公随着年龄的增长而日益骄纵，赵盾多次进谏，灵公不听。灵公即位十四年（前635年），他嫌厨师把熊掌没有做好就杀了厨师，让人把厨师的尸体往外扔时正好被赵盾碰见，赵盾责备了灵公，灵公因此就想杀害赵盾。

赵盾待人宽厚仁慈，他曾经遇到一个因饥饿而晕倒在桑树下的汉子，赵盾就给他食物救了他。当灵公派人追杀赵盾时，这个人就奋力护救，赵盾才得以逃走。但他还没有逃出国境，弟弟赵穿就杀死了灵公，立襄公的弟弟黑臀为君，是为晋成公。

赵盾又回来主持国政，有人在朝堂当众质问赵盾："身为正卿，逃亡未出国境，回朝不诛逆贼，不是你杀了国君还能是谁？"所以史官记载说："赵盾弑其君"，意思是说赵盾以下犯上杀了君王。

晋景公时赵盾去世，他的谥号是宣孟，其子赵朔继承爵位。晋景公三年（前597年）有三件大事：赵朔率领晋国的下军援救郑国，与楚庄王在黄河边交战。赵朔娶了晋成公的姐姐为夫人。大夫屠岸贾要诛杀赵氏家族。

赵盾在世时，曾梦见叔带抱着他的腰非常悲伤地痛哭，之后又哈哈大笑，最后还拍手唱歌。赵盾觉得奇怪，就为此占卜，赵国的一位名叫援的史官解释卦象说："这个梦很凶，凶相是由您的原因引起的，但它不会在您身上应验，要在您儿子身上应验。到您孙子那一代，赵氏家族将更加衰落。"

屠岸贾在灵公时期得宠，景公时他做了司寇。他要对赵盾家族发难，就设法先惩治杀死灵公的逆贼，想从这些人身上牵连出赵盾。同时，他制造舆论遍告诸将说："赵盾虽然不知情，但仍然是逆贼之首。做臣子的杀害了国君，他的子孙却还在朝廷为官，这怎么能惩治罪人呢？请各位诛杀他们。"

韩厥说："灵公遇害的时候赵盾在外地，先君认为他无罪所以没有杀他。如今你们却要诛杀他的后人，这可不是先君的意愿啊，是随意杀人啊。随意滥杀就是作乱，随意滥杀而不告知君主就是目无君主！"屠岸贾

不听，韩厥于是就告诉赵朔，让他赶快逃跑。

赵朔不肯逃跑，他说："请您想方设法不要让赵氏的香火断绝就行了，我死了没有什么了不起的。"韩厥答应了他的要求，于是赵朔就谎称有病不出家门。

屠岸贾未请示国君就擅自和将领们在下宫攻杀赵氏，他们杀死了赵朔、赵同、赵括、赵婴齐，灭绝了赵氏家族。赵朔的妻子是成公的姐姐，这时他怀有身孕，躲藏在了景公的宫里。

赵朔的一位门客名叫公孙杵臼，杵臼对赵朔的朋友程婴说："你为什么不去跟着赵朔赴难？"程婴说："赵朔的妻子有身孕，如果有幸是男孩，我就奉养他；如果是女孩，我再去死吧。"不久，赵朔的妻子分娩生下一个男孩。

屠岸贾听到赵氏有了后人的消息后，就到宫中搜查，夫人把婴儿藏在胯中祈祷说："老天若要赵氏宗嗣灭绝，就让他哭吧；如果命不该绝，就叫他不要出声。"结果婴儿没有出声，躲过了搜查。

程婴对公孙杵臼说："今天的搜查是躲过了，但以后再来搜查该怎么办？"公孙杵臼却问："扶立遗孤和死哪件事更难？"程婴说："想死很容易，扶立遗孤却很难。"公孙杵臼说："赵氏的先君待您不薄，您就努力去做那件难事吧，我去做那件容易的事，让我先去死吧！"

两人于是设法找来另外人家的婴儿，给他包上华丽的被服，把他藏到了深山里。然后程婴从山里出来，假意对将军们说："我程婴没出息，不能扶养赵氏孤儿，谁能给我千金，我就告诉他隐藏赵氏孤儿的地方。"将军们很高兴地答应了他，随即派兵跟随程婴去捉拿公孙杵臼。

他们见到杵臼后，杵臼假戏真做说："程婴，你真是个小人！当初下宫之难你不去赴死，跟我商量隐藏赵氏孤儿，如今你却出卖了我。你不愿保护赵氏孤儿也就罢了，怎能忍心出卖他呢！"

　　杵臼抱着婴儿大喊道："天哪！赵氏孤儿何罪之有？你们让他活下来吧，杀了我杵臼还不行吗？"将军们没有答应，就杀了杵臼和孤儿。此后，程婴才把真正的赵氏孤儿隐藏到深山里，和他一起生活。

　　十五年后，晋景公生了病占卜，卜辞说是大业的后代因为不顺利在做怪。景公问韩厥，韩厥知道赵氏孤儿还在世，便说："大业的后代在晋国断绝香火的不就是赵氏吗？现在，中衍传下的后代只有嬴姓了。中衍人面鸟嘴，来到人世辅佐殷帝太戊，后代们辅佐周天子，他们都很有功德。厉王、幽王昏庸无道，叔带就离开周室来到晋国。从侍奉先君文侯一直到成公，他们世代都建立功业，从未断绝过祭祀。如今只有君主您灭了赵氏宗族，国人都为他们悲哀，当然占卜时就显示出来了。"

　　景公问："赵氏还有后代子孙吗？"韩厥就把实情告诉了景公。景公于是就与韩厥商量立赵氏孤儿。他们先把他找来让他待在宫中，将军们进宫问候景公的病情时，景公依靠韩厥的随从，迫使将军们同赵氏孤儿见面。赵氏孤儿名叫赵武。

　　将军们只好说："当初的下宫之难是屠岸贾一手策划的，他假传君命向群臣发令，不然谁还敢发难！如果不是您有病的话，我们这些大臣就要请赵氏的后代了，如今您的命令正是群臣的愿望啊！"

　　景公于是让赵武、程婴拜谢各位将军，将军们就与程婴、赵武攻打屠岸贾，诛灭了他的家族。景公把原赵氏的封地赐给了赵武。

　　赵武行了成人冠礼后，程婴就拜别了各位大夫。他对赵武说："当初下宫之难人人都能赴死，我并非害怕去死，我只是想扶立赵氏的后代。如今你已长大成人，恢复了原来的爵位，我的心愿已了，我要追随他们而去，把现在的情况报告给赵盾和公孙杵臼他们。"

　　赵武涕泣叩头说："我愿意受尽一切苦难来一辈子报答您，难道您忍心离我而去吗?"程婴说:"不行,他们认为我能完成大事,所以先我而去,如今我不去复命,他们就会以为我的任务没有完成。"于是就自杀了。

赵武为程婴服丧守孝三年,给他划定了专门的祭祀用地,春秋两季祭祀,要求世代香火不绝。赵氏恢复爵位十一年后,晋厉公杀了大夫郤氏三兄弟。栾书害怕牵连到自己,就攻击杀了晋厉公,改立襄公的曾孙周为晋君,是为晋悼公。从此,晋国大夫的势力就不断强大。

赵武接续赵氏宗庙祭祀二十七年,晋平公即位。平公十二年(前546年),赵武做了正卿。十三年,吴国的延陵季子出使晋国,他说:"晋国的政权最后要落到赵武子、韩宣子、魏献子后代的手里。"赵武死后,谥号是文子。文子生了景叔。

景叔时,齐景公派晏婴出使晋国,晏婴和晋国的叔向谈话时说:"齐国的政权最终要落到田氏手里。"叔向也说:"晋国的政权将会落到六卿的手里。六卿骄奢,可是我们国君却体察不到。"

赵景叔去世,他的儿子赵鞅继承爵位,赵鞅就是赵简子。晋顷公九年(前517年),简子会盟诸侯讨论平定周王室叛乱之事,这时他已渐露政治锋芒。第二年,他带领诸侯打败了周敬王的弟弟子朝,护送周敬王回周都。

晋顷公十二年(前514年),六卿借助法令诛杀了国君的宗族祁氏和羊舌氏,把他们的领地分为十个县,六卿分别让自家的族人去做大夫。晋国公室从此更加衰弱。十三年后,鲁国的乱臣阳虎逃到晋国,赵简子对他委以重任。

赵简子生了病,五天不省人事,大夫们都很担心,就请扁鹊来医治,董安于询问病情,扁鹊说:"血脉平和通畅,没有什么奇怪的!从前秦缪公也出现过这种症状,七天后才醒过来。你们君主的病不出三天就会好转。"过了两天半,简子果然醒了过来。董安于把扁鹊的话报告给了简子,简子赐给了扁鹊田地四亩。

一天,姑布子卿拜见简子,简子让子卿给他的儿子们看相。子卿看过后说:"没有能做将军的人。"简子说:"难道赵氏要灭亡吗?"子卿说:"我曾在路上看到了一个孩子,像是您的孩子。"简子就把儿子毋恤叫来了。毋恤一到,子卿立即站起身说:"这才是真正的将军啊!"

简子说:"这孩子的母亲地位低下,她是从翟国来的婢女,怎么能说他尊贵呢?"子卿说:"这是天意,虽然出身卑贱,但他一定能尊贵。"此后,简子常把儿子们叫来谈话,发现毋恤表现最好。

简子有一次告诉儿子们说:"我把宝符藏在常山上,谁先找到了我就赏赐谁。"儿子们都飞快地跑到常山上寻找,结果个个都唉声叹气,空手而归。只有毋恤回来后说:"我找到宝符了。"简子说:"宝符在哪儿?"毋恤说:"常山下就是代国,我们可以把代国夺过来。"简子这才知道毋恤果然是贤才。于是废了太子伯鲁,另立毋恤为太子。

两年后,即晋定公十四年(前498年),范氏、中行氏作乱。第二年春天,简子要邯郸大夫赵午把卫国进贡的五百户人安置到晋阳。赵午答应了,但他的父兄却不同意。赵简子于是以违背诺言为由拘捕了赵午,把他囚禁在了晋阳。赵氏的内讧从此开始了。

赵简子告诉跟随赵午的邯郸人说:"我要诛杀赵午,你们想立他的哪一个孩子为君?"随从回答了赵简子的问题后,赵简子杀死了赵午。

赵午的儿子赵稷和家臣涉宾因此在邯郸反叛。在赵简子的鼓动下,晋国国君派籍秦围攻邯郸。但赵午的舅舅、六卿之一的荀寅,和他的亲家范吉射不帮助籍秦而支持叛乱,企图杀死赵简子。赵简子的家臣董安于知道了此事,把此事密告给了赵简子。

十月,范氏和中行氏攻打赵简子,赵简子逃到晋阳,晋人包围晋阳。这时,晋国六卿的矛盾错综复杂,范吉射和魏襄等谋划驱逐荀寅,让梁婴父取代他,但又有人要驱逐范吉射,让范皋绎取代之。这样,赵氏家族的内讧终于演变成了晋国六卿之间的混战。

荀栎对晋君说:"晋国的法令明文规定,领头叛乱的要处死。如今三位大臣都领头作乱,可是单单驱逐了赵简子,这明显是刑罚不公,请把他们全都驱逐。"

十一月,荀栎、韩不佞、魏哆奉国君的命令讨伐范氏和中行氏,但没有取胜。范氏、中行氏丧心病狂,反过来讨伐定公,定公还击,范氏、中行氏失败逃跑。丁未这天,两个人逃到朝歌,从此走上了不归路。

韩不佞、魏哆又为赵简子求情,十二月辛未这天,赵简子进入绛城,在定公宫中盟誓效忠。

第二年,大臣知伯对赵鞅说:"范氏、中行氏虽然确实发动了叛乱,但董安于参与了策划,事情是他挑起的。晋国法令规定开始作乱的要处死。范氏、中行氏已经伏法,唯独董安于逍遥法外。"赵简子明知这是借机巧设圈套,但又有口莫辩,赵简子为此事忧虑。

董安于对赵简子说:"我一死,赵氏和晋国都能安宁,我死得太晚了。"于是就自杀身亡。赵简子把这事告诉了知伯,赵氏得到了安宁,名士董安于成了六卿斗争的牺牲品。

孔子听说赵简子不请示晋君就拘捕了邯郸大夫赵午,以致退守晋阳。于是就在《春秋》中记载说:"赵鞅以晋阳为据点发动叛乱。"

赵简子有个喜欢直言进谏家臣名叫周舍。周舍死后,简子上朝处理政事时就常常显得很不高兴,大夫们于是就请罪。简子说:"你们没有罪,我听说一千张羊皮也不如一只狐皮。现在只能听到恭敬顺从的声音,却听不到周舍那样的争辩之声了,所以我忧虑。"简子因此能使赵人归附,晋人拥护。

晋定公十八年(前494年),赵简子在朝歌包围了范吉射和中行寅,

赵世家第十三

中行寅逃到了邯郸。第二年，卫灵公去世。赵简子和阳虎把卫太子蒯聩送往卫国，但卫国不接纳，卫太子只好住到了戚城。

晋定公二十一年（前491年），赵简子攻破邯郸，中行寅逃到柏人。简子又包围了柏人，中行寅、范吉射又奔到齐国。这样，赵氏占领了邯郸和柏人两地，范氏、中行氏其余的领地都归入晋国。赵简子这时名为上卿，实则独揽晋国大权，他的封地可以与诸侯匹敌。

晋定公三十年（前482年），定公与吴王夫差在黄池会盟争做盟主，赵简子跟随晋定公，但最终吴王势力强大做了霸主。定公在位三十七年去世，简子免除了守丧三年的礼仪，仅让服丧一周年。这一年，越王勾践灭了吴国。

晋出公十一年（前464年），知伯讨伐郑国，当时赵简子生了病，派太子毋恤率兵包围郑国。知伯喝醉了酒，强逼太子毋恤喝酒，并动手打了太子。群臣都要求处死知伯。毋恤说："君王所以立我为太子，就是因为我能忍辱。"但也对知伯的行为有些不满。回国后知伯反而变本加厉，让简子废掉太子毋恤，毋恤从此怨恨知伯。

晋出公十七年（前458年），赵简子去世，太子毋恤接替了赵简子的爵位，是为赵襄子。襄子的姐姐是代王的夫人，简子安葬后没多长时间，他就穿着丧服登上夏屋山宴请代王。他让名叫各的厨师拿着勺子一同进餐，斟酒时，厨师各乘代王不备，用勺子打死了代王，然后他发兵攻占了代地。

襄子的姐姐听说了这事后号天哭地，磨尖簪子自杀了。代地人同情她，把她自杀的地方取名叫摩笄（jī）山。襄子把代地封给伯鲁的儿子赵周，让他做代君。伯鲁是襄子的哥哥，原来的太子，他去世得较早。

赵襄子四年（前454年），知伯和赵、韩、魏三家把范氏、中行氏原来

的领地瓜分了。晋出公大怒,求援于齐国、鲁国讨伐四卿。四卿恐惧,回头攻打晋出公,出公在逃奔齐国的路上死去。知伯立昭公的曾孙骄即位,是为晋懿公。

这时知伯更加骄横,他要求韩、魏两家割让领地,韩、魏两家屈从了。他又要求赵氏割地,赵襄子却以包围郑国时知伯侮辱过他为借口不予答应。知伯恼羞成怒,与韩、魏两家攻打赵氏。赵襄子害怕了,退守到了晋阳。

赵襄子退守晋阳时,他的家臣原过落在了后边,到了王泽,原过看见三个人飘忽着向他而来,因为他只能看到这三个人的上身,而看不到他们的下半身。三人给了他一根两头是节的竹筒说:“替我们把它送给赵毋恤。”原过赶上襄子后,把这一奇遇告诉了襄子。襄子斋戒三天,亲自剖开了竹筒。

竹筒内装有一封红色的书信写道:“赵毋恤,我们是霍泰山山阳侯天使。三月丙戌日,我们将让你灭掉知氏。你也要在百邑为我们立庙,我们将赐给你林胡之地。你的后代将会出现一位勇敢的王子,他龙脸鸟嘴,皮肤红黑,胡须满面,膀大腰圆,魁伟高大,左襟分开,便于骑乘。他将占有黄河中游一带,直至休溷之地,南取晋国城邑,北灭掉黑姑之国。”襄子于是再行拜礼,接受旨令。

知伯、韩、魏三国攻打晋阳一年有余,他们引来汾水淹城,大水滔滔,把城墙淹没的只剩下三版高了。城里的人都把锅挂起来做饭,易子而食。群臣都有了屈从之心,行为礼数越来越怠慢,只有高共不失礼仪。

襄子十分害怕,夜晚派相国张孟同出城和韩、魏两家密谈。张孟同陈述利害,三家达成共识,韩、魏两家决心倒戈。三月丙戌日,三家灭了知氏,晋阳保卫战结束。此后三家瓜分了知氏的土地。

晋阳大战后襄子进行封赏,高共被封为头功。张孟同说:“晋阳之难,只有高共没功劳。”襄子说:“当初晋阳危急,群臣都很怠慢,只有高共不失臣子的礼节,因此他要受上赏。”襄子在百邑给三位神仙立了庙,派原过主持霍泰山神庙的祭祀。这次战役后,赵在北方占领了代地,向南并吞了知氏，势力大于韩、魏两家。

襄子娶空同氏为妻，生有五个儿子。襄子由于兄长伯鲁未能继位，他就不肯立自己的儿子为太子，一定要传位给伯鲁的儿子代成君。成君不久去世，他又立成君的儿子赵浣为太子。襄子在位三十三年去世，赵浣即位，是为献侯。献侯年少即位，定都中牟。

襄子的弟弟桓子却驱逐了献侯，在代地自立为侯。一年后他去世了，赵国人认为桓子即位不是襄子的本意，就杀了他的儿子，迎回献侯即位。献侯十年（前414年），中山国武公即位。十三年（前411年），赵国在平邑筑城。十五年（前409年），献侯去世，他的儿子烈侯赵籍即位。烈侯六年（前403年），魏、韩、赵三国立为诸侯，赵籍追尊献子为献侯。

烈侯喜好音乐，他对相国公仲连说："寡人有喜欢的人，您可以让他尊贵吗？"公仲说："使他富有可以，但让他尊贵就不好办了。"烈侯说："好吧，郑国的歌者枪和石两个人，我要赐给他们每人一万亩田地。"公仲应诺，但并没有落实。

一个月后烈侯从代地回来，询问给歌者赐田的事，公仲说："正在找，目前还没有合适的。"一会儿烈侯又问，公仲没有回答。公仲担心烈侯再问，于是就称病不来上朝。

番吾君从代地来，他对公仲说："国君喜欢做善事，但不知道该怎样做。您担任赵国的相国至今已有四年了，可曾推荐过人才？"公仲回答说没有。番吾君说："牛畜、荀欣、徐越都是难得的人才，您可以向国君推荐。"公仲就推荐了这三个人。上朝时候烈侯又问："歌者的田地有着落吗？"公仲说："正在挑选最好的田地呢。"

公仲推荐的三个人每天都给烈侯劝谏，牛畜对他讲仁义道德，教他王道，烈侯态度和蔼，虚心接受；荀欣给看王讲解怎样举贤任能；徐越讲解如何管理财物,考察德行。他们所讲的道理充分有据,国君十分高兴。

这样,烈侯就派人去对相国说:"给歌者赐田的事暂且停止。"烈侯任命牛畜为师,荀欣为中尉,徐越为内史,赐给相国衣服两套。

九年(前400年),烈侯去世,他的弟弟武公即位。武公在位十三年去世,赵国又让烈侯的太子赵章即位,是为赵敬侯。这一年,魏文侯去世。敬侯元年(前386年),武公的儿子赵朝作乱,失败后逃奔魏国。赵国开始以邯郸为都城。

敬侯二年,赵国在灵丘打败齐军。三年,在廪丘救援魏国,又大败齐军。四年,赵军在兔台被魏军打败。赵国修筑刚平城进攻卫国。五年,齐、魏两国帮助卫国攻击赵国,夺取刚平。六年,赵国向楚国借兵伐魏,夺取了棘蒲。八年,攻下了魏国的黄城。九年,赵国进攻齐国。齐国进攻燕国,赵军援救燕国。十年,赵国与中山国在房子县交战。十一年(前376年),魏、韩、赵瓜分了晋国的土地,晋国灭亡。

十二年,敬侯去世,他的儿子成侯赵种即位。成侯元年(前374年),公子赵胜与成侯争夺君位,发动叛乱。二年六月,气候异常,下起了雪。三年,太戊午做了相国。赵国讨伐卫国,夺取了七十三个乡村。魏国在蔺打败赵军。四年,与秦军在高安交战,打败了秦国。五年,在鄄城攻伐齐军。魏军在怀地打败赵军。赵军攻打郑国取胜后,把占领的郑地给了韩国,韩国把长子县给了赵国。

六年(前369年),中山国修筑长城。赵军进攻魏国,在浍泽大败魏军,困住了魏惠王。七年,进攻齐国,一直攻击到了齐长城。与韩国攻打周国。八年,和韩国一起把周分成了两部分。九年,与齐国在阿城下交战。十年,进攻卫国,夺取甄城。十一年,秦国进攻魏国,赵军到石阿去援救。十二年(前363年),秦军进攻魏国的少梁,赵军前去援救。十三年,秦献公派名叫国的庶长领兵进攻魏国的少梁,俘虏了魏国太子痤。魏军在浍水一带打败赵军,夺取了皮牢。成侯与韩昭侯在上党相遇。

十四年,赵与韩联合攻秦。十五年,赵国帮助魏国攻打齐国。十六年(前359年),赵国与韩国、魏国再次瓜分晋国,封晋君于端氏。十七年,成侯与魏惠王在葛孽相遇。十九年,赵国与齐国、宋国在平陆盟会,与燕国在西阿盟会。二十年,魏国进献上等木料做的檐椽,于是就用这些木椽修建了檀台。二十一年,魏军包围了邯郸。二十二年,魏惠王攻下了邯郸,齐军也在桂陵打败了魏军。

二十四年(前351年),魏国把邯郸归还给赵国,赵国与魏国在漳水结盟。秦军进攻赵国的蔺城。二十五年,成侯去世。公子緤与太子肃侯争夺君位,赵緤失败后逃到了韩国。

肃侯元年(前349年),赵国夺取了晋君的封地端氏,让晋君到屯留居住。二年,与魏惠王在阴晋会晤。三年,公子赵范袭击邯郸,没有取胜就死了。四年,赵国朝拜周天子。六年,进攻齐国,夺取了高唐。七年,公子赵刻进攻魏国的首垣。十一年,秦孝公派商鞅征讨魏国,俘虏了魏国将军公子卬。赵国进攻魏国。十二年,秦孝公去世,商鞅被处死。十五年,赵国修建了寿陵。魏惠王去世。十六年(前334年),肃侯游览大陵,他经过鹿门时宰相太戊午勒住了他的马缰绳说:"现在正是农忙时节,一日不耕作,百日缺粮食。"肃侯立即下车认错。十七年,赵国围困魏国的黄城,但没有攻克。赵国修筑长城。

十八年(前332年),齐、魏攻赵国,赵国决黄河之水淹溺敌军,敌军撤离。二十二年,张仪任秦国宰相。赵疵与秦军交战失败,秦军在河西杀死赵疵,夺取了赵国的蔺和离石两地。二十三年,韩举与齐军、魏军作战,战死在桑丘。二十四年,肃侯去世。秦、楚、燕、齐、魏各派精兵一万人参加葬礼。肃侯的儿子武灵王即位。

武灵王元年(前325年),阳文君赵豹任宰相。梁襄王和太子嗣、韩宣王和太子仓到赵国信宫进行朝贺。由于武灵王年少不能处理政事,所以当时设有博闻师三人,左右司过三人辅佐。处理朝政时,首先询问先王的贵臣肥义,并给他晋升了爵位,增加了俸禄。国中有三个老臣,年龄都在八十岁以上,每月都要对他们进行慰问。

武灵王三年(前 323 年),赵国修建了鄗城。四年,与韩王在区鼠会见。五年,娶韩国之女为夫人。八年,韩国进攻秦国未取胜就撤离了。齐、楚、燕、韩、魏五国自封为王。赵君说:"没有为王的名分,竟敢妄称为王!"下令赵国人都称他为"君"。

九年,赵、韩、魏三国进攻秦国,被秦国打败,损失了八万余人。齐国又在观泽打败赵军。十年,秦军夺取赵国的中都和西阳。齐国打败燕国,燕国宰相子之做了国君,国君反而称臣。

十一年(前 315 年),武灵王从韩国召来燕国公子职,立他为燕王,派乐池护送他回燕国。十三年,秦军攻下赵国的蔺城,俘虏了将军赵庄。楚王、魏王来到赵国邯郸。十四年,赵何进攻魏国。

十六年(前 310 年),秦惠王去世。武灵王游览大陵。一天,武灵王梦见一名妙龄少女边鼓琴边唱道:"光彩艳丽的美人啊,宛若一朵水灵灵的花。命运啊,命运啊,怎么还不光顾我娃嬴!"

武灵王和大臣们饮酒取乐时屡次谈起他所做的梦,想见这梦中的女子。吴广听说后,就让他的夫人把女儿娃嬴送入宫中。娃嬴是小名,她的名字叫孟姚。孟姚就是惠后,她很受武灵王的宠爱。

十七年(前 309 年),武灵王走出赵都修筑了野台,以便瞭望齐国和中山国的边境。十八年,秦武王和孟说比赛举鼎,结果折断了膝盖骨死亡。赵王派代相赵固到燕国接来秦公子稷,送他回国,立为秦王,是为秦昭王。十九年正月,正值开春之际,武灵王在信宫举行盛大朝会,然后召见肥义同他议论天下大事,谈了五天才结束。

武灵王北巡中山国之地,到了房子,去了代地,北到无穷,西到黄河,登上黄华山顶。考察完后他召见楼缓说:"先王因时势变化而动,统领着潘篱王室的南面之地,连接漳水、滏(fǔ)水之险修筑了长城,夺取了蔺城、郭狼,在荏地打败了林胡,但他祈盼安宁的愿望并没有实现啊。"

他继续说:"如今中山国夹在我们的中间,北面又有燕国,东面是东胡,西面是林胡、楼烦、秦国和韩国,如果没有强大兵力做保障,这样下去是要亡国的。我想穿起胡人服装来成就大功业,但要成就大功业,必定会受到陈规陋习的干扰,你们说怎么办好?"楼缓说:"是的,臣子们都不想穿胡服啊。"

当时肥义在旁侍奉,武灵王又说:"简子、襄子二位先祖之所以能成功,就在于他们接纳了胡、翟之人的优点。做臣子的在受宠时应继续保持孝悌、长幼、明理的德操,通达时就应建立利民、益君的功业,这两方面应该是做臣子的职分,可如今我想继承襄君的事业,开拓胡、翟之地,可是找遍全国也见不到这样的贤臣啊。"

他说:"削弱敌人的时候,用力少而能取得大功效,不消耗过多的财力就能建立古往今来的大功勋,这种优秀的人一定要受到习俗的牵累。是的,有独特智慧的人都经历过世俗的埋怨,如今我要穿胡人服装骑马射箭,并用它训练百姓,世人一定要议论我,这项事情的实施就会遇到阻力,你们说怎么办呢?"

肥义说:"做事犹豫就不会成功,行动迟疑就不会成名。您既然决定承受背弃风俗的责难,那就无需顾虑天下人的议论了。至德者不谋于俗,大功者不谋于众。从前舜用舞蹈感化三苗,禹到裸国脱去上衣,他们不是为了满足欲望、寻找快乐,而是用这种方法取得宣扬美德的效果。愚蠢的人事情成功了他还不明白,聪明人在事情尚无迹象的时候就能预见,您还犹疑什么呢!"

武灵王说:"我对穿胡服的功效毫不怀疑,我只是怕天下嘲笑我。轻浮无知者的快乐,正是聪明人的悲哀;蠢人所讥笑的,

贤人却已经看清了它的实质。即是顺从我的人，他们对穿胡服的功效也未必能够理解，哪怕世人都来笑话我，我也一定要占有胡地和中山国。"于是就穿起了胡服。

武灵王派王缫对公子成说："寡人将要穿上胡服上朝，希望叔父也穿上胡服。家事听于亲，国事听于君，这是从古到今的准则；作为子女不违逆双亲，作为臣子不违背君主，这是兄弟间的基本操行。如今我下令改穿胡服，如果叔父您不穿，那天下人就要议论了。"

他说："治国有其纲常，利民是其根本；从政有其法则，令行至高为上。道德标准的明晓与推行要先从平民百姓做起，法令政策的执行就应该从达官显贵开始。穿胡服的目的不是为了满足欲望和愉悦心志，而是想通过这件事情达到一定的战略目的。目的达到了，一种新的、正确的认识就形成了，我怕叔父违背了从政的原则，因此来帮助叔父考虑。"

他继续说："我听说做事以国家利益为重，行为就不会偏邪；依靠权贵、亲属和有德望的人做事，就容易统一人们的思想，就不会受到别人非议而为名声所累。所以我想仰仗叔父的忠义来成就改穿胡服所能完成的功业。我派王缫来拜见叔父，请您也穿上胡服吧。"

公子成叩头拜谢说："我已听说了大王穿胡服的事了，但我没有才能，而且卧病在床，不能为大王奔走效力和进言。今天大王命令我，我就为大王进言以尽我的愚忠。我听说中原之国是聪明智慧的人所居住的地方，是万物财用所聚集的地方，是圣贤教化、施行仁义的地方，《诗经》《尚书》陶醉着这里人们的情操，异邦的智慧和技能已经在这里试过了，远方人都来这里学习，蛮夷地区都效法这里的仁义。而大王抛弃了这些却穿起了胡服，变更教化，改易正道，逆人之心，背弃学者之教，远离中原风俗，希望大王要仔细考虑。"

王缫把这些话告诉了武灵王。武灵王说："我也听说叔父有病，让我亲自去吧。"武灵王到后说："衣服只是为了便于穿用，礼节是为了便于行事。圣人根据乡俗的实际而制定礼仪，是为了利其民、厚其国。剪发纹身、衣襟左边敞开露出臂膀，这是瓯越人的习俗；染黑牙齿，额头上纹刺，穿粗针大线的衣服，这是吴国的习俗。所以地域环境不同服饰就会不同，事情不同礼仪也就不同，服饰和礼仪只是为了便于行事而已。"

他说："圣人做事不拘泥于成规，只要对国家有利，做事就可以用不同的方法；如果可以便于行事，就可以用不同的礼制。有学问的人师承于同一个老师，但他们的习俗却不相同；中原地区的礼仪倒是相同，但教化却不尽相同，更何况是为了荒远地区的方便呢？"

他说："对于进退取舍，聪明人所采取的办法都不一样；远方和近处的服饰，圣贤也不能使它相同。穷乡风俗多异，无知者往往诡辩。不知道的事不要去随便怀疑，与自己的意见不同就不要去非议，只有听取不同意见，采纳百家之长，才能把事情处理得完善。"

他说："如今叔父所说的是世俗之见，而我所说的是如何制止世俗之见。我们国家东部和齐国、中山国共有黄河和薄洛之水，而我们没有足够的舟船去防守；从常山到代地、上党的边境上，东边是燕国、东胡，西边有楼烦、秦国和韩国，我们也没有必须拥有的防守装备。所以改穿服装、练习骑射，就是为了防守同燕、三胡、秦、韩相邻的边界。"

他说："从前简主没有在晋阳和上党筑塞设防，而襄主就并吞戎地，进而攻取代国来防御胡人，这是人人都知道的事实。中山国曾经依仗齐国侵犯我国，他们虏掠百姓，引水围困鄗城，如果不是社稷神灵保佑，鄗城几乎失守。先王以此为耻，但此仇至今未报。"

他最后说："如果改装胡服、学习骑射，则近可利用上党的地势使战力得到最大的发挥，远可以报中山国入侵围城之仇，可是叔父您却抱定中原的成规和习俗来违背简主、襄主的遗志。您不希望因穿胡服而遭人非议、毁坏名声，但忘掉了鄗城被困的耻辱，这不是我所希望的。"

公子成再拜叩头说："我愚钝啊，没有从更高的层面理解大王的深意，竟无知地陈述了对世俗的见解，这是我的罪过呀。如今大王要继承简主、襄主的遗志，顺从先王的意愿，我怎敢不听从王命呢！"公子成叩头再拜，武灵王于是赐给他胡服。第二天，他们穿上胡服上朝了。这时，武灵王才发布了改穿胡服的命令。

赵文、赵造、周袑、赵俊都来劝阻武灵王不要穿胡服。武灵王说："先王的习俗都不同，哪种古法可以仿效？帝王们不互相因袭，哪种礼制可以遵循？伏羲神农注重教化，不行诛罚，但黄帝、尧、舜使用刑罚，夏、商、周三代，都根据各自的时代制定了不同的法度，根据实际规定了不同的礼制，他们的法规政令都顺应了时世的需要，衣服器物都是根据便于使用的原则打造的。所以礼制没有一成不变的，只要有利于国家就不必效法固有的成规。"

他说："圣人并不是因为互相因袭而成王的，夏、殷之末并未改变礼制，但终归灭亡。所以违背古制不能随便非议，遵循旧礼不值得啧啧称道。如果说穿奇装异服的人心志淫邪，那么邹、鲁一带就不会有奇特行为的人了；如果说习俗怪异的地方人们都轻率，那么吴、越一带就不会有出众的人才了。所以圣人认为，只要有利于身体就可以叫做衣服，只要便于行事就可以称为礼仪。"

他说："礼制和衣服都是普通人的行为准则，不是用来评论圣贤的标准。平民与流俗相伴，圣贤同变革俱在。谚语说：'按照书本赶车的人永远也摸不透马的性情，以古法管理今世之事的人永远也不理解世事之变化。'所以遵循成规治理国家，不能算作杰出的人才；只效法古时之学，不可能治理好今世之事。这些道理你们还不能理解啊！"于是赵国就开始配置胡服，招募骑射之士。

二十年（前306年），武灵王巡察中山国地形时到达宁葭；往西巡察胡人地形时到达榆中，林胡王进献了马匹。回来后，他派楼缓出使秦国，仇液出使韩国，王贲出使楚国，富丁出使魏国，赵爵出使齐国。让代相赵固掌管胡地,招募胡地士兵。

二十一年,赵国进攻中山国,让赵袑率领右军,许钧率领左军,公子章率领中军,武灵王统率三军,牛翦率领战车和骑兵,赵希率领胡与代两地的士兵。赵希军通过陘口,与其他各路人马在曲阳会师,然后攻取了丹丘、华阳、鸱等关塞。武灵王率军夺取了鄗城、石邑、封龙、东垣。中山国献出四城求和,武灵王应允,于是收兵。

二十三年(前303年),赵国又进攻中山国。二十五年,惠后去世。武灵王派周袑穿胡服做王子赵何的老师。二十六年,赵国再次进攻中山国,夺取了北至燕、代,西至云中、九原一带的中山国土地。

二十七年(前299年)五月戊申日,在东宫举行盛大朝会,武灵王传位,立王子赵何为王,是为惠文王,惠文王参拜祖庙后上朝。赵武灵王的原班大夫全做了新王的大臣,肥义任相国和新王的师傅。武灵王自称为主父。惠文王是娃嬴的儿子。

主父要让儿子独立当政,自己就穿上胡服率领士大夫到西北去进行巡视。考察后,他就想经过胡地,从云中、九原南下袭击秦国。此后他就乔装成使者进入了秦国,秦昭王当时没有觉察他是主父。

秦王过后觉得他的相貌特别魁伟,不像人臣的气度,就立即派人追赶,可是主父这时已飞奔过了秦国的关口。后来秦人经过审问才知道他就是主父,于是秦人一片惊恐。主父进入秦国的目的是亲自察看地形,并趁机观察秦王的为人。

惠文王二年(前297年),主父巡视新占领的土地。他经过代地,往西在西河与楼烦王相会,并招收了楼烦王的士兵。三年,赵国灭中山国,迁其国王到肤施居住。这年开始建筑灵寿城,北方的土地开始由赵国管辖,代地的道路修得十分通畅,主父非常高兴。

他归来之后就论功行赏,大赦全国,设酒宴欢饮五日。封长子赵章为代地的安阳君。赵章平素放纵,弟弟被立为国王他心中不服。主父又派田不礼辅佐赵章。

李兑对肥义说:"公子章正当壮年,心骄志狂,党徒众多,野心很大,

恐怕会制造祸乱吧？加之田不礼残忍骄横，这两人在一起必定会阴谋作乱，异想天开。小人有了野心，就会轻率从事，只能看到利益而看不到祸害，然后互相怂恿、壮胆，闯出祸乱。"

他继续说："我认为这种事很快就会发生，而您负有重任并握有大权，动乱会从您那里开始，祸害都会集中在您那里发生，您必然是最先的受害者。仁者对万物充满了爱，智者防患于未然，不仁不智，怎能治理国家？您为什么不称病不出，把政事移交给公子成呢？恳请您不要让怨恨在您这里聚集，不要成为祸乱的阶梯。"

肥义说："不能这样啊，当初主父把王位传给新王是多么的仁义，他对我说：'不要变更法度，不要考虑离开，要矢志不移地扶持新王直到去世。'我再拜接受了王命，并把他的话记录在案。如今却因惧怕田不礼作乱而忘记了王命，还有什么罪过比这更大呢？负心变节之臣刑罚是不宽容的。"

他说："谚语说'死者如果复生，生者就不应在他面前感到惭愧'。我已经答应了主父，我就要兑现我的诺言，怎么能只顾保全自己的身体！况且忠贞的臣子在有灾难面前才能显示出节气，遇到烦累的事才能彰显其智慧。我不能违背我的诺言。"李兑说："好吧，那您就勉力而为吧！我能看到您就只有今年了。"李兑哭着走了出去。此后，李兑几次去见公子成，要他防范田不礼作乱。

一日，肥义对信期说："公子章和田不礼非常令人忧虑，他们对我说话时虽然动听，但实际上很坏，做人不孝不忠啊。有奸臣国家就难以保全；有谗臣君主就会受伤害。这种人贪婪而有野心，在宫内受君王的宠爱，在朝外暴戾专横。他们打着君王的旗号瞒天过海，胡作非为，一旦擅自发令，什么事情都不难做到，国家就要面临他们的祸害了。我为此事担忧，睡不好觉，吃不下饭。对盗贼不可不防啊，今后如果有人请见国王,先让他同我见面,先用我来挡他,如果没有意外,再让君王见他。"信期说:"您说的太好了!"

四年(前295年),群臣前来朝拜,主父让新王听朝,自己在旁边观察群臣和宗亲行礼。当他看到长子赵章面容颓丧,屈身于弟弟向北称臣时顿生怜悯之情,他脑海内突然闪现了把赵国一分为二,让赵章做代王的念头,但很快他就打消了这个念头。

主父和惠文王到沙丘游览,他们分别在两处宫室居住,公子章和田不礼就乘机率领党徒作乱。公子章诈称主父召见惠文王,准备杀死惠文王。肥义为了保护惠文王而不顾个人安危首先走了进去。肥义被杀,高信与惠文王发兵讨伐,公子成和李兑从国都赶到,他们调集了四邑的军队攻击叛军。

叛军被打败后,公子章逃到了主父那里。公子成和李兑于是就率兵包围了主父的宫室,杀死了公子章。公子章死后,公子成和李兑议论说:"由于赵章的缘故咱们包围了主父,现在即使撤了兵,咱们也要被灭族的!"于是他们就继续包围主父的宫室。

他们对宫中的人下命令说:"赶紧出来吧,最后出来的要被灭族的!"宫里的人都抢着往外出,最后只剩下主父在内边了。

主父想出宫但出不来,在宫里又得不到食物,他只好去掏刚孵化出来不久的雏鸟充饥,三个多月后,主父饿死在了沙丘宫。

这场变故结束后,公子成当了宰相,号为安平君,李兑被任命为司寇。当时惠文王年少,公子成、李兑专制赵国大权。

惠文王五年(前294年),赵国把郑、易两地给了燕国。八年,修筑南行唐城。九年,赵梁领兵与齐国联合进攻韩国,攻击到了鲁关之下。十年,秦国自称为西帝。十一年,董叔和魏氏征讨宋国,从魏国手中得到河阳。秦国夺取梗阳。

十二年(前 287 年),赵梁领兵进攻齐国。十三年,韩徐为统帅赵军进攻齐国。十四年,燕国宰相乐毅统率赵、秦、韩、魏、燕五国联军进攻齐国,夺取了灵丘。赵国与秦国在中阳会晤。十五年,燕昭王来见赵王。赵国与韩、魏、秦联合攻齐,齐王败逃,燕军深入齐国,攻下了临淄城。

十六年(前 283 年),秦国同赵国多次进攻齐国,齐国人十分害怕。苏厉为齐国写信给赵王说:"我听说古代的贤君们的德行并非遍布于海内各地,教化也并非普及到所有的百姓,祭祀供品也不一定经常和准时,可是甘露普降,风调雨顺,五谷丰登,百姓不生疫病,众人都对此称赞,贤明的君主应该对此深思。"

信中说:"如今您的贤德和功业并非经常施之于秦国,怨恨和怒气也并非对齐国很深,然而秦赵两国联合,强使韩国出兵攻击齐国,试想秦国真是爱赵国吗?恨齐国吗?任何事情都有其深刻的道理,贤主应该认真思考啊。

"秦国并非爱赵恨齐,而是想灭亡韩国且吞并东、西二周,所以故意以齐国为诱饵来转移天下人的注意力。他们唯恐事情不能成功,所以才出兵胁迫魏国和赵国,又害怕天下各国担心他不讲信用,所以派出人质以便得到信任,还害怕天下各国将要反对它,所以出兵韩国以示威胁。他们声明说讨伐韩国是为了盟国的共同利益,实际上它是发现韩国空虚有机可乘,我认为秦国一定是从这方面考虑的。"

"事物发展的过程有着不同的表现形式,但大趋势却是一样的。楚国长期攻伐代国而中山国却被灭亡了,如今齐国长期被攻伐而韩国就必定要被灭亡。攻破齐国,大王您和六国共分其利,灭亡了韩国,秦国就会单独占有它，占领了二周，秦国也就会独吞天子的祭祀礼器。根据出力多少来授给田地这是常理，大王您得到的利益同秦国比谁多呢？

"游说之士都议论说：'韩国失去三川之地，魏国失去晋之故地，大的形势看起来没有什么变化，但大灾祸就要到来了。'燕国占领齐国北部土地之后，离沙丘、钜鹿就少了三百里，韩国的上党离邯郸一百里，若燕国、秦国共谋夺取赵国之山河，经小路三百里就可通往。秦国的上郡靠近挺关，到达榆中有一千五百里，秦国如果依托三郡进攻赵国的上党，羊肠坂以西、句（gōu）注山以南就不再为大王您所有了。

"有人如果越过句注山，截断常山，并驻守在此地，那么仅三百里路就可到达燕国，代马胡犬从此不再东入赵国，昆山之玉也不能运至赵国，这三种宝物也就不再为大王所有了。大王长期攻伐齐国，跟随强秦进攻韩国，这样的祸患必定会降临，希望您多加考虑。

"况且齐国所以被攻伐，就是由于侍奉了大王您，各国军队集结在一起，就是为了加祸于大王您。燕、秦两国的盟约一订立，出兵赵国的日子就指日可待了。

"五国想把赵国的土地一分为三，而齐国背弃了五国盟约，为了解除赵国而牺牲自己，向西进兵抑制强秦，使秦国废除帝号而驯服，又把高平、根柔还给魏国，把圣分、先俞还给赵国，齐国对大王您应该是很不错的了吧。可大王如今却让齐国服罪，那么以后还有哪个国家敢忠心侍奉大王您了。请大王仔细考虑。

"如果大王不与各国进攻齐国，各国就必定认为大王主持正义，齐国也将以诚换诚，倾江山社稷之力来侍奉大王，天下各国也都一定会更加敬重大王。大王可以带领各国同秦国友好，但如果秦国胡作非为，大王就带领各国制止它，这样，成就一世之英名就由大王自己掌控了。"于是赵国就停止进兵，谢绝了秦国，不再进攻齐国。惠文王与燕王会晤。这年廉颇领兵，攻占了齐国的昔阳。

惠文王十七年（前282年），乐毅率领赵国军队攻打魏国的伯阳。秦国怨恨赵国不同它一起进攻齐国，就讨伐赵国，攻下了赵国的两座城。

十八年,秦国攻下赵国的石城。赵王再次到卫地的东阳,决黄河之水征伐魏国,大水成灾,漳水泛滥。这年魏冉来赵国任宰相。十九年,秦军夺取了赵国的两座城池。赵国把伯阳还给魏国。赵奢领兵,攻取了齐国的麦丘。

二十年(前 279 年),廉颇领兵进攻齐国。赵王与秦昭王在西河之外会晤。二十一年,赵国把漳水的水道改在了武平的西边。二十二年,瘟疫大规模流行。立公子丹为太子。

二十三年(前 276 年),楼昌领兵进攻魏国的几邑但未能夺取。十二月,廉颇领兵再攻几邑,占领了几邑。二十四年,廉颇领兵攻克了魏国的房子,筑起城墙后撤兵回国。廉颇又攻取了安阳。二十五年,燕周领兵攻克了昌城、高唐。赵国和魏国一起攻秦,秦国大将白起在华阳打败赵军,俘虏一名赵将。二十六年,夺回被东胡胁迫叛离的代地。

二十七年(前 272 年),赵国把漳水改道在武平以南。封赵豹为平阳君。黄河泛滥,大水成灾。二十八年,蔺相如征伐齐国,打到平邑。这年停止修建北边九门县的大城。燕国将领成安君和公孙操杀死了他们的国王。

二十九年,秦与韩联合攻赵,包围了阏与。赵国派赵奢领兵与秦军作战,赵奢在阏与城下大败秦军,赵王给他赐号为"马服君"。

三十三年(前 266 年),惠文王去世,太子丹即位,是为孝成王。孝成王元年(前 265 年),秦国进攻赵国,攻下了三座城池,当时赵王刚刚即位,由太后主事。秦国进攻十分凶猛,赵国就向齐国求救。齐王说:"必须让长安君来做人质才能出兵。"

太后不肯让长安君到齐国,大臣们就极力请谏。太后明确告诉左右人员说:"谁再来谈让长安君做人质,我就唾他的脸。"

左师触龙说他想拜见太后，太后就满脸怒气地等着他。触龙进了宫，慢悠悠地挪动着脚步靠前坐下，然后自责地说道："老臣的脚有病，走路太慢了，很长时间没能来拜见您了。我自己原谅自己，可又怕太后的身体有什么不舒服，所以很想看望太后。"

太后说："老妇依靠车辇行动。"触龙说："您的饮食没有问题吧？"太后说："靠喝粥呗。"触龙说："老臣我有时候很不想吃饭，就勉强散散步，每天走上三四里，多少增加了点食欲，身体也就舒适一些了。"太后说："老妇我做不到啊。"这时太后不平和的脸色才稍有缓和。

左师触龙说："我的小儿子舒祺没什么出息，可是我已经衰老，心里很疼爱他，希望他能补上黑衣卫士的空缺来保卫王宫，我冒着死罪向您禀告。"太后说："好吧！孩子年纪多大了？"回答说："十五岁了。虽然年龄还不大，但愿在我还没入土的时候把他托付给您。"太后说："你们男人也疼爱小儿子吗？"回答说："超过妇人。"太后笑着说："还是妇人更爱些吧。"触龙说："老臣私下里认为您老疼爱燕后胜过长安君啊。"太后说："那您没说对呀，比爱长安君差得多了。"

左师公说："父母爱自己的孩子，就应该为他们考虑得长远点，您老送燕后远嫁的时候，哭泣着抓住她的脚后跟不放，想到她要去那么远，也是很挂念和可怜她的。她走了以后，您并非不想念她，可是祭祀的时候却祷告说'千万不要让她回来'，这难道不是为她的长远作打算，希望她的子子孙孙都能继承王位吗？"太后说："是啊。"

左师公说："太后您想想，距现在三代以前到今天，赵国君主的子孙被封侯的，他们的继承人还有在位的吗？"太后说："没有了啊。"触龙说："不只是赵国，各国诸侯国子孙后代的继承人还有在位的吗？"太后说："老妇也没听说过。"

触龙说："让孩子距离自己近的灾祸就落到自己身上，离得远的灾祸就落到子孙身上啊。难道君主的子孙被封侯的都不好吗？不是的，他们的地位尊贵但没有建树，俸禄优厚但没有功劳，更甚的是他们都拥有了太多的社稷重器和宝物啊。如今您老让长安君的地位尊贵了，又封给了他肥沃的土地，给了他许多贵重的宝物，可是不趁现在让他为国立功，一旦您辞别了人世，长安君凭借什么在赵国立身？老臣以为您为长安君考虑得太短浅了，所以认为您疼爱他不如疼爱燕后。"太后说："好吧，就按您的意见去安排他去吧！"

于是赵国为长安君准备了百辆大车随行，长安君到齐国做了人质，齐国出兵救援赵国。子义听到这件事后说："君主的儿子也是骨肉之亲啊，他们尚且不能没有功劳而享有尊贵，没有业绩而守金玉重器，更何况我们这些人呢？"

齐国的安平君田单投奔赵国，他率领赵国军队攻克了燕国的中阳和韩国的注人。二年（前264年），惠文后去世。田单任赵国宰相。

四年，孝成王梦见自己穿着背面有缝，左右两边颜色不同的衣服乘龙向天上飞去，可是没有到天上就坠落下来了，坠落的地方堆积的金银如山。

第二天，孝成王召见名叫敢的筮史官来占卜，占卜说："梦见穿左右两色的衣服预示着残缺不完整；乘飞龙上天但没有到天上就坠落下来预示着有气势但没有实力；看见金玉堆积如山预示着忧患。"

过了三天，韩国上党守将冯亭派使者到赵国说："秦国围攻韩国的上党，上党可能要被秦国吞并，可那里的官吏和百姓都愿意归属赵国，不愿归属秦国。上党有十七个城邑，我们想把它归入赵国，请大王施恩于那里的官吏和百姓吧。"

孝成王大喜，告诉平阳君赵豹说："冯亭要进献十七个城邑，把它接受了吧？"赵豹回答说："圣人把无缘无故的利益看做是最大的祸害。"孝成王说："人们都被我的恩德所感召，怎么说是无缘无故呢？"

赵豹回答说："秦国蚕食韩国，从国土中间把韩国断开，使韩国两面不能相通，秦国本以为这样就可以坐收上党之地了，可您这样一来情况就发生了根本的变化，因此韩国所以不归顺秦国，是想要嫁祸于赵国。试想秦国付出了如此辛劳而最终赵国得其利益，秦国能罢休吗？强国大国尚且不能随意从小国弱国那里得利，小国弱国反倒能从强国大国那里得利吗？这怎能说不是无故之利呢！"

他继续说："秦国用牛田的水道运粮，用最好的战车作战，好不容易才蚕食分割了韩国的土地，终于能在这里施行政令，我们怎能轻易拿到这些土地？您一定不要接受这些城邑。"孝成王说："如今出动百万大军进攻，一年半载也得不到一座城邑。现在人家把十七座城邑当礼物送给我国，这可是大利呀！"

赵豹出去后，孝成王召见平原君和赵禹，告诉了他们这件事，他们回答说："出动百万大军作战，一年多也得不到一座城池，如今坐收十七座城邑，这么大的便宜不能失去啊。"孝成王说："好。"于是派赵胜去接受土地。

赵胜对冯亭说："我是赵国使者赵胜，敝国君主派我传达命令，封赐太守万户城邑三座，封赐县令千户城邑三座，并且世代为侯，官吏百姓全部晋爵三级，官吏百姓能平安相处者，赏赐黄金六斤。"

冯亭流着眼泪不再来见使者，他说："我不能把自己置身于三不义的境地啊，为君主守卫国土，不能拼死固守，这是一不义；韩王把上党归于秦国，我不听君主的命令，这是二不义；出卖君主的土地而得到封赏，这是三不义。"赵国于是发兵占领上党。廉颇领兵进驻长平。

七月，廉颇被免职，赵括接替他领兵。秦军包围赵括，赵括带兵投降，四十多万赵国士兵在长平被坑杀。孝成王后悔没听赵豹的意见，因此导致了少长平之祸。

孝成王回到王都后，对秦国

的要求不予答应,秦军于是围困邯郸。由于长平大战中秦晋双方的兵力大量消耗,所以上党地区的控制相对放松。武垣县令傅豹和王容、苏射就率领燕国民众反归燕地;赵国把灵丘封给了楚国宰相春申君。

八年(前258年),平原君到楚国请求救兵,回国后楚军就前来救援,魏国公子无忌也来救援,秦国才解除了对邯郸的包围。

十年,燕军进攻昌壮,五月攻克了昌壮。赵国将军乐乘、庆舍进攻并打败了秦国信梁的军队。赵国太子去世。秦国攻下了西周国。徒父祺领兵出境。

十一年,建元氏城,设上原县。武阳君郑安平去世,他的封地被收回。十二年,邯郸的草料库被烧毁。十四年,平原君赵胜去世。

十五年(前251年),把尉文封给相国廉颇,封号为信平君。燕王派丞相栗腹同约赵王欢聚,用五百金为赵王办置酒宴。栗腹回国后向燕王报告说:"赵国的壮丁都死在了长平,他们的遗孤还没长大,可以进攻它。"

燕王召见昌国君乐间,问他是否可以攻打赵国。乐间回答说:"赵国是四战之国,它的百姓都受过军事训练,不能进攻它。"燕王说:"我们以多攻少,两个打一个,可以吗?"回答道:"不可以。"燕王说:"那我就用五个去打一个可以吗?"回道:"不可以。"燕王大怒。他的臣子都认为可以。

燕国终于出动两千辆战车,兵分两路进攻赵国,由栗腹率军进攻鄗城,卿秦率军进攻代地。廉颇为赵国大将,打败并杀死栗腹,俘虏了卿秦和乐间。

十六年,廉颇围困燕国都城。乐乘被封为武襄君。十七年,代理宰相大将武襄君进攻燕国,包围了燕国的国都。十八年,延陵钧率领军队跟随相国信平君廉颇帮助魏国进攻燕国。秦军在赵国榆次攻下了三十七座城池。

十九年(前247年),赵国和燕国交换国土,赵国把龙兑、汾门、临乐给了燕国;燕国把葛城、武阳、平舒给了赵国。二十年,秦王政即位。秦军攻下赵国的晋阳。

二十一年,孝成王去世。廉颇领兵进攻并占领了繁阳。赵王派乐乘接替廉颇,廉颇攻打乐乘,乐乘逃跑,廉颇也逃亡到了魏国。孝成王之子赵偃即位,是为悼襄王。

悼襄王元年(前244年),赵国极力与魏国交好,盛情招待魏国,其目的是想修通到魏国平邑和中牟的道路,但没有成功。

二年,李牧领兵进攻燕国,攻下了武遂、方城。秦国召见春平君,把他扣留在了秦国。泄钧对文信侯吕不韦说:"赵王特别喜爱春平君,而郎中们却忌妒春平君,所以郎中们商议让春平君到秦国,认为秦国一定会扣留春平君。您扣留他不但断绝了和赵国的关系,而且中了那些郎中的奸计。您不如送回春平君,扣留平都,赵王信任春平君,他就一定会割地来赎回平都。"文信侯说:"好。"于是送走了春平君。赵国在韩皋筑城。

三年,庞煖率兵进攻燕国,俘虏了燕将剧辛。四年,庞煖统率赵、楚、魏、燕四国精兵进攻秦国的蒉,但没有攻克,又移兵进攻齐国,夺取了饶安。

五年,傅抵领兵驻扎在平邑;庆舍率领东阳河外的军队守卫河梁。六年,把饶阳封给了长安君。魏国把邺送给了赵国。

九年(前236年),赵国进攻燕国,夺取了狸阳城,大军还未来得及回撤,秦国就来攻打邺,赵国失去了邺。

这年悼襄王去世,他的儿子幽缪王赵迁即位。幽缪王元年(前235年),赵国在柏人筑城。二年,秦军进攻武城,扈辄率领军队救援,结果扈辄兵败战死。

三年,秦军进攻赤丽、宜安,李牧率军在肥城之下打退了秦军。赵王封李牧为武安君。四年,秦军进攻番吾,李牧又打退了秦军。

五年，代地发生大地震，东至乐徐，北到平阴的大片区域内，楼台、房屋、墙垣大半毁坏，地面裂开东西宽一百三十步的裂沟。

　　六年（前230年），赵国发生了大饥荒，民间流传着这样的话："赵人大哭，秦人笑。你若不信，看看田里的禾苗。"

　　七年，秦军进攻赵国，赵国大将李牧和将军司马尚率兵拒秦军于关外，但赵王迁听信谗言杀害了李牧，司马尚被免职。

　　赵国临阵换将，赵怱和齐国将军颜聚接替了李牧和司马尚的职务。秦军抓住机会大举进攻，结果赵怱战败，颜聚逃跑。这样，赵王迁只好出城投降。八年十月，邯郸归属秦国。

　　太史公说："我听冯王孙说：'赵王迁的母亲是歌女，受悼襄王宠爱，因而悼襄王废了嫡子赵嘉而立了赵迁为太子。赵迁品行不正，听信谗言，所以诛杀了良将李牧，重用郭开。'赵迁真是荒唐至极！秦国俘虏赵迁之后，赵国的亡国大夫们扶立赵嘉在代地称王六年。秦国进兵打败了赵嘉，灭了赵国，把它改为郡。"